W0076564

Der Lern- und Prüfungsmanager

Lerntechnik für Juristen

von

Dr. Eva Palten

ao. Universitätsprofessorin in Wien

2. Auflage

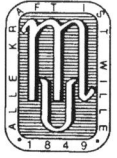

Wien 2013

Manzsche Verlags- und Universitätsbuchhandlung

Zitiervorschlag: *Palten,* Der Lern- und Prüfungsmanager (2013)

Alle Rechte, insbesondere das Recht der Vervielfältigung und Verbreitung sowie der Übersetzung, vorbehalten. Kein Teil des Werkes darf in irgendeiner Form (durch Fotokopie, Mikrofilm oder ein anderes Verfahren) ohne schriftliche Genehmigung des Verlages reproduziert oder unter Verwendung elektronischer Systeme gespeichert, verarbeitet, vervielfältigt oder verbreitet werden.

Sämtliche Angaben in diesem Werk erfolgen trotz sorgfältiger Bearbeitung ohne Gewähr; eine Haftung der Autorin sowie des Verlages ist ausgeschlossen.

Kopierverbot/Vervielfältigungsverbot
Die für Schulen und Hochschulen vorgesehene freie Werknutzung "Vervielfältigung zum eigenen Schulgebrauch" gilt für dieses Werk nicht, weil es seiner Beschaffenheit und Bezeichnung nach zum Unterrichtsgebrauch bestimmt ist (§ 42 Abs 6 UrhG).

ISBN 978-3-214-14935-2

© 2013 MANZsche Verlags- und Universitätsbuchhandlung GmbH, Wien
Telefon: (01) 531 61-0
E-Mail: verlag@MANZ.at
www.MANZ.at
Satz: **BuX.** Verlagsservice, www.bux.cc
Druck: Prime Rate Kft., Budapest

Für Matthias

Vorwort zur 2. Auflage

Die 1. Auflage dieses Buchs wurde von seinen Adressaten – Ihnen, den Lernenden! – überaus freundlich aufgenommen. So manche Studentin, so mancher Student hat sich mit Hilfe meines Leitfadens tatsächlich zum „Lern- und Prüfungsmanager" entwickelt. Das Feedback der Studierenden war lebhaft – und auch der eine oder andere Rechtsanwalts- oder Richteramtsanwärter hat zur Prüfungsvorbereitung gern zu meinem Buch gegriffen ... Das bestätigt seinen praktischen Nutzen und freut mich sehr, vielen Dank!

Nach einigen Jahren war es nun an der Zeit für eine Neuauflage. An den Grundprinzipien des Zeitmanagements, der Lerntechnik, der Prüfungsrhetorik, des Findens und Bewahrens der Motivation hat sich natürlich nichts geändert. Die sind, wie sie sind. Das liegt in der Natur der (menschlichen) Sache. Ich habe aber eine ganze Menge zusätzlicher Denkanstöße eingearbeitet, die Literaturbelege aktualisiert und die Falllösungsanleitung für zivilrechtliche Fälle ergänzt.

Möge der „Lern- und Prüfungsmanager" Studierenden der Rechtswissenschaften und anderen Lernwilligen auch weiterhin zum Erfolg verhelfen!

Wien, im Dezember 2012 *Eva Palten*

Vorwort

Lernen, zu lernen ...
Eine Gebrauchsanweisung für dieses Buch

„Ich weiß nicht, was ich tun soll! Es klappt beim Lernen einfach gar nichts! Obwohl ich 12 Stunden täglich so gut wie pausenlos durcharbeite, komme ich nicht weiter. Ich lese und lese im Lehrbuch und kann mich dabei nicht konzentrieren. Ich habe keine Ahnung, wie viel ich schon kann und wie viel noch zu tun ist. Obwohl ich im Lehrbuch eine Menge unterstreiche, bin ich nicht fähig, das Wichtige herauszufiltern. Ich gehe in Details unter und sehe den Wald vor lauter Bäumen nicht. Jetzt, nach zwei Monaten, wird es langsam Zeit für Wiederholungen, damit habe ich gestern angefangen – und den Eindruck, es ist überhaupt nichts haften geblieben. Der Stoff hängt mir schon beim Hals heraus und außerdem drückt es mich im Magen, wenn ich an die Prüfung bloß denke. Ich bin verzweifelt und drauf und dran, alles hinzuwerfen!"

Der hier so klagt, begeht eine ganze Reihe vermeidbarer lerntechnischer Fehler. Kennen Sie Teile dieses Stoßseufzers auch aus eigenem Erleben?

Wenn Sie mittlerweile studieren, haben Sie mit dem Lernen bereits langjährige individuelle Erfahrungen. Sie haben vielleicht schon einige Fächer und Prüfungen an der Universität absolviert. Außerdem haben Sie während Ihrer Schulzeit Einblick in das Thema Lernen bekommen. Dort lernt man viel zur Sache – aber Sie haben dort wohl nicht systematisch gelernt, *wie man lernt!* Ihr derzeitiges Verständnis des Lernens gründet sich daher wahrscheinlich eher auf praktische Erprobung. Gerade an der Universität benötigen Sie freilich Kenntnisse über die Komponenten des Lernens, weil sich das Lernen für die Schule deutlich von dem unterscheidet, was Sie nun bewältigen müssen.

Zu Schulzeiten haben Sie wesentlich kleinere Einheiten gelernt, hatten allein vom Umfang her weitaus weniger Stoff zu bearbeiten. Vielleicht konnten Sie sich mehrfach unter erfolgreichem Einsatz Ihres Kurzzeitgedächtnisses unter geringem Zeit- und Energieaufwand auf Schularbeiten, Tests und mündliche Prüfungen vorbereiten. Der Zeitplan war häufig vorgegeben, die Struktur des zu Lernenden auch. Ihre Fortschritte wurden regelmäßig kontrolliert. Sie hatten möglicherweise didaktisch geschickt gestaltete, aufgelockerte Arbeitsbücher zur Verfügung, vielleicht haben Sie sich Diverses in Gruppenarbeit mit Mitschülern angeeignet. Lehrer und Klassenkollegen kannten Sie oft über Jahre hinweg, konnten Ihre Entwicklung beobachten und hoffentlich auch fördern. Sie waren in einer selbstverständlichen kleinen Gemeinschaft aufgefangen. Alles war leichter zu überblicken, familiärer und damit einfacher.

An der Universität gehen die Uhren anders. Jedenfalls in den Kernfächern erwartet Sie umfangreicher komplexer Stoff, der die Kapazitäten Ihres Kurzzeitgedächtnisses bei weitem sprengt. Sie sind, von den Lehrveranstaltungen und gelegentlichem Kontakt mit den Kollegen abgesehen, auf sich allein gestellt. In einem Massenstudium wie Jus herrscht großer Andrang, und Sie sind von vornherein erst einmal anonym. Ob Sie sich engagieren oder nicht, ob Sie Lehrveranstaltungen besuchen oder nicht, ob Sie sich von Prüfungen abmelden oder nicht – das alles liegt allein bei Ihnen, fällt den Lehrenden meist nicht auf, und wird auch nicht sofort und unmittelbar sanktioniert. Sie tragen damit große Verantwortung, die Sie in dieser Form in der Schule nie erlebt haben und die Sie wohl auch in Ihrem Berufsleben jedenfalls als unselbständiger Dienstnehmer nicht mehr in diesem Ausmaß erfahren werden.

Wenn Sie erfolgreich lernen und Prüfungen ablegen wollen, müssen Sie viele Fragen klären. Zum Beispiel: Wie teilen Sie den Lernstoff auf und ein? Wie erstellen Sie einen realisierbaren Zeitplan? Wo liegen Zeitfallen und wie kann man sie vermeiden? Wie eignen Sie sich umfangreichen und komplexen Stoff am besten an? Welche Lernmethoden liegen Ihnen besonders? Wie merken Sie sich das Gelernte? Wie motivieren Sie sich auch auf Durststrecken? Was kann Ihre Lernmoral untergraben, und wie gehen Sie damit um? Welche Mittel helfen gegen Prüfungsängste? Wie schlagen Sie sich bei mündlichen und schriftlichen Prüfungen eindrucksvoll? Welche strategischen Fehler können Sie vermeiden? Wie reagieren Sie auf Lern- und Prüfungspannen?

In den Kapiteln 2–5 dieses Buchs finden Sie die Antworten auf diese und auf viele andere Fragen. Das 6. Kapitel lehrt Sie die gebräuchliche Technik der Lösung zivilrechtlicher Fälle nach Anspruchsgrundlagen und wendet sich damit speziell an jene, die sich mit dem Bürgerlichen Recht befassen. Das 7. Kapitel schließlich enthält eine Zusammenstellung häufiger Lernfehler und den dazu passenden Lösungsansatz.

Der ganz überwiegende Teil des Buchs hat für jedes Fach, mit dem Sie sich im Zug Ihres Jus-Studiums befassen, Bedeutung. Was dort zu lesen ist, lässt sich aber natürlich auf jedes andere Studium erstrecken: Zwar stammen die Beispiele aus dem juristischen Bereich (vielfach aus dem Zivilrecht, weil dies als notorische Hürde im Verlauf des Jus-Studiums gilt). Auch die Hinweise im Umgang mit Klausuren sind auf das Studium der Rechtswissenschaften abgestellt. Wie man jedoch lernt, plant, sich motiviert, wie man sich bei Prüfungen verhalten sollte, Lernpannen und Pannenhilfe – das spricht jeden Studierenden an.

Wien, im Februar 2007   *Eva Gollob-Palten*

Inhaltsverzeichnis

1. Kapitel: Die 12 wichtigsten Lerntipps.
Ein Kurzleitfaden für Eilige

2. Kapitel: Zeitmanagement
Die Zeit rinnt Ihnen durch die Finger?

4. Kapitel: Mentalmanagement
Sie lernen lustlos? Sie seufzen: „Das schaffe ich nie"?
Sie leiden unter überdimensionaler Prüfungsangst?

5. Kapitel: Prüfungsmanagement
Die Stunde der Wahrheit steht bevor …

6. Kapitel: Falllösungstechnik Zivilrecht
Mit der Machete durch den Dschungel?

Zur Benützung dieses Buches

Sie gehen dieses Buch vielleicht der Reihe nach von vorne bis hinten durch. Das muss aber nicht sein, denn es ist so aufgebaut, dass Sie es jederzeit überall aufschlagen können und Nützliches finden werden. Verweise im Text oder in den Fußnoten helfen Ihnen weiter, falls Sie ein Thema besonders interessiert. Sie werden feststellen, dass dieser oder jener Gedanke gelegentlich nicht nur in einem, sondern in mehreren Kapiteln auftaucht. Solche Wiederholungen ergeben sich zum einen daraus, dass diverse Lernfragen aus unterschiedlichen Perspektiven betrachtet werden und erfolgen zum zweiten ganz bewusst: Je öfter Sie einer Idee begegnen, desto besser bleibt sie haften!

Sie halten kein reines Lesebuch in Händen, sondern ein Arbeitsbuch. Es enthält interaktive Elemente, Fragebögen, in denen Sie Ihren ganz persönlichen Weg zum Ziel finden und festhalten können. Das funktioniert am besten, wenn Sie diese Blöcke vor dem Weiterlesen bearbeiten. Weil: Am meisten und nachhaltigsten lernt man durch eigene, selbst erarbeitete, individuelle Erkenntnis[1]). Wie ein kluger Lehrer einmal gesagt hat: „Jede vorgegebene Lösung ist eine gestohlene Erkenntnis …". Also: Zuerst der Blick in den Spiegel – erst dann der Blick nach außen!

Betrachten Sie das Buch als Sammlung von Vorschlägen: Sie werden vermutlich nicht alles, was Sie hier lesen, restlos umsetzen, sondern sich genau das herausgreifen, was gerade Sie anspricht und voranbringt.

Ich …

… lehre und prüfe die Fächer Zivil- und Vertragsversicherungsrecht seit mittlerweile über 20 Jahren an der Universität. Alle Situationen, die dieses Buch anspricht, habe ich wiederholt erlebt. Alle Fragen, Vorstellungen und auch Befürchtungen von Studierenden, von denen Sie hier lesen, habe ich oftmals gehört. Und ich war ja selbst auch einmal Studentin! Dieses Buch ist das Ergebnis meiner gesammelten Erfahrungen aus der Sicht beider Seiten. Übrigens: Studiert habe ich eineinhalb Semester über die Mindeststudiendauer hinaus (neben einer Halbtagsbeschäftigung als wissenschaftliche Hilfskraft) und im Ergebnis sehr erfolgreich. Geholfen haben mir damals vor allem meine rasche Auffassungsgabe, Eloquenz, Strukturiertheit, gute Zeiteinteilung und Disziplin. Was ich aus heutiger Sicht als Studentin anders machen würde? Ich würde kritischer lernen, mehr nachfragen und fallbezogener arbeiten – das heißt anhand einer größeren Zahl von Fallbeispielen.

Der/die Studierende und der/die PrüferIn

Ich habe in diesem Buch darauf verzichtet, jeweils die männliche/weibliche Form zu verwenden. Zwar bildet Sprache Bewusstsein[2]. Doch liegen die Grenzen

---

[1]) Vgl 3. Kapitel II. 3. und 5.
[2]) Vgl auch 4. Kapitel I.4.d.

dieses sehr berechtigten Anliegens für mich dort, wo die geschlechtsneutrale Formulierweise auf Kosten der Lesbarkeit und Benutzerfreundlichkeit eines Textes geht. Lesen Sie daher bitte „Student", „Kandidatin", „Prüfer", „Lehrveranstaltungsleiterin" ... als Gattungsbegriff und denken Sie sich das andersgeschlechtliche Gegenstück stillschweigend mit.

Und wenn Sie dieses Buch durchgearbeitet haben ...

... dann nehmen Sie sich bitte kurz Zeit und beantworten sich selbst folgende Fragen:

Für Sie ganz persönlich ...

Was wissen Sie nun nach der Lektüre dieses Buches, was Sie vorher nicht wussten?

....

Was sind die fünf wichtigsten Dinge, die Sie persönlich daraus gelernt haben?

1. ....

2. ....

3. ....

4. ....

5. ....

Was werden Sie an Ihrem *Zeitmanagement* in Hinkunft konkret verändern?

....

Wie konkret? Und was setzen Sie als ersten Schritt dazu?

....

Was werden Sie an Ihrem *Lernmanagement* in Hinkunft verändern?

....

Wie konkret? Und was setzen Sie als ersten Schritt dazu?

....

Was werden Sie an Ihrem **Mentalmanagement** in Hinkunft verändern?

....

Wie konkret? Und was setzen Sie als ersten Schritt dazu?

....

Was werden Sie an Ihrem **Prüfungsmanagement** in Hinkunft verändern?

....

Wie konkret? Und was setzen Sie als ersten Schritt dazu?

....

Literaturhinweise

a) Zeitmanagement, Mentalmanagement, Lernmanagement und Prüfungsmanagement

Amon, Die Macht der Stimme (mit CD)[5] (2011) Ueberreuter

Beck, Rhetorik für die Uni (2006) Eichborn

Bierbaum, Ihr gutes Gedächtnis – ein unbezahlbares geistiges Kapital (1999) Universitas

Brandt/Grose, Weniger Stress durch autogenes Training (CD mit Begleitheft) (2004) Eigenverlag Brandt Henrik

Brunsing, Gedächtnistraining[2] (2008) Pocket Business, Cornelsen

Buzan/Buzan, Das Mind-Map-Buch. Die beste Methode zur Steigerung Ihres geistigen Potentials[5] (2009) mgv -Verlag

Buzan, Das kleine Mind-Map-Buch (2004) Goldmann

Buzan, Nichts vergessen! Kopftraining für ein Supergedächtnis (2000) Goldmann

Cerwinka/Schranz, Die Macht der versteckten Signale (2000) Ueberreuter Redline

Coué, Die Selbstmeisterung durch bewusste Autosuggestion (2005) Verlag Schwabe

Davis, Aromatherapie von A–Z (2008) Goldmann

Ehlers, REHORULI – Jonglieren lernen mit Erfolgsgarantie (2005) Books on Demand GmbH

Felser, Motivationstechniken[3] (2008) Pocket Business, Cornelsen

Fiore, Wenn nicht jetzt, wann dann? (1997) mgv-Verlag

Gaedemann, Ich habe immer Zeit. Zeitökologie[5] (1998) Ariston

Geisselhart/Hofmann, Memory. Gedächtnistraining und Konzentrationstechniken (2006) Haufe

Grasberger, Autogenes Training mit CD[6] (2010) Gräfe und Unzer

Gröninger/Stade-Gröninger, Progressive Relaxation. Tiefenentspannung nach Jacobson. Audio CD[6] (2010) Klett-Cotta

Groß/Boden/Boden, Von Kopf bis Fuß auf Lernen eingestellt. Ein munteres Lernhandbuch[4] (2010) Schilling Verlag

Hainbuch, Progressive Muskelentspannung nach Jacobson mit CD[6] (2010) Gräfe und Unzer

Haynes, Persönliches Zeitmanagement. So entkommen Sie der Zeitfalle[2] (2003) Ueberreuter Redline

Küstenmacher/Seiwert, Simplify your life (2001) Campus

Leitner, So lernt man richtig[18] (2011) Herder

Lubinic, Handbuch Aromatherapie (2004) Haug

Metzig/Schuster, Lernen zu lernen[8] (2010) Verlag Österreich

Metzig/Schuster, Prüfungsangst und Lampenfieber[4] (2009) Verlag Österreich

Murphy, Die Macht der Suggestion. Wie Sie Ihre Vorstellungskraft entwickeln (2006) Ullstein TB

Nöllke, Kreativitätstechniken[6] (2010) Haufe

Peiffer, Positives Denken (2003) Droemer Knaur
Peiffer, Nur keine Angst! (2005) Droemer Knaur
Peter, Jonglieren – Das Spiel mit der Schwerkraft[5] (1998) Falken
Roth/Spitzer/Caspary, Lernen und Gehirn[7] (2006) Herder
Rückerl, NLP in action[3] (2001) Junfermann
Samel/Krähmer, Die heilende Energie der ätherischen Öle (2005) Südwest
Sand, Neue Methoden zum kreativen Denken und Arbeiten (1979) WEKA-Verlag
Seiwert, Das 1x1 des Zeitmanagement[24] (2004) mgv-Verlag
Staub, Mega Memory (2006) mvg-Verlag
Voßkühler, Jonglieren. Vom Anfänger bis zum Könner (1994) Rowohlt

Und noch zwei spezielle Hinweise auf Kalender für ein umfassendes Gehirntraining (jeder neue Tag mit einer neuen Denkaufgabe):
Meyers Grips-Kalender (2013) Bibliogr. Institut Mannheim
Brain-Jogging (2013) Harenberg IQ-Kalender.

b) Juristische Fachliteratur

Hier finden Sie vor allem Fallsammlungen zu den wesentlichsten Prüfungsfächern. Zum Zivilrecht wird darüber hinaus auch auf die in diesem Buch immer wieder zitierten „Klassiker" *Koziol/Welser*, Grundriss des bürgerlichen Rechts[13] und die Lehrbücher zum Bürgerlichen Recht der „Springer-Reihe" (mittlerweile Verlag Österreich) verwiesen. Dazu auch noch auf einige Lernbehelfe und Skripten, die sich gut zum Vertiefen und Wiederholen eignen.

aa. Einführung in die Rechtswissenschaften und ihre Methoden

Perthold/Spitzer/Wallner, Prüfungsvorbereitung Einführung in die Rechtswissenschaften und ihre Methoden für das Studienjahr 2012/2013 (2012) Manz
Piska/Lenzhofer, Casebook Einführung in die Rechtswissenschaften[5] (2012) WUV

bb. Römisches Recht

Benke/Meissel, Übungsbuch Römisches Sachenrecht[10] (2012) Manz
Benke/Meissel, Übungsbuch Römisches Schuldrecht[7] (2006) Manz
Hausmaninger/Gamauf, Casebook zum Römischen Vertragsrecht[7] (2012) Manz
Hausmaninger/Gamauf, Casebook zum Römischen Sachenrecht[11] (2012) Manz

cc. Strafrecht und Strafprozessrecht

Bertel/Scheil/Schwaighofer/Venier, Österreichisches Strafrecht, Fälle und Lösungen[2] (2008) Verlag Österreich
Birklbauer/Sautner/Velten/Wegscheider (Hrsg), Strafrecht. Diplomprüfungsfälle und Lösungen[3] (2011) NWV
Fuchs/Brandstetter/Medigovic, Prüfungsfälle aus Strafrecht (1997) LexisNexis
Kienapfel, Lernprogramm Strafrecht[13] (2009) Manz
Lewisch, Casebook Strafrecht[8] (2012) WUV
Hilf/Schick, Strafrecht. Fälle und Lösungsmuster zum materiellrechtlichen Teil[5] (2008) Verlag Österreich

Mitgutsch, Strafrechts-Prüfungsfälle[4] (2010) LexisNexis
Reindl, Gesammelte Fälle Strafrecht (2002) Manz
Wessely, Casebook Strafprozessrecht[8] (2011) WUV

dd. Zivilrecht

Apathy et al, Bürgerliches Recht VIII[3] Prüfungstraining, Fallrepetitorium mit Lösungen (2010) Verlag Österreich
Apathy/Riedler, Bürgerliches Recht III[4] Schuldrecht Besonderer Teil (2010) Verlag Österreich
Böhm, Bürgerliches Recht – Sachenrecht Allgemeiner Teil[6] (2011) Orac Rechtsskriptum
Böhm, Bürgerliches Recht – Sachenrecht Besonderer Teil[6] (2011) Orac Rechtsskriptum
Bydlinski P., Fälle und Fragen zum Privatrecht[8] (2010) Manz
Bydlinski P., Bürgerliches Recht I[5] Allgemeiner Teil (2010) Verlag Österreich
Donath, Bürgerliches Recht – Konsumentenschutzrecht (2010) Orac Rechtsskriptum
Dullinger, Bürgerliches Recht II[4] Schuldrecht/Allgemeiner Teil (2010) Verlag Österreich
Eccher, Bürgerliches Recht VI[4] Erbrecht (2010) Verlag Österreich
Faber/Heidinger/Nemeth, Bürgerliches Recht. Übungs- und Diplomprüfungsfälle mit Lösungen[2] (2010) NWV
Graf, Bürgerliches Recht – Erbrecht[8] (2011) Orac Rechtsskriptum
Graf/Gruber, Bürgerliches Recht – Gesetzliche Schuldverhältnisse[9] (2011) Orac Rechtsskriptum
Gruber/Graf, Bürgerliches Recht – Schuldrecht Allgemeiner Teil[9] (2011) Orac Rechtsskriptum
Harrer/Honsell/Mader, Prüfungsfälle zum Bürgerlichen Recht[5] (2007) LexisNexis
Haybäck/Schuhmacher, Schuldverträge[7] (2012) Orac Rechtsskriptum
Iro, Bürgerliches Recht IV[4] Sachenrecht (2010) Verlag Österreich
Kerschner, Bürgerliches Recht V[4] Familienrecht (2010) Verlag Österreich
Kerschner/Rummel, Fälle und Lösungen zum bürgerlichen Recht für Anfänger[7] (2012) Manz
Kerschner/Bydlinski P., Fälle und Lösungen zum bürgerlichen Recht für Fortgeschrittene[5] (2008) Manz
Kothbauer/Malloth, Bürgerliches Recht – Mietrecht (2010) Orac Rechtsskriptum
Koziol/Welser, Grundriss des bürgerlichen Rechts, I[13] (2006), II[13] (2007) Manz
Krejci, Privatrecht[8] (2010) Manz
Mader/Faber, Bürgerliches Recht – Allgemeiner Teil[8] (2012) Orac Rechtsskriptum
Ortner, Bürgerliches Recht, graphisch dargestellt[3] (2011) Orac Rechtsskriptum
Ofner/Reidinger, Internationales Privatrecht (2002) WUV
Perner/Spitzer/Kodek, Bürgerliches Recht[3] mit Glossar (2012) Manz
Posch, Bürgerliches Recht VII[5] Internationales Privatrecht (2010) Verlag Österreich
Reidinger, Gesammelte Fälle Bürgerliches Recht[3] (2012) Manz
Reidinger, Bürgerliches Recht I[8] (2006) WUV

Reidinger/Ofner/Rudolf/Meissel, Bürgerliches Recht II[7] (2003) WUV
Reidinger/Ofner, Bürgerliches Recht III[8] (2004) WUV
Riedler, Studienkonzept Zivilrecht I – Allgemeiner Teil[5] (2010) Orac
Riedler, Studienkonzept Zivilrecht II – Schuldrecht Allgemeiner Teil[4] (2010) Orac
Riedler, Studienkonzept Zivilrecht III – Schuldrecht Besonderer Teil – Vertragliche Schuldverhältnisse[4] (2010) Orac
Riedler, Studienkonzept Zivilrecht IV – Schuldrecht Besonderer Teil – Gesetzliche Schuldverhältnisse[3] (2010) Orac
Riedler, Studienkonzept Zivilrecht V – Sachenrecht[3] (2010) Orac
Riedler/Kerschner/Wagner, Studienkonzept Zivilrecht VI – Familienrecht[2] (2010) Orac Rechtsskriptum
Riedler/Apathy, Studienkonzept Zivilrecht VII – Erbrecht[4] (2010) Orac Rechtsskriptum
Riedler/Kerschner, Studienkonzept Zivilrecht VIII – Internationales Privatrecht[3] (2010) Orac Rechtsskriptum
Thoss/Haas (Hrsg), Prüfungstrainer Zivilrecht[2] (Lernsystem auf Karteikartenbasis) (2008) Verlag Österreich
Welser (Hrsg), Fachwörterbuch zum bürgerlichen Recht (2005) Manz
Weilinger, Privatrecht. Eine Einführung[3] (2013) WUV
Zankl, Casebook Bürgerliches Recht[7] (2011) WUV
Zankl, Erbrecht mit Beispielen und Diplomprüfungsfällen[7] (2007) WUV
Zankl, Bürgerliches Recht[6] (Kurzlehrbuch) (2012) WUV
Zankl, Zivilrecht[24] (mit CD-ROM) (2006) WUV

ee. Unternehmens- und Gesellschaftsrecht

Karollus et al, Casebook Handels- und Gesellschaftrecht[4] (2012) WUV
Ratka/Rauer/Völkl, Unternehmens- und Gesellschaftsrecht I und II (2011) Manz

ff. Arbeits- und Sozialrecht

Mazal (Hrsg), Casebook Arbeits- und Sozialrecht[9] (2012) WUV

gg. Verfassungsrecht

Eberhard/Lachmayer, Casebook Verfassungsrecht[3] (2012) WUV
Öhlinger, Verfassungsrecht[9] (2012) WUV
Schäffer, Fälle und Lösungen zum Verfassungsrecht[3] (1999) Manz
Schulev-Steindl, Gesammelte Fälle Öffentliches Recht (2002) Manz
Wieser (Hrsg), Verfassungsrecht. Fälle und Lösungen (2003) NWV

hh. Verwaltungs- und Verwaltungsverfahrensrecht

Akyürek et al, Casebook Verwaltungsverfahrensrecht[3] (2012) WUV
Lachmayer/Vasek (Hrsg), Casebook Verwaltungsrecht[3] (2012) WUV
Öhlinger, Verfassungsrecht[9] (2012) WUV
Schäffer, Fälle und Lösungen zum Verwaltungsrecht[4] (1998) Manz
Schulev-Steindl, Gesammelte Fälle Öffentliches Recht (2002) Manz
Wieser (Hrsg), Verwaltungsrecht. Übungsfälle und Lösungen (2002) NWV

ii. Europarecht

Lachmayer/Stöger (Hrsg), Casebook Europarecht[2] (2010) WUV

jj. Steuerrecht

Unger/Vock, Casebook Steuerrecht[5] (2012) WUV

1. Kapitel: Die 12 wichtigsten Lerntipps. Ein Kurzleitfaden für Eilige

Sie möchten möglichst rasch wissen, wie Sie Ihre Lernleistung verbessern können?

Großartig! Mit diesem Wunsch liegen Sie hier im 1. Kapitel richtig. Gratulation zur Ihrer Effizienz!

Tipp 1 Ziele

„Wer den Hafen nicht kennt, dem wird kein Wind günstig sein". (Seneca)

Seneca war ein kluger Mann. Aber er ist schon lange tot. Daher brauchen Sie über seinen Satz gar nicht erst nachzudenken.

„Nachdem wir unser Ziel aus den Augen verloren hatten, verdoppelten wir unsere Anstrengungen". (Mark Twain)

Mark Twain war ebenfalls ein kluger Mann und er ist noch nicht so lange tot wie Seneca. Daher sollten Sie Mark Twains Anregung unbedingt befolgen!

Tipp 2 Gottvertrauen

Es heißt, den Seinen gibt's der Herr im Schlafe. Richtig! Gottvertrauen sorgt für Lernerfolg.

Tipp 3 Planung

Planung wird überschätzt! Sie haben auch so über Ihre Termine und Projekte umfassenden Überblick. Und falls nicht, gilt Plan B.

Planungsinstrumente: Fliegende Zettel, niemals Time-Planer oder Kalender. Zettel wiegen weniger, das schont Ihren Rücken. Und man kann sie überall verteilen, man kann sie auch irgendwo liegenlassen, oder versehentlich wegwerfen. Balsam für Ihre Nerven!

Völlig überflüssig ist es, bereits feststehende Fixtermine zu notieren. Diese Termine sind ja fix, also selbstverständlich. Was selbstverständlich ist, beansprucht keine Zeit und bedarf daher keiner Planung. Dasselbe gilt für Unvermeidliches (wie Essen, Schlafen, Sozialkontakte, Arztbesuche und so weiter). Wegzeiten sind auch so ein Fall. Wie der Name schon sagt, sind diese Zeiten WEG. Es gibt sie also nicht.

Zeitpuffer für Unvorhergesehenes planen nur Feiglinge.

Tipp 4 Lernumgebung

Sie lernen am besten in unaufgeräumter, möglichst lauter und unruhiger Umgebung. Das regt Sie zu besonderer Konzentration an. Nicht umsonst spricht man von kreativem Chaos.

Empfehlenswert ist es auch, in einem gut gefüllten Lokal zu lernen. Die Nähe der anderen Gäste vermittelt Ihnen das Gefühl menschlicher Wärme, die Gespräche am Nachbartisch entspannen Sie unbewusst. Und schließlich hat niemand gesagt, dass Sie vereinsamen müssen, nur weil Sie zu lernen haben!

Falls Sie zu Hause lernen, ist Ihr Bett dafür der ideale Ort. Da ist es gemütlich und wenn Ihnen zwischendurch die Augen zufallen, macht das nichts, denn Sie befinden sich dafür ja an der richtigen Stelle. Da Lernen Kraft kostet, essen Sie während des Lernens. Schalten Sie überdies den Fernseher ein. Sie sind ja multitaskingfähig! Drehen Sie den Fernseher möglichst laut, damit Ihnen nichts entgeht. Radio oder Musik im Hintergrund haben einen ähnlichen Effekt, wirken aber unvollkommen, weil der optische Reiz fehlt.

Lassen Sie sich durch E-Mails, SMS, Facebook, Twitter nicht aus der Ruhe bringen. Wenn Sie alle 10–15 Minuten Handy und Netz checken, sind Sie jederzeit im Bilde und sorgen darüber hinaus für willkommene Abwechslung.

Lernunterlagen niemals vollzählig in Griffweite! Wenn Sie immer wieder aufstehen müssen, um notwendige Unterlagen zu holen, machen Sie Bewegung, und das ist gesund. Ein zusätzliches Gehirntraining erzielen Sie, wenn Sie diese Unterlagen auch noch suchen müssen.

Tipp 5 Lerntechnik

Lesen Sie Texte möglichst passiv. Was Sie lesen, nehmen Sie auf (sogenanntes osmotisches Lernen, Sie atmen den Lernstoff quasi ein). Die einzige erlaubte Aktion ist Unterstreichen. Je mehr Sie unterstreichen, desto besser haben Sie gelernt. Am besten, Sie unterstreichen den gesamten Text. Nach Sinn oder Zusammenhängen zu forschen, ist überflüssig und kostet nur Energie. Beispiele zum Gelesenen zu suchen oder Fragen zum Text zu stellen, strengt nur an. Am besten merkt man sich immer noch, was man auswendig gelernt hat.

Nützen Sie Ihr fotografisches Gedächtnis! Wenn Sie einen Text lang genug anstarren, wissen Sie bei der Prüfung sofort, dass das, was man von Ihnen wissen will, auf Seite 126 in den Lernunterlagen links unten steht, im vorletzten Satz. Diese Antwort beweist dem Prüfer, dass Sie gelernt haben.

Tipp 6 Wiederholen

Wiederholen ist sinnlos. Wozu etwas wiederholen, was Sie ohnehin schon gelernt haben? Wenn Sie unbedingt wiederholen wollen, dann wiederholen Sie am besten einen möglichst kleinen Teil, und den immer wieder. Mehrmals täglich. Als Mantra. Das sitzt dann richtig, und das motiviert Sie! Und außerdem legt es den Schluss nahe, dass alles andere auch sitzt.

Tipp 7 Pausen

Pausen machen nur Weichlinge. Sie sind dynamisch, Sie brauchen keine Pausen. Sie lernen 12, 13, 14 Stunden ohne Pause durch. Wenn nötig, nehmen Sie auch noch die Nacht dazu. Falls Sie den Eindruck gewinnen sollten, Sie würden nach mehreren Stunden ununterbrochenen Lernens nichts mehr aufnehmen (ja sogar das, was Sie bereits gelernt haben, irgendwie „verlieren"): Trauen Sie diesem Eindruck nicht, es handelt sich um eine Sinnestäuschung.

Tipp 8 Lernstoff konzentrieren

Es ist nicht zu empfehlen, den Lernstoff aufzuteilen. Wer an einem Tag 18 Stunden lernt, bringt viel mehr weiter als jemand, der an 18 Tagen jeweils eine Stunde lernt. Konsequenterweise bringt am meisten der weiter, der an einem einzigen Tag dreiundsiebzigeinhalb Stunden lang lernt.

Tipp 9 Prioritäten

Beginnen Sie immer mit dem DRINGENDEN, nicht mit dem Wichtigen.

Oder noch besser, Sie schieben Lernaufgaben einfach bis zur letzten Minute auf. Je länger Sie das durchhalten, desto größer wird der Druck. Druck steigert die Merkleistung! Wenn Sie es dann noch schaffen, Ihr dauerndes schlechtes Gewissen zu übertönen, beweisen Sie außerdem besondere Charakterfestigkeit (und/oder Gottvertrauen, siehe Tipp 2).

Tipp 10 Hindernisse, Störungen, Rückschläge

Hindernisse, Störungen und Rückschläge sind eine Gemeinheit. Außerdem kommen sie meist von außen. Falls Ihnen das passiert: Leben Sie Ihren Schmerz aus! Ihn zu verdrängen schadet seelisch. Teilen Sie Ihren Schmerz am besten auch mit anderen, etwa über Twitter (siehe Tipp 4). Geteiltes Leid ist bekanntlich halbes Leid. Hindernisse, Störungen, Rückschläge verschwinden übrigens von selbst. Man muss ihnen nur ausreichend Zeit dafür lassen.

Tipp 11 Motivation

Motivieren, aber richtig! Am besten, indem Sie sich systematisch belohnen. Sie essen zum Beispiel nach einem erfolgreichen Lerntag eine Tafel Schokolade. Oder gehen ins Kino. Oder kaufen sich Schuhe. Zum Ende des nächsten erfolgreichen Lerntags essen Sie zwei Tafeln Schokolade und gehen ins Kino. Zur Belohnung für Ihr Durchhaltevermögen gönnen Sie sich nach dem dritten Lerntag einen Kinobesuch, drei Tafeln Schokolade und Sie kaufen sich Schuhe. Im Lernen selbst Motivation zu finden, Freude aus dem bereits Erreichten zu schöpfen, ist zu billig und langweilig! Außerdem hat Spaß beim Lernen nichts verloren, Lernen ist schließlich eine todernste Angelegenheit.

Übrigens: Je öfter Sie sich sagen, dass das, was Sie gerade lernen a) unglaublich schwierig, b) uninteressant und öde sowie c) zu nichts zu gebrauchen ist, desto besser. Umso stolzer können Sie dann auf sich sein, wenn Sie die Prüfung trotz dieser Hindernisse geschafft haben!

Tipp 12 Prüfungsangst

… kennen Sie nicht, Sie sind ja nicht einmal nervös. Ganz klar: Sie haben nämlich die Lerntipps 1–11 befolgt und sind daher ausgezeichnet vorbereitet!

Widmen Sie Ihre Aufmerksamkeit daher vor allem der Beschaffung essentieller Informationen über Ihren Prüfer. Wenn Sie wissen, dass Prüferin Y Mittwochs ab 17.00 immer alle durchfallen lässt, können Sie sich rechtzeitig auf das einstellen, was Sie erwartet. Je mehr derartige Information, desto besser. Wie das alte Sprichwort sagt: Wo Rauch ist, ist auch Feuer.

Wissen Sie jetzt, wie Sie Ihre Lernleistung verbessern können?

Natürlich (noch) nicht. Jedenfalls aber ahnen Sie einen kleinen Teil dessen, was Sie falsch machen könnten. Nichts lernt sich rasch. Auch das Lernen nicht. Sie werden den Lern- und Prüfungsmanager also wohl weiterlesen müssen. Und das Gelesene dann umsetzen.

Falls Sie aber ernstzunehmende „Kurztipps" für bestehende Probleme suchen, schauen Sie in das 7. Kapitel und hanteln Sie sich anhand der Verweise dort weiter.

2. Kapitel: Zeitmanagement

Die Zeit rinnt Ihnen durch die Finger?

Wer sich im Studium plagt, schlägt sich gar nicht selten weniger mit Verständnisproblemen herum oder mit der Frage, wie er sich das Gelernte am besten merkt, sondern schlicht mit mangelhafter Zeitplanung. In diesem Kapitel finden Sie Tipps, wie Sie einen funktionierenden Zeit- und Lernplan aufstellen, typische Zeitfallen vermeiden und spezielle Hinweise für voll berufstätige Studierende und Studierende mit Klein- und Schulkindern.

Für Sie ganz persönlich!

Beantworten Sie bitte vor dem Weiterlesen folgende Fragen:

Haben Sie einen Zeitplan für die Vorbereitung auf Ihre Prüfung erstellt?

....

Nach welchen Kriterien haben Sie diesen Zeitplan aufgebaut? Nach Stunden pro Tag? Nach Seiten, Kapiteln aus dem Lehrbuch oder Skriptum?

....

Auf einer Skala zwischen 0 (gar nicht) bis 10 (bestens): Wie gut funktioniert die Umsetzung Ihres Plans in der Praxis?

....

Wenn Ihr Zeitmanagement immer wieder scheitert: Woran liegt das Ihrer Vermutung nach?

....

Wissen Sie gerade in diesem Moment genau, ob Sie Ihren Zeitplan erfüllen? Wissen Sie genau, wie viel vom Lernstoff Sie bereits erarbeitet haben und wie viel noch fehlt?

....

Wie viele Stunden lernen Sie pro Tag?

....

Neigen Sie dazu, das Lernen zu verschieben und hinauszuzögern, bis die Prüfung bedrohlich immer näher rückt?

....

Mussten Sie Ihren erstellten Zeitplan bereits einmal oder auch öfter verändern und anpassen? Worin lag der Grund dafür?

....

Neigen Sie dazu, sich zu „verzetteln", verwenden Sie also übermäßig viel Zeit für mäßig wichtige Dinge?

....

Überwältigt Sie öfter Ihr „innerer Schweinehund" und Sie finden sich zB vor dem Fernseher oder beim Kaffee mit Studienkollegen wieder statt vor Ihren Büchern und Skripten?

....

Reicht Ihre fürs Lernen veranschlagte Zeit selten aus, um Ihr Plansoll zu erreichen?

....

Wenn Sie im Folgenden lesen, wie ein Zeitplan erstellt und verwaltet wird, könnte es sein, dass Sie denken: *„Um Himmels willen, so ein Aufwand!"*. Sie haben recht! Planung ist ein Aufwand, und zwar ein sogar recht beträchtlicher. Doch wird die Planung Ihnen leichter fallen und rascher von der Hand gehen, als Sie befürchten, sobald Sie die Grundgesetze der Zeitplanung erkannt haben und Planungsroutine gewinnen. Überdies schafft ein Plan Orientierung, die Sie sicherer macht und motiviert. Ihr Einsatz lohnt sich also in jedem Fall. Mehr noch: Ohne diesen Einsatz geht es nicht! Schon gar nicht bei Fächern, in denen Sie über einen längeren Zeitraum hinweg umfangreiche Stoffmengen bewältigen müssen.

Als kleiner Denkanstoß eine kurze, vom bekannten deutschen Zeitmanagement-Spezialisten *Lothar Seiwert*[1]) erzählte Geschichte: Ein Spaziergänger stößt in einem Wald auf einen Mann, der sich erfolglos abmüht, mit einer völlig stumpfen Säge einen Baum zu fällen. Auf des Spaziergängers Frage, warum er denn die Säge nicht einfach schärfe, antwortet der Holzfäller: *„Sehen Sie denn nicht, dass ich dafür keine Zeit habe? Ich muss doch sägen!"*

---

[1]) *Seiwert*, Das 1x1 des Zeitmanagements (2004) 34.

> **MERKE:** Wer sinnvoll Energie in seinen Zeitplan investiert, spart schlechte Energie und gewinnt gute Energie!

I. Wie funktioniert es? Die Eigenschaften eines erfolgreichen Zeitplans

Ein guter Zeitplan, mit dem Sie erfolgreich arbeiten werden, hat folgende Eigenschaften: Er ist
→ gegliedert und detailliert,
→ schriftlich, übersichtlich, lesbar,
→ sofort und als ständiger Begleiter geführt,
→ realistisch,
→ kontrolliert,
→ im Ernstfall korrigiert

1. Ihr gegliederter und detaillierter Zeitplan

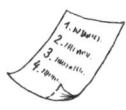

„Zeitplan? Natürlich habe ich einen Zeitplan! Den ersten Band des Lehrbuchs werde ich in cirka sechs Wochen durchgearbeitet haben, für den zweiten brauche ich noch einmal ungefähr sechs bis acht Wochen, vielleicht auch neun. Dann noch ein bisschen Zeit für die große Generalwiederholung. Bis zum Prüfungstermin im Juni werde ich schon fertig, das müsste sich ausgehen.“

Das ist kein Zeitplan! Das ist als Plan getarntes Chaos. Oder freundlicher ausgedrückt, eine Grobschätzung des erforderlichen Lernaufwands. Viel zu wenig konkret, viel zu wenig präzise.

Ein guter Zeitplan ist in mehrere Einheiten gegliedert, in Stunden, Tage, Wochen, Monate – bis zum Prüfungstermin. Jeder dieser Zeiteinheiten wird ein bestimmtes Lernpensum zugeordnet[2]). Nur durch eine solche Gliederung erhalten Sie Klarheit. Nur so bewahren Sie den Überblick. Nur so können Sie sinnvolle, erfolgversprechende „Lernportionen“ zuteilen. Nur so können Sie kontrollieren, wo Sie stehen, und Ihren Plan allenfalls auch anpassen. Darüber hinaus ist die detaillierte und präzise Gliederung Ihres Zeitplans wesentlich für Ihre Lernmotivation. Sehen Sie Ihre Lernaufgabe bis zum „Endziel Prüfung“ in weiter Ferne lediglich schemenhaft vor sich (*„1200 Seiten bis Juni“*), werden Sie kraftlos. Wenn Sie aber die vielen nötigen kleinen Schritte bis zu Ihrem Ziel, aufgeteilt auf so und

---

[2]) Ein praktisches Beispiel für die Gliederung des „Lerntags“ eines „Vollzeitstudenten“ finden Sie unten IV. in diesem Kapitel.

so viele Tage, erfassbar machen, blicken Sie auf Etappen, die zu bewältigen sind. Sie versehen die Strecke zum Ziel mit Wegmarken. Das macht Mut[3])!

2. Schriftlich, übersichtlich, lesbar

Ein guter Zeitplan wird *schriftlich* verfasst. Warum?

→ Sie müssen zahlreiche Termine verwalten, die Sie kaum überblicken werden, ohne sie in einen schriftlichen Zeitplan zu fassen. Und selbst wenn Sie sich all Ihre Termine merken könnten: Schade um die dadurch gebundene Gehirnkapazität.

→ Ein schriftlicher Zeitplan ist im wahrsten Sinne des Wortes augenfällig. Schwarz auf Weiß (besser noch: Bunt auf Weiß[4]) sehen zu können, was zu tun ist und wie viel Zeit wofür zur Verfügung steht, wirkt eindrucksvoller als der „Plan im Hinterkopf". Ein schriftlicher Zeitplan lässt überdies auch optisch Struktur erkennen. Struktur hilft beim Lernen.

→ Ein schriftlicher Zeitplan ist unproblematisch und exakt kontrollierbar.

→ Und: Jeder noch so umfassende und ausgefeilte „Plan im Hinterkopf" ist labil und fällt recht leicht auch ohne triftigen Grund um. Der schriftliche Plan wirkt verbindlicher. Wie ein Vertrag mit sich selbst.

 MERKE: Gedachtes, Gesprochenes verfliegt. Geschriebenes bleibt.

Ein guter Zeitplan ist *übersichtlich und lesbar.* Dafür benötigen Sie das richtige Werkzeug. Benützen Sie keine fliegenden Zettel, keine auf Lehrbuch, Laptop, Schreibtisch oder Spiegel geklebten Post-it-Notizen. Legen Sie keine „To Do-Listen" an. „To do" ist immer etwas, und zwar meist mehr, als Ihnen angenehm sein wird (Frustrationsfaktor!). Aber wann tun Sie, was „to do" ist? Und von wann bis wann? Ein Lernplan ist kein Einkaufszettel!

Verwenden Sie einen (einen einzigen!) Time-Planer, am besten in Papierform.

 MERKE: Zentralisieren Sie Ihr Zeitmanagement!

Sind Time-Planer in elektronischer Form zu empfehlen? Nicht uneingeschränkt. Oft fehlt es an der Übersichtlichkeit. Für Terminplanung in der Kalenderfunktion Ihres Handys beispielsweise müssen Sie scrollen, weil der Bildschirm

---

[3]) Zu Etappenzielen auch im 4. Kapitel I.1.b.
[4]) Dazu gleich unten im Text und unter I.4.g.

zu klein ist (oder aber die vorgesehenen Spalten für die Termine oder die Schrift …). Das handschriftliche Abhaken erledigter Aufgaben ist außerdem eindrucksvoller als Löschen – was abgehakt ist, bleibt stehen, und zeigt, was schon getan ist. Und bei elektronischen Planern fehlt Ihnen das haptische Erlebnis des Eintragens, Blätterns und Abhakens.

 MERKE: Zeitplan auf Papier schlägt elektronischen Zeitplan. Elektronischer Zeitplan ist aber allemal besser als kein Zeitplan!

Begnügen Sie sich nicht mit Mini-Kalenderchen, da ist zu wenig Platz für das Vormerken Ihrer Lerneinheiten und sonstiger Termine. Kaufen Sie entweder ein Time-Planer-Buch im (mindestens) DIN A5-Format. Oder basteln Sie Ihren persönlichen Time-Planer selbst: Versehen Sie leere DIN A4-Blätter mit Spalten für die Wochentage und die Uhrzeiten, kopieren Sie diesen Rohling, sooft Sie ihn brauchen (x Tage, Wochen, Monate bis zum Prüfungstermin y), datieren Sie die Tage und heften Sie die ausgefüllten Blätter in einen Ringordner ein. Diese Methode wirkt, abgesehen davon, dass sie billig ist, auch motivationsfördernd: Sie können in Ihren Ordner Trennblätter einfügen und die „abgearbeiteten Wochenblätter" systematisch fortschreitend nach hinten reihen. Dadurch erleben Sie unmittelbar, wie viel Zeit bereits verstrichen ist, wie viel Sie in dieser Zeit bereits geleistet haben, wie viel Zeit Ihnen in Hinkunft noch zur Verfügung steht, und wie viel noch zu tun bleibt.

Schreiben Sie groß, klar, kurz. Je leichter auf einen Blick erfassbar, desto effektiver. Markieren Sie Zeitblöcke farbig[5]).

 MERKE: Die verfügbare Zeit wird nicht mehr, die zu erledigende Arbeit nicht weniger, nur weil man Termine kleiner schreibt …

Zeitplan-Profis verwenden für ihre Eintragungen einen Bleistift. Auch wenn Pläne prinzipiell dazu da sind, eingehalten zu werden, kann (und wird!) sich unvorhergesehener Weise immer wieder mal etwas verschieben. Vielleicht müssen Sie Ihren Plan auch gründlicher umgestalten[6]). In diesen Fällen hilft es, wenn Sie radieren statt auszustreichen, wodurch Sie leicht den Überblick verlieren.

---

[5]) Siehe unten I.4.g.
[6]) Siehe unten I.6.

3. Sofort und als ständiger Begleiter geführt

Tragen Sie alle Termine sofort ein, sobald sie feststehen! Speziell weniger „beliebte" Termine vergessen Sie sonst leicht. Und machen Sie Ihren Plan zu Ihrem ständigen Begleiter: Führen Sie ihn regelmäßig. Beginnen und beenden Sie jeden Tag mit einem Blick in Ihr „tragbares Hirn".

4. Ihr realistischer Zeitplan

a. Die richtige Maßeinheit

„Ich lerne wirklich viel, zehn bis zwölf Stunden täglich …". Das klingt gut. Ausschlaggebend ist aber nicht so sehr, wie viele Stunden pro Tag Sie lernen, sondern vor allem, was in diesen Stunden geschieht! Sie müssten also sagen können: *„Ich habe heute die zwei Kapitel, die vier Abschnitte, die 20 Seiten, die in meinem Plan stehen, gelernt".*

 MERKE: Die mit dem Lernen verbrachte Zeit ist keine Maßeinheit. Das Ergebnis pro Zeiteinheit zählt!

b. Ansteigend

Berücksichtigen Sie beim Erstellen Ihres Zeitplans, dass Sie zu Beginn der Vorbereitung auf ein neues Fach mehr Zeit brauchen als später, wenn Sie schon eingearbeitet sind. Das ist normal! Ein Läufer, der für einen Marathon trainiert, beginnt auch nicht mit den vollen 42,195 Kilometern, sondern steigert langsam die Trainingsdistanzen. Ähnliches gilt für das Lernen. Sind Sie mit den Eigenheiten eines Fachs bereits vertrauter, schaffen Sie mehr: Sie kommen in Übung, können auf eine immer breitere Basis aufbauen, können vernetzen. Das beschleunigt. Passen Sie Ihren Zeitplan diesem Umstand an, indem Sie zu Beginn der Arbeit an einem neuen Fach mehr Zeitbedarf einkalkulieren, also Ihr erprobtes, übliches Lernpensum (dazu gleich unten c.) zunächst etwas reduzieren und in der Folge steigern.

 MERKE: Geben Sie sich Zeit, in die Materie hineinzuwachsen (Marathon-Prinzip)!

c. Wie viel pro Tag?

Wie viel Zeit werden Sie für die Menge des zu bewältigenden Lernstoffs brauchen, um den anvisierten Prüfungstermin am Tag x wahrzunehmen? Welcher Prüfungstermin geht sich überhaupt realistischerweise aus? Das hängt natürlich davon ab, wie viel Sie pro Tag, pro Woche, pro Monat lernen. Und lernen können!

Sie werden von früheren Prüfungsvorbereitungen (und sogar noch aus Schulzeiten) Erfahrungswerte haben, auf die Sie nun zurückgreifen. Testen Sie aber, ob Ihre erfahrungsgemäß durchschnittlich xy Seiten pro Tag auch mit dem gerade jetzt zu lernenden Stoff vereinbar sind. Die jeweils zumutbare Lernmenge hängt nämlich von zahlreichen Kriterien ab. Zum Beispiel: Lernen Sie Dinge, die Sie in Grundzügen bereits kennen oder völlig Neues? Sind Sie bereits länger im Lerntraining oder noch ungeübt[7])? Ist der Stoff eher schlicht und leicht erfassbar oder eher komplex? Müssen Sie sich viel herausschreiben oder weniger?[8]) Wie lange müssen Sie über das, was Sie herausschreiben, nachdenken, wie lange werden Sie daran feilen? Interessiert Sie das, was Sie gerade lernen oder lässt es Sie weitgehend kalt? Sind Sie motiviert oder frustriert[9])? Ausgeruht oder müde? Liegt Ihnen der Stoff oder liegt er Ihnen weniger? Sind Sie gelassen oder blockiert oder gar ängstlich[10])? Sind Sie abgelenkt und unkonzentriert oder ganz bei der Sache[11])?

Obwohl Ihr Lernquantum von sachlichen und persönlichen Kriterien beeinflusst wird, lässt sich doch ein Anhaltspunkt geben: Komplexer Stoff aus dicht geschriebenen Lehrbüchern verträgt etwa 20 bis 25 Seiten pro Tag. Gelegentlich, vor allem anfangs, kann es auch weniger sein (15 bis 20 Seiten), gelegentlich – bei leichter Fasslichem und wenn Sie schon gut in Übung sind – auch etwas mehr (25 bis 30 Seiten). Was von dieser Faustregel über längere Zeit hindurch deutlich abweicht, wird ziemlich sicher entweder zu wenig sein oder zu viel. Bedenken Sie: Das Gelernte muss sich setzen, Sie müssen Pausen machen[12]), Sie müssen wiederholen[13]) … all das braucht Zeit. Und wie Sie unten d. sehen werden, steigert es den Lernerfolg gewaltig, wenn Sie den Stoff auf größere Zeiteinheiten aufteilen.

Sich nicht zu viel, aber auch nicht zu wenig aufzulasten, unterstützt auch Ihre Motivation. Nehmen Sie sich zu große Portionen vor, werden Sie sich dauernd überfordern. Das frustriert. Teilen Sie den Stoff wiederum in zu kleine Portionen auf, sind Sie laufend unterfordert. In diesem Fall wird es Ihnen zwar leicht fallen, Ihren Zeitplan einzuhalten, aber im Grunde wissen Sie ja, dass Sie sich dabei selbst betrügen. Oder Sie kommen in Versuchung, „Erbsen zu zählen" und sich in uferlosen Details zu verlieren[14]).

---

7) Siehe gerade oben unter I.4.b. und im 3. Kapitel II.9.
8) Zu sinnvollem Exzerpieren im 3. Kapitel V. und VI.
9) Zu den Motivationsfaktoren und Motivationsfallen im 4. Kapitel I. und II.
10) Dazu im 4. Kapitel I.4. und III.
11) Dazu unten II.4. und im 4. Kapitel II.2.
12) Dazu 3. Kapitel II.1.
13) 3. Kapitel II.2.
14) Unten II. 3.

MERKE: Nicht zu viel, nicht zu wenig – achten Sie auf ein ausgewogenes und realistisches Lernquantum!

Die zu Beginn gestellte Frage, welcher Prüfungstermin sich vernünftigerweise und erfolgversprechend ausgeht, ist damit beantwortet. Nehmen Sie die folgende Formel für den frühestmöglichen Prüfungstermin x:

MERKE: $x = \dfrac{S}{s/d} + WH + ZP$

Prüfungstermin X = insgesamt zu lernende Seiten S dividiert durch durchschnittliches Seitenpensum s pro Tag d plus Wiederholungen WH plus Zeitpuffer ZP für Unvorhergesehenes.

d. Auf- und Verteilen – und den Zeitplan darauf einrichten

 *„Ich lerne bis zur Prüfung am Tag x vier Wochen hindurch täglich 14 Stunden lang."* – Ist das lerntechnisch sinnvoll? Nein! Was geschieht, wenn Sie versuchen, Wasser durch einen Trichter in ein Gefäß zu schütten und dabei zu schnell und zu viel nachgießen? Durch den Hals des Trichters geht nichts mehr durch, das Wasser fließt über den Trichterrand. Sie verschütten es. Schade darum[15]).

Sie sind nicht unbeschränkt aufnahmefähig. Auch wenn Sie noch so gern im Akkord arbeiten würden, um „schneller fertig zu sein" – es kommt der Punkt, wo Ihr Gehirn abriegelt und Sie „nicht mehr können". Gelerntes will sickern, sich setzen, verdaut werden. Sie sollten daher nicht mehr als höchstens etwa acht Stunden täglich mit dem Lernen[16]) verbringen.

Im 3. Kapitel II.8. lesen Sie über den Wert sinnvoller Auf- und Verteilung des Stoffs auf einen möglichst langen Zeitraum. Bei der Vorbereitung auf kleinere Prüfungen mit überschaubarer Stoffmenge fällt die Umsetzung dieses lerntechnischen Grundgesetzes natürlich leichter als beim Erarbeiten großer Stoffgebiete. Sie werden zur Prüfung aus dem umfangreichen Fach ja innerhalb eines vertretbaren Zeitraums antreten wollen. Beachten Sie das Prinzip dennoch (und gerade!) auch hier.

---

[15]) Vgl zum Folgenden auch 3. Kapitel II.1. und II.8.
[16]) „Lernen" ist weit auszulegen: Lernpausen und Wiederholungen des Gelernten gehören auch dazu. Falls Sie dazu neigen, vor allem in der Zielgeraden kurz vor der Prüfung, also knapp „vor Torschluss", bedeutend mehr Lernzeit zu investieren, machen Sie sich bitte bewusst, dass Sie damit mehr Ihr Gewissen beruhigen als Ihren Lernerfolg steigern.

e. Rauf und runter: Die Leistungskurve

Bei Ihrer Zeiteinteilung beachten Sie bitte auch, dass Sie nicht zu allen Tageszeiten gleich einsatzfähig sind. Energie und Leistungskraft steigen und fallen.

Die sogenannte „Normalkurve", die die Leistungsfähigkeit des Durchschnittsmenschen je nach Tageszeit beschreibt, verläuft folgendermaßen: Nach ausführlicher Nachtruhe steigt die Kurve ab sechs, sieben Uhr früh stark an, erreicht gegen zehn Uhr ihren absoluten Spitzenwert (das Tageshoch), und sinkt dann bis etwa zwölf Uhr kontinuierlich wieder ab. Zwischen zwölf und fünfzehn Uhr liegt ein Tief. Ab fünfzehn Uhr geht es langsam wieder aufwärts, zwischen sechzehn und zwanzig Uhr noch deutlicher. Der Spitzenwert vom Vormittag wird dabei allerdings bei weitem nicht mehr erreicht. Ab zwanzig Uhr fällt die Kurve steil ins Bodenlose[17]).

Wie Ihre persönliche Leistungskurve aussieht, hängt von Ihrer Veranlagung ab, von Ihrem Alter, Ihren Ernährungs- und Bewegungsgewohnheiten und davon, ob Sie für ausreichende Pausen und genügend Schlaf sorgen. Völlig konträr zum Verlauf der „Normalkurve" wird sich allerdings auch Ihre individuelle Leistungsfähigkeit wohl kaum gestalten.

Ist Lernen in der Nacht „erlaubt" oder eher schädlich? Kommt – wie immer – darauf an. Manche Menschen haben tatsächlich zur Nachtzeit ein Leistungshoch, vielleicht zählen ja gerade Sie zu dieser (selteneren) Kategorie. So oder so wird Ihnen die eine oder andere durchlernte Nacht nicht ernsthaft schaden. Vorausgesetzt, Sie kommen auch zum Schlafen (wann eigentlich? Tagsüber?). Vorausgesetzt, Sie sind wegen der durchwachten Nacht nicht am nächsten Tag „unbrauchbar" – damit hätten Sie im Ergebnis nichts gewonnen. Vorausgesetzt, Sie verlängern Ihren Lerntag nicht einfach in die Nacht hinein, um mehr darin unterzubringen – das funktioniert nicht, weil Ihr Hirn ohnedies nach einem bestimmten Lernpensum abriegelt und Sie nichts mehr aufnehmen. Und was ist von einer „Not-Lernnacht" am Tag vor der Prüfung zu halten? Dies und jenes wird sich schon noch in Ihr Kurzzeitgedächtnis quetschen lassen. Und das können Sie dann am Prüfungstag sicher abrufen (wenn Sie es in der Folge auch blitzartig und rückstandsfrei vergessen). Aber: Eignet sich das, was Sie bei der Prüfung reproduzieren sollen, für das Kurzzeitgedächtnis (Fakten, Daten)? Oder wird Sie der Prüfer nach Vernetzungen fragen oder müssen Sie gar Fälle lösen? Wird das, was Sie bei der Prüfung gefragt werden, ausgerechnet das sein, was Sie gerade eben noch in den Kurzzeitspeicher geladen haben? Unwahrscheinlich! Wahrscheinlich ist hingegen: Sie sind bei der Prüfung, also im Moment, wo's darauf ankommt, hellwach über alle Ihre Sinne zu verfügen, erschöpft – oder gar panisch, weil trotz des Vollgasgebens in der letzten Nacht immer noch so vieles übergeblieben ist, was Sie eigentlich auch noch getan haben sollten … Ist dieses Lotteriespiel den Einsatz wert? Entscheiden Sie selbst, nach dem Motto: Wenn du weißt, was du tust, kannst du machen, was du willst!

---

[17]) Den Verlauf dieser sogenannten REFA-Kurve finden Sie in *Seiwert* 58 ff (siehe Literaturhinweise).

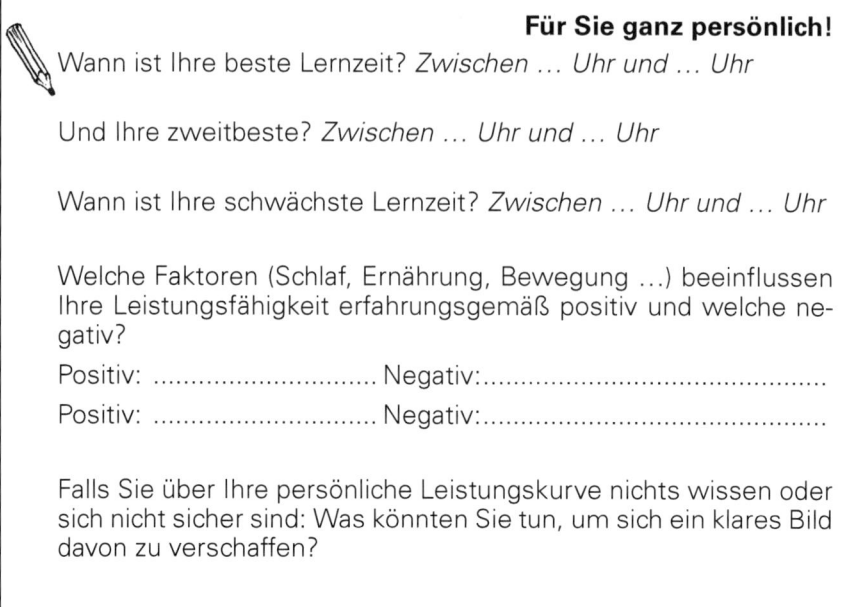

Für Sie ganz persönlich!

Wann ist Ihre beste Lernzeit? *Zwischen … Uhr und … Uhr*

Und Ihre zweitbeste? *Zwischen … Uhr und … Uhr*

Wann ist Ihre schwächste Lernzeit? *Zwischen … Uhr und … Uhr*

Welche Faktoren (Schlaf, Ernährung, Bewegung …) beeinflussen Ihre Leistungsfähigkeit erfahrungsgemäß positiv und welche negativ?

Positiv: ………………… Negativ:…………………………………

Positiv: ………………… Negativ:…………………………………

Falls Sie über Ihre persönliche Leistungskurve nichts wissen oder sich nicht sicher sind: Was könnten Sie tun, um sich ein klares Bild davon zu verschaffen?

……………………………………………………………………………

……………………………………………………………………………

Sie lernen besser, wenn Sie Ihre Lernphasen auf Ihre Leistungsphasen einstellen. Dementsprechend legen Sie Anspruchsvolles, wie zum Beispiel das Erarbeiten schwierigen neuen Lernstoffs, in Ihre „Spitzenzeiten". Leichteres, wie etwa Wiederholungen, bringen Sie besser während der Abschwünge Ihrer Leistungskurve unter. Das „Mittagstief" schließlich ruft ganz besonders danach, für eine ausführliche Erholungspause genutzt zu werden, vielleicht auch für einen kurzen Mittagsschlaf[18]).

---

[18]) Vor allem in Japan und den USA räumen immer mehr Unternehmen ihren Mitarbeitern die Gelegenheit zur Mittagsruhe ein. Der erlaubte kurze Büroschlaf („Powernapping") steigert die Leistungsfähigkeit der Arbeitnehmer stark. Eine solche spezielle Ruhepause sollte nicht länger dauern als etwa 20 Minuten. Legen Sie sich dazu, wenn Sie daheim lernen, nicht in Ihr Bett (das ist dem Tiefschlaf gewidmet, damit verbinden Sie es unbewusst). „Powernappen" Sie auch nicht an Ihrem Lernplatz (der ist dem Lernen gewidmet, damit verbinden Sie ihn unbewusst). Suchen Sie sich einen bequemen Sessel in einer ruhigen Ecke, schließen Sie die Augen und dösen Sie nicht nur vor sich hin, sondern schlafen Sie. Schwierig, einzuschlafen? Hier hilft autogenes Training oder die Konzentration auf Ihre eigenen Atemzüge. Und damit Sie nicht befürchten müssen, in Tiefschlaf zu sinken und erst nach Stunden völlig desorientiert wieder aufzuwachen, stellen Sie sich schlicht den (Handy-)Wecker.

Sollten Sie neben dem Studium berufstätig sein[19]), überprüfen Sie, ob die momentan gewählte zeitliche Aufteilung von Arbeit und Lernen Ihrem Tages-Leistungspotential entspricht. Arbeiten Sie zum Beispiel halbtags am Vormittag und bleiben für das Studium daher Nachmittag und Abend, so sind Sie jedenfalls nicht mehr taufrisch, wenn Sie sich zum Lernen hinsetzen – Sie haben an diesem Tag ja auch schon einiges geleistet. Vielen Berufstätigen fällt es erfahrungsgemäß leichter, während der Arbeitszeit im Kreis von Kollegen hellwach und konzentriert zu bleiben als während der „einsamen" Lernzeiten. Sollte das auch auf Sie zutreffen, so brächte es Ihrem Lernerfolg einigen Nutzen und Ihrer Arbeit keinen Schaden, wenn Sie versuchen, Ihren Dienstplan umzudrehen. „Lernen zuerst, arbeiten danach" gibt Ihnen auch das befriedigende Gefühl, die möglicherweise schwierigste Aufgabe des Tages bereits erledigt zu haben. Damit schwebt über Ihnen nicht das Damoklesschwert *„ich muss dann ja heute später auch noch lernen …"*.

Für Sie ganz persönlich

Was unternehmen Sie in Hinkunft, um Ihre individuelle Leistungskurve stärker zu berücksichtigen als bisher?

....

....

Für berufstätige Studierende: Wie können Sie Ihre Arbeits- und Lernzeiten Ihrer Leistungskurve besser anpassen? Wie weit reicht Ihr Einfluss auf Ihre Dienstzeiten? Welchen Spielraum für Veränderungen könnte es geben? Was tun Sie konkret als ersten Schritt dazu?

....

....

---

[19]) Studieren Sie neben dem Beruf, sind also voll berufstätig? Unten III. finden Sie Hinweise zu Ihrer speziellen Situation.

f. Sehen Sie genau hin …

Bevor Sie weiterlesen: Wählen Sie bitte einen beliebigen (Arbeits-)tag im Lauf dieser Woche aus und schreiben Sie in den folgenden Kasten alle Dinge hinein, die an diesem Tag zu erledigen sind. Sie brauchen dabei vorerst weder Uhrzeiten festzulegen noch einen Zeitrahmen zu veranschlagen. Es geht hier lediglich um die einzelnen Zeitposten. Kleiner Hinweis: Ein Tag hat 24 Stunden …

Für Sie ganz persönlich!

Meine Planposten für Tag x (Datum):

....

....

....

....

Nun überprüfen Sie anhand der folgenden Aufstellung, was sich alles auf Ihrer Liste findet und was möglicherweise fehlt:

→ Haben Sie Ihre Fixtermine notiert? Darunter fallen sowohl berufliche Termine als auch private, die bereits feststehen.

→ Haben Sie Vorlesungs- und Übungstermine einkalkuliert?

→ Haben Sie Lernpausen vorgesehen?

→ Steht der Posten „Wiederholung" auf Ihrer Liste?

→ Haben Sie bedacht, dass Sie an diesem bewussten Tag etwas essen werden? Dass dafür Lebensmittel eingekauft und allenfalls verkocht werden müssen?

→ Haben Sie einkalkuliert, dass Sie an diesem Tag auch schlafen werden?

→ Haben Sie Freizeit vorgesehen?

→ Haben Sie einen Zeitpuffer für Unvorhergesehenes gelassen[20])?

→ …

Sie erkennen, dass in den 24 Stunden eines Tages wesentlich mehr untergebracht werden muss als nur das, woran Sie vordergründig gedacht haben.

---

[20]) Siehe dazu unten II.1.

16

MERKE: Auch „Selbstverständlichkeiten" brauchen Zeit!

Für Sie ganz persönlich!

Ergänzen Sie anhand der Aufstellung oben Ihre eigene Liste um jene Posten, die Sie nicht bedacht haben. Am besten in einer anderen Farbe – Lerneffekt durch optische Hervorhebung[21]). Was könnte darüber hinaus vielleicht sonst noch fehlen …?

....

....

g. Fix ist fix!

Die Erstellung jedes Zeitplans beginnt mit der Eintragung der Fixtermine. Zu den Fixterminen zählt alles, was im Moment zeitlich feststeht.

Viele Fixtermine wiederholen sich, manche Tag für Tag, manche Woche für Woche. Tragen Sie in Ihren Time-Planer täglich, wöchentlich alle wiederkehrenden Fixtermine ein, halten Sie sie nicht für „selbstverständlich" (dazu gerade oben unter f.).

Fix ist:

→ Studienbezogenes (*Mi 15.00 bis 16.30 Vorlesung zum Verfassungsrecht; Di 16.00 bis 17.30 Pflichtübung aus Strafrecht …*),

→ Berufliches (*jeden Mo, Mi, Fr 9.00 bis 14.00 Uhr der Studentenjob beim Rechtsanwalt. Oder: Die zehn Wochenstunden im Call-Center des Unternehmens XY, wobei Sie diese Stunden aber jede Woche frei festlegen können: Fixieren, eintragen* [22])*!*).

→ Privates (*täglich von 7.00 bis 7.30 eine halbe Stunde Laufen; Do Basketballtraining von 17.00 bis 20.00; Fr 15.00 Zahnarzt; Sa 13.00 Lokalbesuch zu Mutters Geburtstag[23]*).

→ Fixes kann nicht nur Stunden eines Tages, sondern auch mehrere Tage hintereinander füllen. „*Bis zur Prüfung im Juni habe ich noch drei Monate Zeit, das geht sich leicht aus!*" Hoffentlich. Denn Sie befinden sich Anfang März eine Woche lang auf Schiurlaub. Und Ihre enge Freundin F heiratet am 5. Mai in München, Sie sind Trauzeuge und fahren natürlich hin. Und die Haus-

---

[21]) Siehe 3. Kapitel IV.1.a.
[22]) Vgl oben I.4.e.
[23]) Apropos: Wann in dieser Woche besorgen Sie Mutters Geburtstagsgeschenk? Auch das zählt zu den „Selbstverständlichkeiten", die geplant sein wollen (siehe oben f.)

arbeit für das wichtige xy-Seminar, die Mitte April abgegeben werden muss, kostet Sie etwa eine Woche Arbeit …

Alle Fixtermine – Stunden, Tage, Wochen – blockieren Sie in Ihrem Time-Planer zuerst. Wenn Sie den gesamten voraussichtlich benötigten Zeitraum beginnend beim Start bis zum mutmaßlichen Ende (zur dafür nötigen „Bruttorechnung" gleich im folgenden h.) durch einen Farbbalken oder ein Farbfeld markieren, machen Sie bereits auf einen kurzen Blick sichtbar, wie viel Zeit Sie bereits verplant haben und wie viel Zeit Ihnen tatsächlich noch zur Verfügung steht! „Bunt auf weiß" erkennen Sie: Da sind bei weitem nicht mehr so viele Lücken, wie Sie gedacht hatten! Eben. Das Ergebnis mag ernüchtern. Aber es ist realistisch.

 MERKE: Markieren Sie *Block*iertes durch einen Farb*block*!

h. Ehrlich währt am längsten … rechnen Sie „Bruttozeiten"!

Wer leicht in Zeitnot kommt, macht häufig den Fehler, den Zeitaufwand für seine Termine zu unterschätzen. Er rechnet „netto" statt „brutto".

„Ich fahre am Donnerstag zur Strafrechtsvorlesung. Die beginnt um 10.00 Uhr und dauert ohnehin nur 90 Minuten, also bis 11.30 Uhr. Ab 11.30 habe ich dann ganze drei Stunden Zeit zum Lernen in der Universitätsbibliothek, bis zur nächsten Übung, die ich danach besuche."

90 Minuten klingt tatsächlich recht bescheiden. Rechnen Sie jedoch realistischerweise „brutto", dann sind zu den 90 Minuten zu addieren: Erstens, die nötige Erholungspause von cirka 20 Minuten nach der Vorlesung[24]). Zweitens, Sie müssen sich erst einen geeigneten Sitzplatz in der Bibliothek suchen. Sich drittens diesen Platz auch mit Ihren Lernunterlagen und nach Ihren Vorstellungen einrichten. Viertens, Sie steigen nicht quasi auf Knopfdruck in Ihre nächste Lerneinheit ein, Sie müssen sich erst einige Minuten anwärmen. Das alles summiert sich. Sie lernen effektiv also nicht ab 11.30, vielmehr ist es mittlerweile 12.05. Oder gar 12.10? Zeit, langsam ans Mittagessen zu denken … „90 Minuten netto" ergeben in diesem Beispiel „125 Minuten brutto"!

 MERKE: Nur wer „brutto" rechnet, rechnet realistisch!

Auch Wegzeit ist in die Bruttoberechnung mit einzubeziehen. Ihre Wegzeit hängt natürlich davon ab, wo Sie wohnen und welches Verkehrsmittel Sie benutzen. Unabhängig von diesen Vorgaben wird der Zeitaufwand für die An- und Abreise regelmäßig unterschätzt. *„Ich wohne recht nah bei der Universität, ich brauche mit dem Bus nur 20 Minuten, bin also schnell da".* Wenn Sie hinzurechnen, dass Sie

---

[24]) Die Erholungspause lässt sich nicht einsparen, siehe 3. Kapitel II.1.

Ihre Siebensachen zusammenpacken, sich Mantel und Schuhe anziehen müssen, dass Sie über das Stiegenhaus hinunter auf die Straße, dann um die Ecke zur Bushaltestelle gehen müssen, dass Ihnen ferner der Bus gerade vor der Nase weggefahren ist, dass Sie ab dem Aussteigen aus dem Bus noch fünf Minuten in die Universität und fünf Minuten bis zu Ihrem Platz im Hörsaal brauchen, den Sie sich innerhalb von weiteren drei Minuten erobern – wie viel „Wegzeit" brauchen Sie also wirklich? Davon abgesehen sind Wegzeiten selbst bei bester Planung nicht immer kalkulierbar (U-Bahn wegen technischen Defekts ausgefallen, daher längere Wartezeiten; Verkehrsunfall, und daher Stau …).

Rechnen Sie Wegzeiten nicht nur immer brutto, sondern sparen Sie sie überhaupt so weit wie möglich ein. Häufige Ortswechsel kosten oft nicht nur unverhältnismäßig viel Zeit, dauerndes Hin und Her zerreißt Ihnen auch Ihren „Lerntag": Sie müssen sich ja nach der Unterbrechung durch die Reise am Bestimmungsort immer wieder neu einarbeiten[25]). Versuchen Sie, im wahrsten Sinne des Wortes leere Kilometer zu vermeiden. Fahren Sie zur Vorlesung am Vormittag in die Universität und haben Sie am selben Tag noch einen Übungstermin, dann bleiben Sie lieber, statt heimzufahren, und lernen in der Bibliothek oder im Lesesaal – selbst wenn Sie so günstig wohnen sollten, dass Sie tatsächlich nur 20 Bruttowegminuten brauchen.

 MERKE: Wegzeiten sind „weg"-Zeiten!

Für Sie ganz persönlich!
Nehmen Sie einen mit recht vielen Terminen angefüllten Tag im Laufe der nächsten Woche aus Ihrem Zeitplan als Beispiel.

....

Schätzen Sie den benötigten Zeitaufwand realistisch, also „brutto" ein!

....

Wo mussten Sie nachjustieren? Was hatten Sie übersehen?

....

---

[25]) *Seiwert* 66 nennt das den „Sägeblatt-Effekt". Durch das Herausgerissenwerden und Neubeginnen entstehen sägeblattartige Zacken im Arbeitsverlauf. Diese Zacken fressen unverhältnismäßig viel Zeit und Energie.

Wie viel Zeit nimmt die Differenz zwischen „brutto" und „netto"
an diesem Tag insgesamt ein?

....

Die Farbblöcke, die in Ihrem Time-Planer die Fixtermine markieren (vgl
oben I.4.g.), richten sich klarerweise nach den benötigten „Bruttozeiten".

5. Ihr kontrollierter Zeitplan

Was nützt ein Plan, wenn Sie nicht wissen, ob Sie ihn auch
einhalten? Haken Sie täglich ab, was Sie planmäßig an Neuem gelernt haben. Haken Sie auch die planmäßigen Wiederholungsdurchgänge ab (Abhaken ist besser als Durchstreichen, Abgehaktes bleibt leichter lesbar)[26]. Auf diese Weise
wissen Sie nicht nur, was Sie gearbeitet haben und wo Sie in
Ihrem Zeitplan stehen, sondern sorgen zugleich für Motivation: Abhaken ist wie
das Ernten des Gesäten.

Achtung, es gibt keine Häkchen für „halbfertig" oder „fast fertig". Diese recht
dehnbaren Begriffe führen leicht zum Selbstbetrug: Ist die Aufgabe zu 50% erledigt? Oder zu 85%? Oder zu 98%? Oder doch nur zu 34,7%? Beschränken Sie sich
auf zwei Kategorien: Entweder ist die Aufgabe erfüllt, und zwar hundertprozentig.
Oder eben nicht, dann ist das Unerledigte zu vertagen – und zwar auf einen konkreten Zeitpunkt, den Sie bei Ihrer turnusmäßigen Zeitplankontrolle auch gleich
festlegen.

6. Ihr im Ernstfall korrigierter Zeitplan

a. Korrektur nach unten

Natürlich sollten Sie Ihren Plan einhalten. Im Ernstfall aber werden Sie ihn
korrigieren und Ihr Lernpensum verringern müssen.

Um festzustellen, ob ein solcher Ernstfall vorliegt, machen Sie Folgendes: Sie
beginnen mit einer konkreten Lageanalyse. Sodann suchen Sie nach Möglichkeiten, entdeckte Störquellen auszuschalten und Ihr Vorgehen beim Lernen zu optimieren. Haben Sie all diese Möglichkeiten ausgeschöpft und hinken Ihrem Plan
dennoch weiter hinterher, so reduzieren Sie mutig.

---

[26] Für das Abhaken der Wiederholungsdurchgänge können Sie gut unterschiedliche
Farben einsetzen: Pro Durchgang jeweils eine bestimmte Farbe. Zum Thema Wiederholen
im 3. Kapitel II.2.

Konkrete Lageanalyse:
→ Ein Ernstfall liegt nur bei dauerhafter Störung vor. Überprüfen Sie, ob das Problem anhält. Geben Sie sich einen Beobachtungszeitraum von zehn bis vierzehn Tagen, erst danach urteilen Sie. Kurzfristige und vorübergehende Einbrüche in der Lernleistung ereignen sich immer wieder und können zahlreiche Gründe haben: Es ist heute einfach nicht „Ihr Tag". Es kommt Ihnen ein überraschender Zahnarztbesuch dazwischen. Oder eine Einladung, die Sie nicht ausschlagen konnten oder wollten. Sie sind unausgeschlafen und daher müde. Sie haben Schnupfen und die Räder in Ihrem Gehirn drehen sich langsamer. Anmerkung: Wer in seinem Zeitplan von vornherein ausreichend Puffer für Unvorhersehbares einbaut, kann Störungen dieser Art leichter abfangen, dazu näher unten II.1.
→ Während der Beobachtungsphase führen Sie ein Lernprotokoll[27]). Notieren Sie täglich, was und wie viel Sie wann (netto und ehrlich!) gearbeitet haben – und was und wann nicht. Was haben Sie statt des Lernens getan? Wie lange? Notieren Sie Störungen: Wer stört? Was? Wann? Wie lange? Wodurch? Zeigen sich verhängnisvolle Muster?

Störquellen ausschalten, Lernverhalten optimieren:
→ Wie leistungsfähig sind Sie zu Ihren bisher üblichen Lernzeiten[28])? Lassen sich diese Zeiten günstiger einteilen? Legen Sie genügend richtig genützte Lernpausen[29]) ein?
→ Welche Ihrer Lerntechniken haben sich bislang besonders bewährt[30])? Greifen Sie Bewährtes wieder auf, falls Sie es vorübergehend vernachlässigt haben sollten.
→ Welche neuen Lerntechniken könnten Sie testen[31])?
→ Wer aus Ihrem Bekanntenkreis, wer unter Ihren Kollegen lernt erfolgreich, wer könnte Ihnen guten Rat geben?
→ Was könnten Sie unternehmen, um Ihre Motivation zu verbessern[32])?

Im 7. Kapitel dieses Buchs finden Sie eine Aufstellung häufiger Lernpannen und die dazu passende Pannenhilfe, einschließlich Verweisen auf das 3. Kapitel zum Lern- und das 4. Kapitel zum Mentalmanagement.

Reduzieren Sie mutig:
→ Erweist sich der Einbruch Ihres Zeitplans als Ernstfall, korrigieren Sie Ihren Plan, ohne zu zögern. Dazu braucht man Mut. Trösten Sie sich: Vielleicht ist es gerade dieses Stoffgebiet, das Ihnen nicht so liegt, vielleicht sind Ihre ansonsten bewährten Durchschnittseinheiten für gerade dieses Thema zu umfangreich. Noch ist nicht aller Tage Abend, selbst wenn Sie Ihren Plan sogar mehrfach anpassen müssen. Möglicherweise hinken Sie auch in einem Gebiet des zu erarbeitenden Faches (zum Beispiel Zivilrecht/Sachenrecht) zu-

---

[27]) Dazu auch im 4. Kapitel II.2.a.
[28]) Oben I.4.e.
[29]) 3. Kapitel II.1.
[30]) 3. Kapitel III., IV.
[31]) 3. Kapitel III., IV.
[32]) 4. Kapitel I. und II.

nächst zwar einige Zeit lang hinter Ihrem Plansoll her, dafür zeigt sich aber unter Umständen, dass Sie in einem anderen einschlägigen Gebiet (zum Beispiel Zivilrecht/Familienrecht) schneller vorankommen als erwartet, weil Ihnen diese Materie leicht fällt und Sie besonders interessiert. Im Effekt ist damit der anvisierte Prüfungstermin immer noch „gerettet". Und falls nicht: Bald darauf folgt der nächste …[33])

→ Vor dauerhaften Problemen die Augen zu verschließen, hat nicht bloß keinen Sinn, sondern schadet Ihnen, weil es schwächt. Wenn Sie in Starre verfallen und sich hilflos weitertreiben lassen, tun Sie sich nichts Gutes. Werden Sie aktiv! Sich handlungsfähig zu fühlen und auch tatsächlich konsequent zu handeln, motiviert in jedem Fall – und ganz besonders, wenn die Dinge zu scheitern scheinen. Sie sind es, der das Steuer in der Hand hat. Join the driver's seat!

MERKE: Wer im Ernstfall seinen Zeitplan nach unten korrigiert, ist nicht charakterschwach und inkonsequent, sondern auf vernünftige Weise flexibel!

b. Korrektur nach oben

Unter 6. a. wurde davon ausgegangen, dass Sie Ihren Zeit- und Lernplan nach unten korrigieren müssen. Es kann sich aber auch die gegenteilige Frage stellen: Nehmen Sie – wiederum durch Selbstbeobachtung über zehn bis vierzehn Tage hinweg – wahr, dass Sie regelmäßig rascher vorankommen, als Sie geplant hatten, können Sie Ihr Tempo und den Umfang Ihrer Lerneinheiten entsprechend steigern. Damit gewinnen Sie eine Reserve für „Hungerzeiten", in denen Ihnen das Lernen vorübergehend wieder nicht so glatt von der Hand geht und vermeiden Ermüdung und Demotivierung durch Unterforderung.

Liegen Sie nur vereinzelt besser als nach Ihrem Plan, stehen Sie vor der angenehmen Wahl, sich an diesen Glückstagen entweder über Ihr Plansoll zu schwingen und mehr zu lernen oder stattdessen die gewonnene Freizeit zu genießen. Ersteres hat den Vorteil, das Pensum des folgenden Tags zu entlasten. Aber den Nachteil, dass Sie – weil Sie ja nicht die gesamte Lernportion des Folgetags unterbringen werden – „gefühlt mittendrin" mit dem Lernen aufhören. Das schafft Unruhe und den Eindruck, trotz Fleißaufgabe nicht angekommen zu sein. Und natürlich schleppen Sie das „Problem" zum nächsten Lerntag weiter, an dem sich wiederum die Frage stellt: Vorausarbeiten oder Ruhe? Daher empfehle ich Ihnen: Lehnen Sie sich an den Glückstagen einfach zufrieden mit sich selbst zurück! Zur motivierenden Belohnung wird das, sofern Sie auf folgende zwei Punkte achten:

---

[33]) Sobald Sie erkennen, dass Sie Ihren Zeitplan nicht halten können, melden Sie sich bitte von der Prüfung ab und auf den nächsten realistisch erscheinenden Termin um, vgl 5. Kapitel unter III.1.

→ Beantworten Sie kritisch und ehrlich die Frage, ob Sie *wirklich* über Ihrem Plansoll liegen – oder ob Sie die Aussicht auf ein Plus an Freizeit zwar in Ihrem Tempo, aber nicht in der Durchdringung der Materie beflügelt hat (anders ausgedrückt: Können Sie guten Gewissens Ihre Tagesaufgabe abhaken[34])?).

→ Seien Sie sich bewusst, dass die „Bonuszeit" die Ausnahme bleiben muss und nicht zur Regel werden darf. Andernfalls gewöhnen Sie sich sehr rasch an die Belohnung und werden leicht verführt, Ihr Tempo zu Lasten der Lernqualität hinaufzuschrauben[35]).

II. Zeitfallen

Im Folgenden lesen Sie über typische Zeitfallen, denen der Zeitmanagement-Profi entgeht.

1. Zeitfalle: Keine Zeitpuffer

Sie sollten Ihre Termine nicht nur realistisch im „Bruttoformat" planen (oben I.h.), sondern zusätzlich noch Zeitpuffer für Unvorhergesehenes lassen. Vieles, womit Sie nicht gerechnet haben, könnte geschehen: Sie müssen zum Zahnarzt, weil plötzlich ein Zahn wehtut. Sie erkälten sich, was Ihr Arbeitstempo bremst. Ihre Waschmaschine streikt. Familienmitglieder oder enge Freunde brauchen unversehens und ernsthaft Ihre Hilfe. Das Lernen des Verwaltungsrechts „zieht sich" länger als erhofft. Ihr Prüfungstermin wurde wider Erwarten und den Vermutungen der netten Dame vom Dekanat zum Trotz doch um eine Woche früher angesetzt … Wenn Sie in solchen Fällen auf einen ausreichenden Zeitpuffer zurückgreifen können, wird Sie das alles zwar nicht freuen, aber Ihren Plan doch nicht entscheidend aus dem Ruder laufen lassen.

MERKE:
1. Es ist vorhersehbar, dass Unvorhergesehenes eintreten wird!
2. Unvorhersehbares kann man nicht planen.
3. Sehr wohl aber kann man Zeit für Unvorhergesehenes einplanen!

Wie groß soll der Zeitpuffer für Unvorhergesehenes sein, wie viel Prozent der Zeit sollte man dafür veranschlagen? Schätzen Sie den Pufferbedarf zuerst und

---

[34]) Oben I.6.
[35]) Vgl dazu auch 4. Kapitel I. 5.

lesen Sie erst dann Fußnote 36, um zu prüfen, ob Ihre Schätzung ungefähr dem entspricht, was Zeitmanagement-Experten vorschlagen[36]). Sie werden staunen ...

2. Zeitfalle: Keine Prioritäten

a. Was sind Prioritäten?

Wer über Zeiteinteilungsprobleme klagt, hört oft den Rat: *„Das ist doch nicht schwer: Du musst einfach nur Prioritäten setzen!"*

Die folgende kleine Geschichte illustriert das Thema[37]).

Auf dem Tisch vor Ihnen steht ein Krug, den Sie mit faustgroßen Steinen randvoll befüllen. Ist der Krug wirklich voll? Was wird geschehen, wenn Sie nun ein Säckchen voller Kieselsteine in den Krug füllen und ihn etwas schütteln? Die Kiesel haben in dem „vollen" Krug noch Platz. Und wenn Sie nun noch Sand hineinschütten? Sie bringen den auch noch unter!

Ist die Moral dieser Geschichte etwa, dass man, wenn man nur will, immer noch einige Termine mehr „in den Zeitkrug quetschen" kann? Nein! Es geht um etwas ganz anderes. Was wäre geschehen, wenn Sie den Krug zuerst bis zum Rand mit Sand gefüllt hätten? In diesem Fall hätten Sie nicht einmal mehr die Kiesel, geschweige denn die großen Steine untergebracht ...

Jedem ist klar, dass der Tag nur 24 Stunden hat. Davon ist der Aufwand für Selbstverständlichkeiten wie Schlafen, Essen ... abzuziehen. Der Rest ist verfügbar, aber begrenzt. Sie können in der verbleibenden Zeit nicht alles tun, was Sie gerne täten und müssen wegen Ihrer beschränkten Zeitressourcen auswählen. Die Fragen, die Sie sich stellen, lauten also: *„Was sind meine ‚großen Steine'? Was meine ‚Kiesel'? Was mein ‚Sand'?"* Mit anderen Worten: *„Wo liegen meine Prioritäten?"*.

---

[36]) Experten raten aufgrund von Erfahrungswerten dazu, 40% des Planungszeitraums als Zeitpuffer für Unvorhergesehenes zu reservieren, vgl *Seiwert* 40. Wie viel hatten Sie geschätzt? Die meisten neigen dazu, den erforderlichen Puffer-Aufwand zu *unterschätzen*. Falls Sie keinen derart großen Spielraum als Reserve lassen wollen (können?), verkleinern Sie ihn – aber streichen Sie ihn nicht völlig.

[37]) Dieser sehr bekannte Vergleich, von dem in vielen Seminaren zu Zeitmanagement und „life-work-balance" erzählt wird, dürfte ursprünglich auf einen Essay des Autors *Mark Wittkowski* zurückgehen.

Die Schwierigkeit liegt darin, die richtigen Auswahlkriterien für die Prioritäten zu finden. Das im Folgenden unter b. beschriebene „Eisenhower-Modell" wird Sie dabei unterstützen. Trotzdem: Hier geht es letztlich um eine persönliche Entscheidung, die Sie alleine treffen. Sie werden auch feststellen, dass Prioritätensetzung Denkaufwand braucht. Das werden Sie aber gern in Kauf nehmen, wenn Sie erkennen, dass es sich im Umweg voll und ganz rentiert. Und je regelmäßiger Sie die Methode üben, desto rascher werden Sie entscheiden können.

MERKE: *Ihre* **Prioritäten sind** *Ihre* **Prioritäten. Sie allein werten und bestimmen.**

b. Große Steine? Kleine Steine? Sand? Das „Eisenhower-Modell"[38)]

aa. „Eisenhower-Modell" Schritt Nummer 1

Sie ordnen zunächst in einem ersten Schritt alles zu Erledigende nach den Kriterien „wichtig" und „dringend" vier Kategorien zu. In die erste Kategorie fällt, was sowohl wichtig als auch dringend ist. In die zweite das nur Wichtige. In die dritte das nur Dringende. In die vierte das, was weder wichtig noch dringend erscheint.

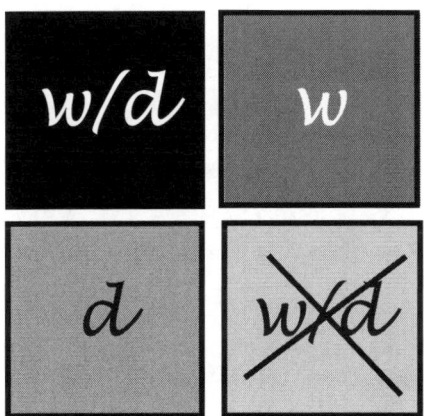

Die Zuordnung setzt voraus, dass Sie Ihre Aufgaben als „wichtig" und/oder „dringend" qualifizieren. Woran erkennen Sie Wichtiges, woran Dringendes?
→ Wichtig ist, was unmittelbar der Vorbereitung auf Ihre Prüfung und damit dem Lernerfolg dient. Und alles, was Ihre Leistungsfähigkeit, Ihre Psyche,

---

[38)] Vgl bei *Seiwert* 78 ff; *Haynes* 23 ff. *Dwight D. Eisenhower* soll dieses Modell erfunden und regelmäßig verwendet haben. Der US-Präsident, General und Koordinator der Invasion in der Normandie 1944 hatte zweifellos ununterbrochen weitreichende Entscheidungen zu treffen – und das rasch. Auch sein Tag hatte aber nur 24 Stunden ...

Ihre Motivation stützt. Es ist daher auch wichtig, sich ausreichend auszuruhen, Freunde zu treffen usw.

 MERKE: Ob etwas wirklich wichtig ist, lässt sich überprüfen, indem Sie sich eine simple Frage stellen: „Was geschieht, wenn ich es nicht tue?".

→ Dringend ist alles, was Sie einem echten, sachlich gerechtfertigten Termindruck von außen unterwirft. Nicht dringend ist hingegen das, wodurch Sie sich selbst „nur" *innerlich gedrängt* fühlen und alles, was Sie ohne sachlichen Grund *von außen bedrängt*.

Man neigt dazu, sich durch das Dringende hetzen zu lassen und dabei das Wichtige aus den Augen zu verlieren. Dringend scheint ohnedies immer fast alles zu sein, vor allem das, womit es andere eilig haben (besonders Menschen, denen wir ungern etwas abschlagen). Dringendes hat meist auch die unangenehme Eigenschaft, viel Zeit zu kosten – Zeit, die in keinem ausgewogenen Verhältnis zum erzielten Wert steht. Wenn Sie sich daher in erster Linie nach der Dringlichkeit und nicht nach der Wichtigkeit richten, ist Zeitnot vorprogrammiert. Die Idee des Eisenhower-Modells liegt darin, das Wichtige gegenüber dem Dringenden zu bevorzugen.

bb. „Eisenhower-Modell" Schritt Nummer 2

Sind die Aufgaben anhand der Maßstäbe „wichtig" und „dringend" eingestuft, folgt im zweiten Schritt die praktische Umsetzung:

→ Erste Kategorie: Das Wichtige und zugleich Dringende wird zuerst erledigt.

→ Zweite Kategorie: Es folgt Wichtiges, aber derzeit nicht Dringendes.

→ Dritte Kategorie: Das Dringende, aber nicht Wichtige können Sie a) entweder delegieren (vielleicht findet sich jemand, der es statt Ihnen macht?). Oder Sie können es b) vertagen. So manches erledigt sich übrigens ganz von selbst. Vielleicht erscheint es aber auch denkbar, das Dringende, aber Unwichtige c) sogar zu streichen?

→ Vierte Kategorie: Alles, was weder wichtig noch dringend ist, entfällt ersatzlos.

cc. „Eisenhower-Modell" Schritt Nummer 3

Was Sie vertagen müssen (weil es zwar wert ist, getan zu werden, aber eben nicht gerade jetzt!), vertagen Sie gleich. Das heißt, Sie überlegen, wann Sie dafür Zeit finden und reservieren diesen Termin sofort schriftlich in Ihrem Zeitplan. Andernfalls müssten Sie diesen Posten „im Hinterkopf" in Evidenz halten, das belastet.

MERKE: Was du heut' nicht kannst besorgen, das verschiebe gleich auf morgen (oder übermorgen, oder …) und fixiere es!

c. Ein praktisches Beispiel

aa. Aufgaben

Nehmen wir an, Sie befinden sich mitten in der Vorbereitung auf Ihre Zivilrechtsprüfung, die in fünf Wochen stattfindet. Sie sollten am fraglichen Tag (neben den unvermeidlichen Fixterminen) Folgendes erledigen:

→ *Sie sollten* einen Übungsfall vorbereiten, der in der morgigen Zivilrechts-Übung besprochen werden wird.

→ *Sie sollten* umgehend einen Studienkollegen anrufen: Er hat bei mündlichen Prüfungen Ihres gemeinsamen Prüfers zugehört, will Ihnen sofort berichten, was sich dabei abgespielt hat und gleich die dort gesammelten Fragen mit Ihnen diskutieren.

→ *Sie sollten* laut Ihrem Lernplan ein bereits gelerntes Kapitel aus dem Familienrecht wiederholen.

→ *Sie sollten* laut Ihrem Lernplan das Kapitel über die rechtsgeschäftliche Stellvertretung erarbeiten.

→ *Sie sollten* sich einen Überblick über den Inhalt eines Lehrbuchs verschaffen, nach dem Sie nach Absolvierung der aktuellen Prüfung neuen Prüfungsstoff für das nächste Fach erarbeiten (Sie wollen abschätzen können, zu welchem Termin Sie voraussichtlich imstande sein werden, diese weitere Prüfung abzulegen).

→ *Sie sollten* eine aktuelle OGH-Entscheidung suchen, die Sie in einer kurzen Hausarbeit für die x-Übung behandeln werden, Abgabetermin in drei Wochen.

→ *Sie sollten* zu einem zivilrechtlichen Thema nachforschen, auf das Sie in einem Pausengespräch mit einer Studienkollegin verfallen sind. Zwar handelt es sich, gemessen an der Prüfungsrelevanz, um ein „Orchideenthema". Aber es interessiert Sie, die Kollegin hat Sie gefragt, was Sie davon halten und sie hat es eilig, von Ihnen eine Antwort zu hören.

→ *Sie sollten* bei Ihrem Zahnarzt einen Kontrolltermin wahrnehmen. Das eilt, weil Sie diesen Termin bereits seit mehreren Wochen vor sich herschieben und wissen, dass der Zahnarzt seinerseits demnächst zwei Wochen lang auf Urlaub gehen wird.

bb. Wertung

Sie erkennen, dass sich das alles an diesem Tag nur schwer unterbringen lässt. Wie setzen Sie nun Ihre Prioritäten?

Für Sie ganz persönlich!
Bevor Sie weiterlesen: Wie würden Sie die oben aufgezählten Aufgaben nach Dringlichkeit und Wichtigkeit einstufen?

....

....

....

....

Wäre folgende Wertung für Sie denkbar?

→ Die Vorbereitung des Übungsfalls ist wichtig und dringend. Wichtig ist sie, weil Sie anhand der Falllösung Entscheidendes für das aktuelle Prüfungsfach lernen, weil Sie auch bei Ihrer Prüfung Fälle zu lösen haben werden und weil Sie in der Übung aktiv mitarbeiten wollen. Dringend ist sie, weil die Übung morgen stattfindet. Also kann das nur heute geschehen.

→ Die Informationen, die Ihnen Ihr Studienkollege zur Prüfung erteilen will, sind wichtig. Prüfungsfragen sind ein guter Lernbehelf[39]) und Fragen des konkreten Prüfers aus naheliegenden Gründen besonders spannend. Auch ist nicht uninteressant zu hören, was den Geprüften im Detail widerfahren ist. Dringend ist dieser Posten auf Ihrer Liste allerdings im Moment gerade nicht: Sie haben bereits eine stattliche Sammlung einschlägiger Prüfungsfragen und übermorgen mehr Zeit für ein ausführliches Telefonat (das, wie Sie aus Erfahrung ahnen, gut und gern eine halbe Stunde in Anspruch nehmen wird), die Prüfung findet erst in fünf Wochen statt. Auch wenn der Kollege seine Botschaft gerne rasch loswerden möchte, ist später ausreichend Zeit, ihn zu kontaktieren (und vielleicht auch selbst bei Prüfungen zuzuhören, Prüfungsfragen zu sammeln und ihm zur Verfügung zu stellen). Das muss nicht gleich jetzt sein.

→ Die Wiederholung des Familienrechts-Kapitels ist wichtig. Ohne Wiederholen vergessen Sie[40]). Ist sie auch so dringend wie die Vorbereitung des Übungsfalls? Sie könnten die Wiederholung ja notfalls auch am folgenden Tag absolvieren (sofern da eine zeitliche Lücke bleibt) ... Aber: Die Wiederholung steht mit gutem Grund auf Ihrem Wiederholungsplan für heute. Wenn Sie nicht nach Plan wiederholen, vergessen Sie und handeln sich damit mehr Arbeit ein (und Frustration noch dazu)[41]). Daher: Auch diese Aufgabe

---

[39]) Siehe 3. Kapitel V.3.a., VIII., 5. Kapitel II.1.a.
[40]) Siehe 3. Kapitel II.2.
[41]) Siehe 3. Kapitel II.2. und 4. Kapitel II.2.

ist jedenfalls wichtig/dringend. Und Sie brauchen – Ihrem Plan zufolge – dafür ohnehin bloß eine Viertelstunde …

→ Das Erarbeiten des Kapitels Stellvertretung ist ähnlich zu bewerten wie die Wiederholung. Wichtig ist es, weil es sich um Ihre heutige Planlernaufgabe handelt und um ein zentrales zivilrechtliches Thema, das zu den „üblichen Verdächtigen" in punkto Prüfungsstoff zählt. Dringend ist es zwar nicht wegen eines unmittelbar vor der Tür stehenden Termins – aber sehr wohl zur Einhaltung Ihres Lernplans.

→ Der Überblick über das Lehrbuch für das neue Prüfungsfach ist nicht wichtig: Ihr unmittelbar nächstes Ziel ist die kommende Prüfung, nicht die Orientierung auf die folgende. Außerdem ist die Aufgabe ganz und gar nicht dringend: Auch wenn Sie die „Zukunftsmusik" interessiert, Sie versäumen nichts, wenn Sie sich nicht gleich informieren.

→ Ist die Suche nach der Entscheidung für die Hausarbeit wichtig? Ja, Sie müssen die Arbeit schreiben. Wirklich dringend ist die Aufgabe derzeit aber nicht, weil Sie wissen: a) Die Arbeit soll nach den Vorgaben des Lehrveranstaltungsleiters nicht mehr als vier Seiten umfassen; b) Sie haben für die Entscheidungssuche und die Ausführung der Hausarbeit einen realistischen Bedarf von höchstens vier Tagen in Ihrem Zeitplan einkalkuliert, c) Sie müssen die Arbeit erst in drei Wochen abliefern.

→ Ist das Erforschen des „Orchideenthemas" wichtig? Einerseits fördert die „Orchidee" Ihr Verständnis für das Fach, außerdem interessiert sie Sie, was Sie motiviert. Andererseits wird die „Orchidee"" absehbarer Weise nicht geprüft werden und liegt daher nicht unmittelbar auf dem Weg zu Ihrem Ziel. Da Sie wohl ohnedies auch ohne „Orchidee" genug zu arbeiten haben, rangiert dieser Posten auf Ihrer Prioritätenskala weit hinten – zumal er jedenfalls nicht dringend ist: Nur die Kollegin drängt Sie, und Ihr eigenes Interesse an der Sache, es besteht aber kein echter Termindruck.

→ Der Zahnarzt ist dringend. Der Kontrolltermin ist fällig, weil Sie ihn bereits hinausgezögert haben und weil Sie wissen, dass Ihr Zahnarzt auf Urlaub geht. Die Aufgabe drängt Sie – ist sie aber im Moment auch wichtig? Sie nützt zwar Ihrer Gesundheit, vorrangig ist sie derzeit nicht. Es tut nichts weh, ist ja nur ein Kontrolltermin. Also verschieben Sie den Termin auf einen Zeitpunkt nach der Rückkehr Ihres Arztes oder überhaupt gleich nach absolvierter Prüfung!

cc. Arbeitsabfolge

Wäre folgende Abfolge der Aufgaben für Sie denkbar?

Primäre Aufgaben
(jedenfalls heute zu erledigen)

1. Übungsfall für morgen.
2. Erarbeitung des Kapitels Stellvertretung.
3. Wiederholung des Familienrechtskapitels.

Sekundäre Aufgaben
(kann geschehen, falls noch Zeit übrig bleibt,
kann aber auch ohne Schaden verschoben
oder allenfalls gestrichen werden)

4. Suche nach der Hausarbeits-Entscheidung.
5. Telefonat mit dem Prüfungsfragen-Kollegen.
6. Orchideen-Problem erforschen.
7. Zahnarzttermin vereinbaren.
8. Überblick über das kommende Prüfungsfach verschaffen

Zwischen den drei ersten (primären) und den fünf weiteren (sekundären) Posten auf der Aufgabenliste liegt ein deutlicher Wertungsabfall. Dasselbe gilt in abgeschwächtem Ausmaß aber auch für die Reihung der Posten innerhalb beider Abschnitte. So ergibt sich innerhalb der sekundären Aufgaben die Abfolge Hausarbeits-Entscheidung (Nummer 4) vor Prüfungsfragen-Kollege (Nummer 5) aus der Erwägung, dass die Hausarbeit geschrieben werden muss, der Abgabetermin in (immerhin doch schon) drei Wochen fixiert wurde und Sie dafür (immerhin doch) vier Tage inklusive Suche veranschlagt haben. Ist eine geeignete Entscheidung gefunden, können Sie einen wesentlichen Teil der Aufgabe als bereits erledigt abhaken. Der Kollege hingegen kann etwas warten, denn die Prüfung findet erst in fünf Wochen statt und übermorgen lässt Ihr Zeitplan eher Luft, sich mit ihm abzusprechen. Dass wiederum die „Orchidee" noch vor dem Zahnarzt steht, folgt aus der Überlegung, dass erstens gerade kein Zahn schmerzt, zweitens die „Orchidee" zwar eine „Orchidee" ist, aber doch zum aktuellen Fach gehört und eine Befassung mit dem Thema Ihrem Verständnis für das Fach gut tun könnte, und drittens, dass sie Ihnen Spaß macht! Sofern also nach Erledigung der vorrangigen Posten noch ausreichend Zeit bleibt, werden Sie die Orchidee pflücken; bleibt dafür aber keine Zeit mehr übrig, werden Sie es leicht verschmerzen.

3. Zeitfalle: Die Dehnbarkeit der Zeit

Vielleicht kennen Sie folgendes Phänomen: Normalerweise stehen Sie vielleicht zu einer Uhrzeit auf, die Ihnen eineinhalb Stunden für Morgentoilette plus Frühstück lässt. In dieser Zeitspanne werden Sie bequem fertig, Sie brauchen sie aber auch zur Gänze. Am Tag x überhören Sie den Wecker und stehen um eine Dreiviertelstunde später auf als sonst. Dennoch bringen Sie in der Hälfte des üblicherweise zur Verfügung stehenden Zeitraums alles Nötige fertig Sie verlassen „geschneuzt, gekampelt, abgefrühstückt und zusammengepackt" das Haus und langen rechtzeitig dort ein, wo Sie um Punkt y Uhr sein müssen. Dabei stellen Sie verblüfft fest, dass Sie sich nicht einmal sonderlich abgehetzt haben ...

Woran liegt dieses „Wunder"? Zum einen sicher daran, dass Sie konzentriert und zügig vorgegangen sind, ohne sich ablenken zu lassen. Zum anderen haben Sie manches nicht so Wichtige weggelassen[42]): Die für Sie im Normalfall weltbewegende Überlegung *„was ziehe ich heute an?"* haben Sie durch einen raschen Glücksgriff in den Kleiderkasten ersetzt; die Zeitung haben Sie kurz überflogen und sich nur in einen Artikel im Wirtschaftsteil vertieft.

 MERKE: Jede Aufgabe braucht mit Sicherheit genau so viel Zeit, wie Sie ihr zugestehen!

Zeit ist dehnbar wie ein Luftballon, den Sie mehr oder weniger aufblasen. Mit dieser Erkenntnis haben Sie den ersten Schritt getan, um einer weiteren berüchtigten Zeitfalle beim Lernen zu entgehen, nämlich dem „Verzetteln". Verzetteln bedeutet: Sie haben das Wesentliche längst erledigt, füllen aber nun den Rest der Zeit, die Sie sich nehmen, damit aus, das Ergebnis auszuschmücken und mit Details anzureichern, die für Ihren Prüfungserfolg nebensächlich sind.

Dieser Gefahr begegnen Sie, indem Sie sich beim Lernen Zeitlimits setzen und ständig kontrollieren, ob der gerade gesetzte Aufwand auch tatsächlich gerechtfertigt ist. So verhindern Sie, dass Sie nach dem Studium von Thema x aus Lehrbuch Nummer eins geradezu reflexartig zu Lehrbuch Nummer zwei, Lehrbuch drei und Lehrbuch vier greifen, um auch dort noch dazu nachzulesen. Überschreiten Sie den selbstgezogenen Zeitrahmen, so prüfen Sie, ob die „Ehrenrunde" wirklich notwendig ist. Fragen Sie sich: *„Wozu bearbeite ich das jetzt gerade? Was nützt es mir? Lohnt es sich? Was geschieht, wenn ich es nicht bearbeite?"*.

Haben Sie schon vom *„Pareto*-Prinzip" („80%/20%-Regel") gehört? Der Ökonom und Soziologe *Vilfredo Pareto* entdeckte im 19. Jahrhundert diesen nach ihm benannten Grundsatz, der sich auf viele Lebensbereiche anwenden lässt[43]). Er besagt, dass 20% der eingesetzten Mittel 80% des Ergebnisses erzielen. Übertragen auf Ihr Zeitmanagement heißt das, dass Sie in 20% der aufgewendeten Zeit bereits den wesentlichen Teil Ihres für den konkreten Tag geplanten Lernerfolgs erarbeitet haben! Das bedeutet im Gegenschluss aber auch, dass Sie die restlichen 80% der veranschlagten Zeit dazu einsetzen werden, das im ersten Arbeitsgang Erzielte zu polieren, abzuklopfen, von links, von rechts, von oben und unten zu betrachten, mit dem Strich und gegen den Strich zu bürsten, es zu schütteln, zu drehen und zu wenden, darum herumzutanzen, es in die Luft zu werfen und aufzufangen – kurz, um daran jede mögliche „Erbse zu zählen", die nur gezählt werden kann. Manche „Erbse" wird sicher nützlich sein – aber wie weit entspricht der Nutzen tatsächlich dem Aufwand?

---

[42]) Sie haben also Prioritäten gesetzt, siehe oben oben II.2.
[43]) *Seiwert* 24 ff.

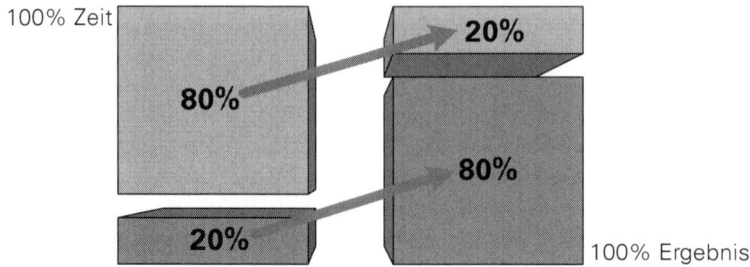

Das 80%/20%-Verhältnis von Einsatz und Resultat sollte Ihnen zu denken geben, halten Sie sich beim Lernen stets das *Pareto*-Prinzip vor Augen.

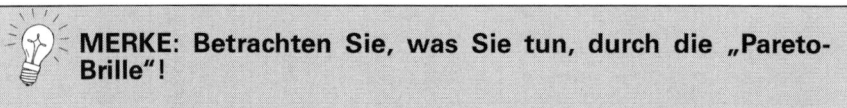

MERKE: Betrachten Sie, was Sie tun, durch die „Pareto-Brille"!

Gelegentlich hat das Verzetteln auch einen psychologischen Hintergrund. Das kann die Idee „je mehr Einsatz, desto größer die Erfolgsaussichten" sein, also der Wunsch, ein doppeltes, dreifaches, vierfaches Sicherheitsnetz zu spannen. Oder es kann darum gehen, lieber am bereits Gelernten zu feilen und es auf Hochglanz zu polieren, statt sich etwas Neues anzueignen (was sich ja als mühsam erweisen könnte, mögliches Scheitern inbegriffen). Vermuten Sie einen solchen psychologischen Hintergrund auch in Ihrem Fall, so schlagen Sie bitte im 4. Kapitel II.2. nach: Dort finden Sie Hinweise zur Erforschung Ihrer persönlichen „Verzettel-Psychologie" und zur Frage, wie Sie das hinter dem Verzetteln stehende Bedürfnis praktisch so befriedigen können, dass Sie dennoch keine Zeit für Überflüssiges ver(sch)wenden.

Für Sie ganz persönlich!

Noch ein kleiner Denkanstoß zum Abschluss dieses Abschnitts: Jedes Jahr im Herbst, wenn die Uhren wieder von Sommer- auf Winterzeit umgestellt werden, gewinnt man eine Stunde. Haben Sie am Umstellungstag nicht auch schon einmal gedacht: *„Wunderbar, eine ganze Stunde geschenkt! So viel Zeit mehr! Hätte man diese weitere Stunde doch immer zur Verfügung!"*

Hmmm … Wenn man diese Zusatzstunde tatsächlich tagtäglich hätte – was würde wohl geschehen?

4. Zeitfalle: Aufschieben, ausweichen –
Ihr „innerer Schweinehund" frisst Ihre Zeit!

Was muss nicht alles noch ganz dringend getan werden, bevor Studentin A Zeit zum Lernen findet! Viele wesentliche Kleinigkeiten (die ohnedies alle im Nu absolviert sind). Außerdem läuft jetzt gerade die Kult-Fernsehserie (dauert auch nur 35 Minuten). Und schon naht die Zeit zum Mittagessen, gelernt hat A bis dahin noch nichts. Bis zum Vorlesungsbesuch um 15 Uhr stünde noch eine Dreiviertelstunde zum Lernen zur Verfügung, dafür zahlt es sich nicht aus, sich hinzusetzen, schließlich ist nach der Vorlesung noch genug Lernzeit übrig ...

Student B liest den zu lernenden Text zum soundsovielten Mal durch, anstatt ihn zu bearbeiten. Er wiederholt das, was er tatsächlich bereits gut beherrscht, öfter als nötig. Er erledigt Schlichtes zuerst und ist dann für das Komplexere, Anspruchsvollere zu müde. Er beginnt zwar zu lernen, aber bleibt nicht bei der gewählten Aufgabe, sondern springt zwischen einzelnen Lernthemen hin- und her wie ein gehetzter Hase. Kaum hat er begonnen zu lernen, läutet das Telefon. Er steht nach zehnminütiger Lernarbeit auf, um sich dringend ein Glas Wasser zu holen und räumt, da er ja nun schon mal in der Küche ist, auch gleich den Frühstückstisch ab ...

A schiebt auf. B weicht aus. Wo der Aufschieber gar nicht erst beginnt, fängt der Ausweicher zwar an, findet aber raffinierte Wege, sich dem kontinuierlichen, ernsthaften, konzentrierten (und schwierigen) Arbeiten zu entziehen.

Wer aufschiebt oder ausweicht, füttert seinen inneren Schweinehund mit einem Futter, von dem dieses gefräßige Untier gar nicht genug bekommen kann: Mit Zeit. Aufschieben und Ausweichen sind Zeitfallen! Mehr noch, sie schlucken nicht nur Zeit, sondern auch Energie und Motivation. Aufschieber und Ausweicher kommen beide nicht zum Wesentlichen, tragen aber die Lernaufgabe wie einen großen Klotz am Bein mit sich herum. Der große Klotz belastet das System und scheint mit jedem Schritt an Gewicht zuzunehmen. Der große Klotz am Bein erschwert damit auch das Befördern kleinerer Klötze ... Aufschieber und Ausweicher wissen insgeheim, dass sie sich mit ihrem Verhalten selbst übers Ohr hauen. Aufschieben und Ausweichen machen unsicher, zerstören Struktur und Klarheit. Speziell das Ausweichen in Form häufigen Unterbrechens ist tückisch, weil dadurch das demotivierende Gefühl entsteht, zwar ohnedies vieles angefangen, aber leider nichts fertig gebracht zu haben. Überdies führt es zu Reibungsverlusten, da sich das Gehirn auf bestimmte Arbeitsabläufe einstellt und sie beschleunigt, wenn man „dranbleibt"[44]). Wird der Ablauf unterbrochen, so braucht man immer wieder Anlaufzeit, um in die Materie hineinzufinden, selbst wenn die eigentliche Unterbrechung tatsächlich nur kurz gedauert hat.

Sie haben als Studierende einen einzigartigen Vorteil. Einen Vorteil, den Sie in dieser Form aus Schulzeiten nicht kennen und den Sie höchstwahrscheinlich in Ihrem Berufsleben wieder verlieren werden: Sie sind in der Lage, Ihre Arbeits-

---

[44]) Vgl oben FN 25 „Sägeblatt-Effekt".

zeit weitgehend selbständig einzuteilen und ohne laufende Kontrolle von außen zu arbeiten. Darin liegt aber zugleich die große Gefahr, dass Sie auf Ihren inneren Schweinehund hereinfallen, indem Sie aufschieben oder ausweichen.

> **MERKE: Jeder Vorteil hat seinen Preis. Der Vorteil freier Zeiteinteilung kostet Sie Selbstverantwortung!**

Für Sie ganz persönlich!

Bevor Sie weiterlesen, beantworten Sie bitte folgende Fragen: Zählen Sie zu den Aufschiebern? Zu den Ausweichern?

....

Woran könnte Ihr Aufschieben, Ihr Ausweichen liegen?

....

Was unternehmen Sie konkret gegen das Aufschieben, gegen das Ausweichen?

....

Die Mittel gegen Aufschieben und Ausweichen heißen Selbstkontrolle, Disziplin und Fütterung Ihres inneren Schweinehunds mit artgerechter Nahrung statt mit verlorener Zeit. Sie wollen ihn ja nicht mästen, sondern gesund ernähren, nicht wahr?

a. Selbstkontrolle

Oft sind sich Aufschieber und Ausweicher nicht darüber bewusst, wie viel wertvolle Zeit und Energie sie verschwenden. Die nötige Selbstkontrolle erfolgt wie bei jeder Lernschwierigkeit mit Hilfe eines detaillierten (und ehrlichen) Lernprotokolls[45]). Notieren Sie über zumindest eine Woche hinweg genau

→ von wann bis wann Sie konzentriert und ernsthaft gearbeitet haben

→ wann Sie aufgeschoben haben oder ausgewichen sind, und was Sie in dieser Zeit getan haben

→ addieren Sie, wie viel Zeit Sie das Aufschieben oder Ausweichen insgesamt gekostet hat

---

[45]) Siehe 4. Kapitel II.2.a.

→ achten Sie auch darauf, ob sich Muster abzeichnen (zum Beispiel: Immer, wenn Sie sich zum Lernen setzen, läutet – leider! – das Telefon).

Dieses Protokoll zeigt Ihnen, wohin sich Ihre Zeit scheinbar spurlos aufgelöst hat und hält Ihnen schriftlich und damit eindrucksvoll vor Augen, in welchem Ausmaß Sie Ihre Ressourcen verschleudern.

b. Disziplin

Klingt das Wort „Disziplin" für Sie nach freudlosem Exerzieren, nach „steif und starr", nach preußischer Strenge? Verändern Sie Ihren Blickwinkel: Die Art von Disziplin, um die es hier geht, gibt Ihnen einen Rahmen und ist wie Ihre „Seekarte im weiten Zeitmeer". Disziplin in diesem Sinn fördert Bewusstwerden, Bewusstsein und bewusstes Entscheiden, was Sie wann tun und aus welchem Grund. Sie werden feststellen: Sind die „großen Brocken" erledigt, rollen die „kleinen Brocken" fast von selbst, Sie sparen dadurch Energie. Wenn Sie das Lernen in einen fixen Rahmen setzen, erzielen Sie Struktur und Klarheit, schaffen Sicherheit. Und garantieren sich ein gutes Gewissen – nur wenn Sie von x Uhr bis y Uhr nach Plan und völlig konzentriert eine Arbeitsphase hinter sich gebracht haben, werden Sie auch Pausen und Freizeit wirklich genießen können.

MERKE: Die Buddhisten sagen: „Wenn ich gehe, gehe ich. Wenn ich esse, esse ich. Wenn ich schlafe, schlafe ich". Wie wäre es mit: „Wenn ich lerne, lerne ich". ...?

→ Machen Sie's wie *Thomas Mann!* Von ihm wird berichtet, er habe an seinen Büchern geschrieben wie ein Beamter[46]. Von pünktlich 9.00 Uhr bis exakt 12.00 Uhr Schreibtisch; nach ausführlicher Mittagspause und diversen anderen Tätigkeiten am späteren Nachmittag und frühen Abend Lektüre von Material zu seinen Büchern, ebenfalls zu jeweils feststehenden Zeiten. Tagein, tagaus ein strikt reglementierter Ablauf. Da hatte also jemand – noch dazu ein „Künstler" – das Glück, sich seine Zeit selbst einteilen zu können und nützte das gar nicht? Im Gegenteil: *Thomas Mann* nützte gerade diese Freiheit, und zwar in sinnvoller Weise[47]. Nehmen Sie sich das als Vorbild und arbeiten Sie nach einer virtuellen Stechuhr. Fixieren Sie Arbeitsblöcke und arbeiten Sie, als würden Sie durch eine solche Uhr von außen kontrolliert[48]. *Thomas Mann* hatte bemerkenswerter Weise übrigens offenbar keinerlei Zweifel, dass selbst schriftstellerische Kreativität auf höchstem Niveau

---

[46] Auch *Sigmund Freud* hatte einen ähnlich reglementierten Arbeitsablauf, vgl *Gaedemann* 201 ff.

[47] Und – wer weiß? – überlistete so möglicherweise auch seinen inneren Schweinehund ...

[48] Als praktisches Hilfsmittel könnte Sie dabei auch ein ganz und gar nicht virtueller, sondern tatsächlich vorhandener eigener „Lernwecker" unterstützen, der unüberhörbar klingelt, um Sie zum Lernen zu rufen. Der Lernwecker darf auch die notwendigen Pausen

in einen bestimmten zeitlichen Rahmen gegossen werden und sich auf Knopfdruck in diesem Rahmen entfalten kann[49]). Wenn sogar das funktioniert, dann wird sich doch sicher auch Lernkreativität nach der virtuellen Stechuhr richten …!

→ Wenn ich lerne, lerne ich! Während dieser fixierten Arbeitsblöcke tun Sie nichts anderes, als zu lernen. Richten Sie Ihren Arbeitsplatz von vornherein mit Ihrer kompletten gerade benötigten „Ausrüstung" ein. Sorgen Sie für Ruhe. Weg mit lästigen Störquellen wie Ihrem Telefon.

→ Vereinbaren Sie mit sich selbst ein Bonus-Malus-System! Haben Sie die Lernaufgabe ohne Aufschub angepackt und sind Sie auch durchwegs dabeigeblieben, so erlauben Sie sich am Ende des Lerntages eine Viertelstunde Bonus-Zeit, um die Sie das Lernen früher beenden „dürfen". Aber: Jeder Aufschub, jede Unterbrechung, jedes Ausweichmanöver wird samt der dafür benötigten Zeit schriftlich festgehalten. Alle „Sündenfälle" werden zusammengerechnet, die verlorenen Minuten werden Sie – als ob Ihre Zeit tatsächlich mit einer Stechuhr gemessen würde – nach Ihrer „offiziellen Dienstzeit" einarbeiten müssen. Dadurch verzögert sich der ersehnte Feierabend – ist es das wirklich wert?

→ Seien Sie kreativ und flexibel! Disziplin heißt nicht Verzicht. Zum Beispiel: Die unbedingt nötige Kult-Fernsehserie, die Sie freut, aber zu Ihrer besten Lernzeit läuft, lässt sich aufnehmen oder nach getaner Arbeit im Internet anschauen …

c. Servieren Sie Ihrem inneren Schweinehund das Futter, das er wirklich braucht!

Selbstkontrolle und Disziplin wirken. Vielleicht ist aber noch weiteres zu tun, um zu verhindern, dass Sie Ihre Rechnung ohne den Wirt, sprich, ohne Ihren inneren Schweinehund machen.

 MERKE: Ihr Aufschub- und Ausweich-Schweinehund frisst Ihre Zeit. Er wird aber nie satt, weil er nicht nach Zeit hungert, sondern nach etwas anderem …

Aufschieben, vor allem aber auch die vielen Erscheinungsformen des Ausweichens erfüllen für Sie eine bestimmte Funktion, es steht ein wesentliches Be-

---

einläuten, deren Einhaltung man sonst leicht übersieht, vgl 3. Kapitel II.1. Achten Sie aber darauf, nicht denselben Klingelton als Signal für „Arbeit" und für „Pause" zu verwenden. Das könnte Verwirrung geben, weil Sie nämlich bestimmte Töne mit bestimmten Abläufen (denken Sie an die berühmten Pawlow'schen Hunde, 3. Kapitel FN 15) koppeln. Ihr Handy bietet Ihnen sicher eine reiche Auswahl an Klingeltönen. Suchen Sie sich den jeweils für Sie „richtig klingenden" Pausen- und Arbeitsweckton aus!

[49]) Hatte *Thomas Mann* einen guten Grund, den vielleicht anspruchsvollsten Teil seiner Arbeit in die Morgen- und Vormittagsstunden zu verlegen? War er zu diesen Zeiten in seiner persönlichen Leistungskurve (oben I.4.e.) am produktivsten? Möglich!

dürfnis dahinter, das befriedigt werden will. Ihr innerer Schweinehund hat Ihnen etwas zu sagen und möchte gehört werden! Wie alle inneren Bremsen und Verführer bietet er Ihnen etwas äußerst Attraktives – andernfalls würden Sie ihm ja nicht nachgeben, weil Sie wissen, dass er Ihre Zeit frisst. Wofür steht Ihr persönlicher Aufschub- und Ausweich-Schweinehund? Schieben Sie auf, weil Sie (wie jedermann) eine Zeitlang brauchen, bis Sie ins Lernen hineingefunden haben und fürchten Sie diese „Haftreibung"? Weichen Sie aus, weil Sie sich ängstigen, zu scheitern? Schieben Sie auf, weil Sie sich im geplanten Tagespensum überfordert haben? Lassen Sie sich gern unterbrechen, weil Sie einfach müde sind und der Schweinehund Ihnen die dringend benötigte Erholungspause verschafft?

Im 4. Kapitel II.2. finden Sie Hinweise zur „Aufschiebe- und Ausweichpsychologie" und zu den nötigen Schritten, um das Spannungsverhältnis zwischen Ihren wesentlichen inneren Bedürfnissen und Ihren beschränkten zeitlichen Ressourcen auszugleichen.

 MERKE: Erst wenn Sie wissen, was Ihr innerer Schweinehund wirklich braucht, können Sie ihm das Futter bieten, das ihn satt macht.

III. Hinweise für voll berufstätige Studierende und studierende Eltern

Sie sind 40 Wochenstunden berufstätig und studieren „nebenbei"? Sie betreuen ein Kind oder mehrere und studieren? Hut ab vor Ihrem Mut und Ihrer Leistung! Studieren ist ein Fulltime-Job. Wer nicht Fulltime zur Verfügung hat, muss gewaltige Energie und Anstrengung aufbringen, muss auf vieles verzichten, manches opfern, braucht Kompromissfähigkeit, organisatorisches Geschick und einen langen Atem, um sein Studium erfolgreich zu absolvieren.

Ihre Schwierigkeiten als „Nebenerwerbsstudent" sind vielfältig. Sie beginnen damit, dass Sie nach einem Arbeitstag – ob berufstätig oder Kinder betreuend – einfach müde sind, wenn Sie endlich Gelegenheit zum Lernen fänden. Sie müssen Ihren Chef bitten, Ihnen zu Lehrveranstaltungs- und Prüfungsterminen freizugeben, die Zeit dafür ist natürlich einzuarbeiten. Vielleicht sind Ihre Arbeitskollegen sauer, weil Sie schon wieder nicht da sind und sie Sie abermals vertreten müssen. Abende, Wochenenden, Urlaube werden fürs Lernen verwendet, und das auf lange Sicht. Hobbies, Freunde kommen zu kurz. Die Familie fordert ihre Rechte. Ihre Kinder werden immer gerade dann krank, wenn Ihre Prüfung unmittelbar bevorsteht. Und wann haben Sie eigentlich Zeit, sich richtig auszurasten?

Allerdings genießen Sie gegenüber den Vollzeitstudierenden auch Vorteile. So werden Sie kaum in die Situation kommen, Zeit für Unwesentliches zu verschwenden. Zeit ist für Sie ein so knappes und kostbares Gut, dass Sie es automatisch sehr sorgsam einsetzen. Sie nutzen Ihre Zeit zweifellos so effizient, wie man sie nur nutzen kann. Mit anderen Worten, Sie sind als „Nebenerwerbsstudent" mit Sicherheit ein Meister des *Pareto*-Prinzips[50])! Auch wird Ihre Kreativität im Finden der besten Arbeitstechniken gefordert und gefördert. Und Ihre Flexibilität. All dies sind Fähigkeiten, die Ihnen nicht nur beim Studium, sondern in jeder Lebenssituation nützen. Oft werden Sie auch als berufstätiger Studierender allein schon durch Ihre Erfahrungen und Ihr vermutlich etwas fortgeschritteneres Lebensalter leichter Verknüpfungen herstellen können als der meist jugendlichere Vollzeitstudent. Daher durchschauen Sie manches leichter und merken es sich auch besser. Und Sie sind durch Rückschläge nicht mehr so leicht aus der Bahn zu werfen.

Im Folgenden einige Hinweise, die speziell Sie in Ihrer Lage als „Nebenerwerbsstudent" unterstützen könnten.

→ Freunden Sie sich mit dem Gedanken an, dass Sie für Ihr Studium länger brauchen werden als Ihre Vollzeitstudentenkollegen. Das liegt nicht an Ihrem persönlichen Unvermögen, sondern an den Umständen, unter denen Sie Ihr Studium absolvieren.

→ Loben Sie sich selbst regelmäßig für das, was Sie unter erschwerten Umständen schaffen und rufen Sie sich vor allem immer wieder die Motivation wach, die Sie veranlasst hat, Ihren steinigen Weg zu beschreiten. Je farbenprächtiger und verlockender, desto besser! Das mobilisiert und macht Mut.

→ Achten Sie besonders auf regelmäßige Lernzeiten. Reservieren Sie sich diese Zeiten im Time-Planer und halten Sie sie so penibel ein, als wären es Ihre Arbeitszeiten. Bleiben Sie dabei, unterbrechen Sie nicht. Sorgen Sie dafür, dass Sie beim Lernen nicht gestört werden.

→ Legen Sie sich Ihre Latte nicht zu hoch: Planen Sie kürzere Lernblöcke ein. Wenn Sie nach einem Arbeitstag noch zwei Lernschichten à eineinhalb Stunden am Abend ernsthaft absolvieren, haben Sie wirklich Enormes geleistet!

→ Sorgen Sie, auch wenn es in Ihrer Situation besonders schwer fällt, für ausreichende Pausen. Sie können nicht im Akkord arbeiten. Wenn Sie nach der Arbeit heimkommen oder die Kinder (endlich!) schlafen, gönnen Sie sich zunächst bewusst eine zumindest kurze Erholungsphase, bevor Sie mit dem Lernen beginnen. Lernen Sie auch nicht das gesamte Wochenende hindurch. Reservieren Sie sich Zeitblöcke für Hobbies, Freizeit, Sport, Freunde, Familie … Je genauer Sie auch diese Freizeit- und Erholungsblöcke im Time-Planer fixieren (und je bewusster Sie sie genießen), desto erfolgreicher werden Sie sein.

→ Seien Sie sich nicht böse, wenn es immer wieder einmal Tage gibt, an denen Sie trotz aller Bemühungen, sich aufzuraffen, einfach nicht mehr die Kraft zum Lernen aufbringen. Vielleicht lassen sich solche „Durchhängertage" aber doch noch für Einfacheres nützen: Wenn Sie schon nichts mehr Neues aufnehmen können, wie wäre es wenigstens mit einer Stunde Wiederholung bereits gelernten Stoffes?

---

[50]) Vgl oben II.3.

→ Der Satz: *„Ich habe jetzt nur eine halbe Stunde, das Lernen zahlt sich heute nicht mehr aus"* findet in Ihrem Repertoire keinen Platz. In Ihrer Lage müssen Sie jede Minute nützen. Und jede Minute bringt Ertrag!

→ Öffnen sich spontan unerwartete Zeitlücken, nützen Sie sie zum Lernen. Es ist früher Nachmittag und Ihre müde Vierjährige ist überraschenderweise eben entschlummert? Hurra! Sie könnten die unverhoffte Ruhepause dazu verwenden, in stiller Beschaulichkeit aufzuräumen, zu bügeln oder im Internet zu surfen. Oder aber Sie setzen sich an den Schreibtisch und widmen sich dem Studium … Die günstige Gelegenheit beim Schopf zu packen, verlangt von Ihnen viel geistige Flexibilität sowie die Fähigkeit, rasch Prioritäten zu setzen und zu entscheiden.

→ Gibt es für Sie ungewohnte Zugänge zum Lernen, an die Sie bisher noch gar nicht gedacht hatten? Wie wäre es zum Beispiel, täglich um 5.30 Uhr aufzustehen und eine Stunde lang in Ruhe und mit ausgeruhtem Kopf zu lernen, bevor Ihre Schulkinder und später der Trubel Ihres Arbeitstages über Sie hereinbrechen? Zumal Sie ein richtiger „Morgenmensch" sind? Ist es vorstellbar, dass Sie Fahrten in öffentlichen Verkehrsmitteln dazu nützen, Gelerntes zu wiederholen, statt die Zeitung zu lesen oder aus dem Fenster zu schauen? Welcher U-Bahn-Waggon, welcher Bus um wieviel Uhr ist erfahrungsgemäß der Leerste und damit der Ruhigste, der sich am besten dafür eignet? Lässt sich der abendliche Rundgang mit dem Hund dazu nutzen, Gelerntes, oder den Übungsfall für morgen, oder auch „nur" Ihren Zeit- und Lernplan in Gedanken durchzugehen?

→ Zögern Sie nicht, aktiv Unterstützung zu suchen und angebotene Unterstützung anzunehmen. Sie haben es trotz rechtzeitiger Anmeldung nicht geschafft, in die wichtige Übung mit beschränkter Teilnehmerzahl aufgenommen zu werden, für deren Besuch Ihnen Ihr Chef ohnedies nur widerstrebend freigegeben hat? Eine andere Übung kommt aus Termingründen nicht in Frage? Sprechen Sie mit dem Lehrveranstaltungsleiter, weisen Sie auf Ihre Lage hin, vielleicht hat er für Härtefälle wie Ihren ohnedies Restplätze vorgesehen. Vielleicht nützt es auch nichts. Aber Sie haben wenigstens etwas unternommen. Ihre Schwiegermutter macht sich erbötig, an den Freitagnachmittagen Ihr Vorschulkind zu betreuen? Nehmen Sie dankend an, ohne dem Kind gegenüber gleich von vornherein ein schlechtes Gewissen zu haben: Es wird allein dadurch nicht zu kurz kommen.

→ Spüren Sie über Internet-Foren oder per Zettel am Schwarzen Brett Studierende Ihrer Fakultät auf, die in derselben Lage sind wie Sie. Schon ein Erfahrungsaustausch kann Sie auf neue Ideen bringen. Vielleicht lassen sich mit der Kollegin, mit dem Kollegen auch Netzwerke bilden? Der eine besucht die Strafrechtslehrveranstaltung am Dienstag, der andere die am Donnerstag, das dabei gewonnene Material wird wechselseitig ausgetauscht. Die Kollegin hat auch ein dreijähriges Kind? Wie wäre es, wenn Sie montags von 8.00 – 12.00 beide Kinder hüten, die Kollegin revanchiert sich mittwochs? So haben Sie beide Zeit zum Lernen und die Kinder ihren Spaß.

→ Schließen Sie Vereinbarungen mit Ihrer wegen Ihres mageren Zeitbudgets möglicherweise genervten Familie. Seien Sie dabei deutlich! Artikulieren Sie zum Beispiel Ihrem Partner (und allfälligen Kindern) gegenüber konkret, was Sie brauchen: *„Ich möchte am Sonntag vormittag von 9.00 bis 12.30 Uhr ungestört lernen"* (statt *„Ich brauche am Wochenende dann auch ein bisschen Zeit zum Lernen ..."*). Der klare Rahmen erleichtert Ihrem Umfeld den Umgang mit Ihnen und Ihrer Aufgabe, man weiß, womit man zu rechnen hat und kann sich darauf einstellen. Wenn Ihnen etwas an der Kooperationsbereitschaft der Familie liegt, achten Sie – neben der deutlichen Artikulierung Ihrer Bedürfnisse – auf Folgendes.

– Erstens, pacta sunt servanda[51]): Wenn Sonntag 9.00 – 12.30 Uhr vereinbart wurde, dann muss es auch von Ihrer Seite dabei bleiben.

– Zweitens, Synallagma[52]) beachten: Haltbare Vereinbarungen beruhen auf einem (subjektiv als äquivalent empfundenen) Austausch von Leistung und Gegenleistung. Was bieten Sie, um Ihren Partner, Ihre Kinder dazu zu bewegen, dass sie Sie freigeben? Sie könnten Ihrem Partner zum Beispiel anbieten: *„Ich möchte am Sonntag vormittag von 9.00 bis 12.30 ungestört lernen, nach dem Mittagessen gehe ich mit den Kindern drei Stunden lang auf den Spielplatz und du kannst dich ausruhen"*.

– Drittens: Denken Sie immer daran, dass das Zusammenleben mit Ihnen im Moment sicher nicht der Qualität entspricht, von der Ihre Familie träumt. Sie haben wenig Zeit, sind oft abgespannt. Zeigen Sie immer wieder, dass Ihnen das bewusst ist und bedanken Sie sich für Verständnis und Entgegenkommen!

→ Schließen Sie Vereinbarungen mit Ihrem Chef, und zwar nach denselben Grundsätzen, die auch für Ihre „Familienvereinbarungen" gelten: Klares Aussprechen Ihrer Wünsche; Gegenleistung bzw Lösung für dadurch entstehende praktische Probleme anbieten; Entgegenkommen erkennbar wertschätzen und sich bedanken.

→ Suchen Sie Wege, um sich Ihren Arbeitsalltag zu erleichtern. Vielleicht gibt es eine Möglichkeit, Ihre Dienstzeiten anders, flexibler zu gestalten? Wäre eine vorübergehende Reduktion Ihrer Arbeitszeit denkbar? Sprechen Sie mit Ihrem Arbeitgeber!

IV. Max Musters Zeit- und Lernplan – Ihr individueller Zeit- und Lernplan

Der folgende Plan des Jus-Studenten Max Muster versteht sich als Vorschlag und Orientierungshilfe für die Gestaltung eines „reinen Lerntags" – also eines Tags, den er ausschließlich dem Erarbeiten des Lernstoffs zu Hause oder in der Bibliothek widmet, an dem keine anderen Verpflichtungen (Berufliches) bestehen, und an dem er auch keine Lehrveranstaltungen besucht.

---

[51]) „Verträge sind einzuhalten". Eine Säule des Vertragrechts.
[52]) Der Begriff „Synallagma" begegnet Ihnen auch im Zivilrecht: Die meisten Vertragstypen sind synallagmatisch, Pflicht und Gegenpflicht stehen in einem Austauschverhältnis, *Dullinger*, Bürgerliches Recht II[4] Schuldrecht Allgemeiner Teil (2010) Rz 1/9 f; *Koziol/Welser*, Bürgerliches Recht I[13] 115.

Zeit- und Lernplan für Max Muster: Vormittagsblock

9.00   Kurze Wiederholung des am Vortag Gelernten

9.10   Erarbeiten neuen Lernstoffs

9.30   *Minipause*

9.35   Erarbeiten neuen Lernstoffs

10.05   *Minipause*

10.10   Erarbeiten neuen Lernstoffs

10.40   *Maxipause*

11.00   Erarbeiten neuen Lernstoffs

11.30   *Minipause*

11.35   Erarbeiten neuen Lernstoffs

12.05   *Minipause*

12.10   Erarbeiten neuen Lernstoffs

12.40–14.15 *Mittagspause*

Zeit- und Lernplan für Max Muster: Nachmittagsblock

14.15   Wiederholen alten Stoffs (Mittagstief!)

14.45   *Minipause*

14.50   Wiederholen alten Stoffs

15.20   *Minipause*

15.25   Erarbeiten neuen Lernstoffs

15.55   *Maxipause*

16.05   Erarbeiten neuen Lernstoffs

16.35   *Minipause*

16.40   Erarbeiten neuen Lernstoffs

17.20   *Minipause*

17.25   Eingehende Wiederholung des an diesem Vor- und Nachmittag Gelernten

17.55   Einhaltung des Lern- und Wiederholungsplans überprüfen

Ab 18.00: Arbeit weglegen, Leben genießen, mit freiem Kopf und im Bewusstsein, etwas geleistet zu haben!

Haben Sie Max Musters Plan ausreichend nachvollziehen können und überdacht? Dann erstellen Sie jetzt zur Übung Ihren eigenen Plan für einen „reinen Lerntag". Ihr Plan wird möglicherweise etwas anders aussehen als der von Max Muster. Sie werden Ihren Plan Ihrer individuellen Leistungskurve und anderen Gegebenheiten anpassen. Sie werden Ihren „reinen Lerntag" vielleicht früher beenden als Max (vielleicht beginnen Sie aber im Gegensatz zu ihm auch bereits um 8.30 …).

In welcher Weise auch immer Sie Max' Plan für sich selbst abwandeln, Folgendes müssen Sie jedenfalls berücksichtigen:
→ die Pausen zur richtigen Zeit und in der richtigen Länge[53]) (Pausen können um bis zu zehn Minuten nach vorne oder hinten verschoben werden, um einzelne kurze Gedankengänge abzuschließen),
→ die erforderlichen Wiederholungsdurchgänge[54]),
→ die Überprüfung des geleisteten Pensums am Ende des Tages,
→ das Lern-Tagesprogramm sollte den zeitlichen Rahmen von acht Stunden nicht wesentlich überschreiten[55]) (wobei Sie die lange Mittagspause aus diesem Budget teilweise ausklammern können).

Wenn Sie den zeitlichen Rahmen Ihres „reinen Lerntags" fixiert haben, ordnen Sie in einem zweiten Arbeitsgang den Zeiteinheiten nun auch Seiten, Kapitel Ihres Lernstoffs zu. Damit ist Ihr Zeit- und Lernplan für Tag x perfekt.

---

[53]) 3. Kapitel II.1.
[54]) 3. Kapitel II.2.
[55]) Oben I.4.c. und d.

Für Sie ganz persönlich!

Mein persönlicher Zeitplan für einen „reinen Lerntag"

Wochentag, Datum

… Uhr

… Uhr

… Uhr

… Uhr

… Uhr

… Uhr

… Uhr

… Uhr

… Uhr

… Uhr

… Uhr

… Uhr

… Uhr

… Uhr

3. Kapitel: Lernmanagement

Wie lernt man? Wie lernen Sie?
Wie lernen Sie besser?

Die Grundgesetze des Lernens gelten für jede und jeden und für jede Art von Lernstoff! Zugleich ist Lernen aber auch eine sehr individuelle Angelegenheit: Lernmethoden, die den einen beflügeln, sind für die andere kaum vorstellbar. In diesem Kapitel finden Sie unter anderem Wissenswertes zu den Grundgesetzen des Lernens, bekommen Hilfe bei der Einschätzung Ihres eigenen Lerntyps und erfahren von zahlreichen wirksamen Lerntechniken.

Sie lernen schon lange! Möglicherweise haben Sie bereits einige Studienfächer und Prüfungen absolviert. Eine gewisse Lernroutine haben Sie schon während Ihrer Schulzeit erworben, auch wenn sich die Anforderungen und Ihr Umfeld an der Universität im Vergleich zu damals sehr geändert haben. Was sich gerade für Sie an Lerntechniken bewährt hat, behalten Sie selbstverständlich bei. Jedoch sollten Sie das Bewährte ergänzen und adaptieren. Daher ziehen Sie zum Einstieg in das 3. Kapitel am besten eine persönliche Lernbilanz.

Für Sie ganz persönlich!

Welche Lerntechniken haben Sie bisher erfolgreich eingesetzt? Haben Sie zB laut gelesen? Aus Büchern exzerpiert? Gezeichnet, Skizzen angefertigt? Tabellen erstellt?

....

Mit welchen Lernmethoden haben Sie weniger erfreuliche Erfahrungen gemacht, welche liegen Ihnen aus heutiger Sicht nicht?

....

Haben Sie schon jetzt, vor dem Weiterlesen, Ideen, was Sie anders, besser machen könnten?

....

MERKE: Bewährte Lerntechniken werden beibehalten – und ergänzt!

I. Erleichtern Sie sich das Lernen durch eine sinnvolle Abfolge der Studienfächer!

Sie können sich das Lernen spürbar erleichtern und Ihr Studium weitaus effizienter gestalten, wenn Sie es strategisch sinnvoll aufbauen. Soweit Sie die Reihung der Prüfungsfächer nach dem Studienplan frei bestimmen können, stellt sich die Frage nach einer empfehlenswerten Abfolge. Dafür gibt es zwei Kriterien.

Erstens: Vernünftigerweise werden Sie zuerst Grundlegendes lernen und erst dann das passende, darauf basierende Spezialfach. Wer zum Beispiel Verwaltungsrecht vor Verfassungsrecht lernt oder zuerst Unternehmens- oder Arbeitsrecht und dann erst Zivilrecht, zäumt das Pferd von hinten auf und legt sich damit selbst unnötig Steine in den Weg. Wie wollen Sie sinnvoll über gesellschaftsrechtliche Spezialitäten nachdenken, bevor Sie wissen, was eine Juristische Person oder ein Vertrag ist?

 MERKE: Zuerst die Basis. Dann der Aufbau.

Zweitens: Das Anschließen an etwas bereits Bekanntes und gut Integriertes erleichtert die Arbeit am verwandten Neuen. Lernen Sie also Fächer, die einander nahe stehen, auch in engem zeitlichen Zusammenhang. Verfassung, Verwaltung, Verwaltungsverfahren. Zivil-, Unternehmens-, Arbeitsrecht, zivilgerichtliches Verfahren. Materielles Recht (das WAS) zuerst, Verfahrensrecht (das WIE) dann. Viele Studienpläne geben diese Reihenfolge ohnehin vor[1]), mit gutem Grund: Sie werden die Dinge besser erfassen, schneller vorwärts kommen und sich mehr an

---

[1]) Ein vom didaktischen Standpunkt aus idealer Studienplan würde vorsehen, dass Sie alles Verwandte parallel lernen und darüber am Ende jeweils eine Gesamtprüfung – am besten vor einer Kommission – ablegen. Das würde Sie (und Ihre Prüfer übrigens ebenfalls!) zur Beschränkung auf das Wesentliche zwingen. Und zugleich dazu führen, dass Sie Brücken zwischen den verwandten Themenbereichen schlagen, wodurch Sie mehr an Wissen und Verständnis um Zusammenhänge in Ihr späteres Berufsleben hinüberretten könnten als durch die gängigen vielen Einzelprüfungen … In früheren Studienordnungen (lang ist's her) war das tatsächlich so vorgesehen. Im heutigen Massenstudium Jus sind kommissionelle Prüfungen von Fakultäten und Prüfern allerdings zeitlich und organisatorisch nicht zu bewältigen.Schritte in die richtige Richtung setzt – in realistischem Rahmen – die Neuordnung des Diplomstudiums der Rechtswissenschaften am Wiener Juridicum, die der Vertiefung, Vernetzung und dem sinnvollem Aufbau der Fächer besonderes Augenmerk schenkt, dazu *Mayer*, Die Zukunft hat begonnen: die Reform der Rechtswissenschaften am Wiener Juridicum, ÖJZ 2006, 701.

der Materie freuen können, weil Sie auf diese Weise eher sehen, wie eins ins andre greift. Richtig verstandene Juristerei besteht nicht aus der Aneinanderreihung getrennter Einzelstücke. Jus ist vielmehr ein großes Ganzes, ein in sich verwobenes, vernetztes System.

> 💡 **MERKE: Was das Recht zusammengefügt hat, darf der Studierende nicht trennen!**

II. Die zehn Grundgesetze des Lernens

Bestimmte Grundgesetze des Lernens gelten unabhängig von persönlichen Vorlieben, unabhängig vom Lerntyp und unabhängig vom konkreten Lernthema. Von diesen Grundgesetzen lesen Sie im Folgenden.

1. Satt! Die Pause

Sie wundern sich vielleicht, warum der Abschnitt über die Grundgesetze des Lernens ausgerechnet mit dem Thema Pause beginnt. Vielleicht denken Sie: *„Pausen machen kann ich!, Nicht nötig, mir zu erzählen, wie das funktioniert"*. Lassen Sie sich überraschen …![2])

a. Wozu Pausen?

Für Sie ganz persönlich!

Wie viele Stunden lernen Sie pro Lerntag?

....

Wie viele Pausen legen Sie ein?

....

Wann jeweils? Regelmäßig?

....

Wie lange dauern diese Pausen?

....

---

[2]) In Lerntechnik-Seminaren löst das Kapitel „Pause" stets große AHA-Effekte aus.

Erinnern Sie sich daran, wie Sie zum Beispiel Schifahren, Snowboarden, Tangotanzen, Rollerskaten, Jonglieren, Tennisspielen oder eine andere Sportart gelernt haben? Vermutlich haben Sie einen bestimmten Lernverlauf festgestellt. Der Beginn war naturgemäß zäh. Dann haben Sie langsam und stetig merkbare Fortschritte gemacht – bis zu dem Moment, in dem scheinbar plötzlich „nichts mehr ging": Sie sind gestürzt, alle Jonglierbälle sind auf den Boden gefallen, Sie sind über Ihre eigenen Beine gestolpert, haben die Reihenfolge der Tangoschritte verwechselt. Ganz, als stünden Sie wieder am Anfang. Was haben Sie daraufhin getan? Unterbrochen! Kaffee getrunken, sich ausgerastet … was auch immer. Erst dann haben Sie sich wieder Ihrer Lernaufgabe zugewendet, vielleicht sogar erst am nächsten Tag. Und siehe da: Nach dieser Pause ist es deutlich besser gelaufen als in den ersten Fortschrittsphasen zuvor. Bis zum nächsten Einbruch Ihrer Lernleistung. Worauf Sie wieder eine Pause eingelegt haben. Was zur einer weiteren Steigerung Ihrer Fähigkeiten geführt hat. Und so weiter. Obwohl Sie also während der Pausen nicht aktiv und bewusst geübt haben, ging es danach aufwärts. Ein Wunder? Nein! Während der Pausen hat Ihr Gehirn das Neue weiterverarbeitet. Es hat also weitergelernt. Sie haben tatsächlich weitergelernt – während Ihrer Pause!

 MERKE: Lernpausen sind Lernphasen!

Genauso wie beim Lernen von Sportarten ist es auch beim Lernen „geistigen Materials". Unser Gehirn kann nur eine bestimmte Menge an Informationen auf einmal aufnehmen, dann braucht es Zeit zum Integrieren. Um es bildlich auszudrücken: Das Gegessene muss verdaut werden.

Wenn Sie zu wenig pausieren, schaden Sie sich mehrfach. Natürlich hat in Ihrem Speicher nichts mehr Platz. Darüber hinaus aber, und das ist besonders bemerkenswert, schmälern Sie auch den Ertrag des bereits Erarbeiteten: Das zu reichhaltige Neuere überlagert und verdrängt das Ältere! Lernen Sie stundenlang pausenlos durch, betrügen Sie sich also selbst: Sie werden nicht verhindern, dass Ihre Gedanken zwischendurch unwillkürlich und immer öfter ins Nirwana abgleiten, Sie nichts mehr erfassen und sich später an manch scheinbar bereits Erlerntes nicht erinnern – so, als sei es völlig spurlos an Ihnen vorübergegangen. Wie unökonomisch, wie frustrierend! Schade um Ihre Zeit, schade um Ihre Energie! Statt sich vorzuwerfen, unkonzentriert zu sein, geben Sie Ihren Denkwerkzeugen besser den Rhythmus, den sie brauchen. Die Pause ist Teil dieses Rhythmus'[3]).

 MERKE: Lernmüdes Gehirn? Sie nehmen nichts Neues mehr auf und hindern das Gelernte daran, sich zu setzen.

---

[3]) Ein kluges chinesisches Sprichwort sagt: „Das Gras wächst nicht schneller, wenn man daran zieht". Das Gras braucht eben seine Zeit, um zu wachsen. Ihr Wissen auch.

Pausen sind also für Lernende, wie Sie erkennen, nicht bloß angenehm, sondern einfach notwendig. Überdies können Pausen aber noch mehr: Blockaden lösen. Kennen Sie das: Der Name von X, die Telefonnummer von Y, Ihr Bankomatcode ... völlig weg. Anstatt krampfhaft nachzugrübeln, wenden Sie sich vorübergehend etwas ganz anderem zu – und schon ist das Gesuchte wieder verfügbar. Ein Mechanismus, der auch funktioniert, wenn Ihnen das Fachvokabel a oder die Rechtsfolge b im Augenblick nicht greifbar scheint, Ihnen „auf der Zunge liegt". Halten Sie kurz inne, lenken Sie Ihre Aufmerksamkeit in eine andere Richtung, machen Sie also eine kleine Pause ...[4]).

b. Wann Pause? Wie lange?

Beim Lernen geistigen Materials neigt man leichter dazu, die Grenze des momentan Zumutbaren zu übersehen als beim Lernen physischer Fähigkeiten. Die Grenze ist nicht so unmittelbar zu spüren, als wenn Ihnen kein Tanzschritt, oder kein Schwung auf dem Snowboard mehr gelingen will. Kennen Sie das Gefühl, „nichts mehr in Ihren Kopf hineinzubringen"? Das ist der letzte dringliche Appell Ihres Gehirns an Sie, eine in diesem Stadium längst überfällige Pause einzulegen. Besser ist es, Pausen regelmäßig und bereits deutlich vor dem Moment zu machen, in dem Ihr Denkapparat zu explodieren droht.

Pausen brauchen Sie häufiger, als Sie vielleicht vermuten. Die Länge der Pausen wächst mit der Dauer der konkreten Lernphase. Zu lange Pausen sind allerdings ebenso schädlich wie zu kurze: Die Wirkung einer Pause ist in den ersten fünf bis zehn Minuten am größten. Unterbrechen Sie innerhalb einer umfangreicheren Lerneinheit zu lange, geraten Sie außer Tritt und müssen sich wieder einarbeiten.

Ihr Pausenprogramm sollte etwa so aussehen:
→ Mikropause, eine Minute: Immer dann, wenn Ihre Gedanken abschweifen
→ Minipause, fünf Minuten: alle 30 Minuten
→ Maxipause, 10–20 Minuten, in der Länge gesteigert: alle eineinhalb Stunden
→ Mittagspause: 60–90 Minuten
→ Nachtruhe: Schlafen Sie ausreichend, nach Ihren individuellen Bedürfnissen[5]).

Dieses Pausenschema ist Richtschnur, nicht eisernes Gesetz. Es schadet also nicht, wenn Sie das „Aktivlernbudget" gelegentlich um ein paar Minuten überschreiten, weil Sie zum Beispiel einen Gedankengang zu Ende führen wollen. Im

---

[4]) Sollten Sie sich während des Lernens (oder des Reproduzierens von Gelerntem) übrigens einmal sagen, *„Oh weh, ich stehe auf der Leitung"* ... dann nehmen Sie das wörtlich. Treten Sie beiseite und gehen Sie bewusst ein paar Schritte „weg von der Leitung". Auch das kann helfen.
[5]) Vernachlässigen Sie speziell die Nachtruhe nicht. Im zarten Jugendalter scheint man mit erstaunlich wenig Schlaf auszukommen. Achtung, Täuschung! Einmal ist kein Mal. Wenn Sie aber laufend auch nur um eine Stunde weniger schlafen, als es Ihr persönliches Schlafbedürfnis verlangt, verschlechtert sich Ihre Arbeitsleistung garantiert (von Ihrer Laune und Ihrer Gesundheit ganz abgesehen). Überdies ist die Nachtruhe eine besonders lange und intensive „Verdauungspause" für Ihr Gehirn. Insofern gibt es der Herr den Seinen also tatsächlich im Schlafe ...

Großen und Ganzen sollten Sie sich jedoch an diese Vorgaben halten. Um die notwendigen Pausen nicht zu übersehen, könnten Sie sich den Wecker stellen und sich zu gegebener Zeit ans Durchatmen erinnern lassen.

> **MERKE: Pause – zum richtigen Zeitpunkt und in der richtigen Dauer!**

Noch etwas: Achten Sie darauf, die Pausen in Ihrem Zeitplan zu berücksichtigen. Haben Sie fünf, sechs, sieben Stunden Lernzeit pro Tag zur Verfügung, rechnen Sie das bitte einschließlich der Pausen[6]).

c. Was tun in der Pause?

Wesentlich ist nicht nur, Pausen zum richtigen Zeitpunkt und in der richtigen Dauer einzulegen, sondern auch, die Pausen richtig zu nutzen.

Für Sie ganz persönlich!

Wie gestalten Sie Ihre Lernpausen?

....

....

Was Sie in Ihren Lernpausen, je nach Pausenlänge, tun sollten:
→ Sich bewegen: Aufstehen, sich dehnen und strecken, Fenster auf und Frischluft schnappen, Kniebeugen machen, tanzen, um den Häuserblock gehen, laufen …
→ Augen schließen und tief durchatmen
→ „Palmieren": Das heißt, Hände warm reiben und wie Deckel leicht gewölbt ein, zwei Minuten lang über die Augen legen. Das wohltuende, abschirmende, warme Dunkel tut auch lesemüden Augen gut
→ Jonglieren – ein ideales Gehirnhälftentraining[7])
→ Essen[8])
→ Instrumentalmusik hören
→ Hausarbeit, Ordnung machen, zusammenräumen

---

[6]) Vgl 2. Kapitel I.4.f. und h.
[7]) Siehe dazu die Literaturhinweise.
[8]) Warum Essen während des Lernens den Lernerfolg verschlechtert, erfahren Sie unten II.6.

→ Siesta! Ein Kurzschläfchen einlegen[9])

→ Wenn es denn unbedingt sein muss: Rauchen … Aber wenigstens, indem Sie dazu aufstehen und sich zum Fenster begeben[10]).

Was Sie hingegen in Ihren Lernpausen unterlassen sollten:

→ Fernsehen

→ Musik mit Text hören

→ Telefonieren

→ E-Mails abfragen

→ E-Mails beantworten

→ Im Internet surfen

→ Facebook, Twitter und Co

→ Lesen

Erkennen Sie, was die zuletzt aufgezählten, zugegeben unterhaltsamen Tätigkeiten gemeinsam haben? Sie arbeiten mit Worten, mit Text. Das führt jedoch zu einem verhängnisvollen Effekt, den man „Überlagerung" nennt. Es entstehen sogenannte Interferenzen[11]). Ihr Gehirn ist leider nicht fähig, zu unterscheiden, ob Sie es mit den beachtens- und erinnerungswürdigen verfassungsgesetzlich gewährleisteten Rechten füllen oder mit der Lektüre des Lokalteils Ihrer Tageszeitung. Ihr Gehirn wertet nicht. Und wie Sie bereits wissen (oben a.): Wird Ihr Gehirn mit gleichartiger Nahrung überfüttert, kann es das zunächst Gegessene nicht verdauen. Schade also um das aufwändig beackerte Kapitel aus dem Verfassungsrecht! So manches davon wird durch den Zeitungsbericht über die Eröffnung des neuen Fitnessstudios in xy verdrängt werden.

Wenn Sie lesen, mailen, im Netz surfen … wollen, tun Sie es daher in einem zeitlichen Abstand von mindestens 20 Minuten zum letzten Aktivlernblock – mit anderen Worten, tun Sie es erst nach der Pause. Auf diese Weise vermeiden Sie die Überlagerung.

Und noch etwas Wichtiges: Die Lernpause verfehlt ihren Zweck, wenn Sie beim Kniebeugenmachen, Frischluftschnappen, Zusammenräumen usw das eben erarbeitete Lernpensum noch einmal in Gedanken durchgehen. Pause ist Pause – schalten Sie ganz bewusst ab und um. Stören Sie den Verdauungsprozess nicht!

 MERKE: Pause – richtig genutzt!

---

[9]) Sie erinnern sich an 2. Kapitel FN 18 zum Powernapping und an FN 5: Den Seinen gibt's der Herr im Schlafe.

[10]) Warum Rauchen während des Lernens den Lernerfolg verschlechtert, erfahren Sie unten II.6.

[11]) Dazu auch gleich unten 4.

2. Eines ist sicher: Ohne Wiederholen vergessen Sie!

Ein oft geäußerter Seufzer lerngeplagter Studierender lautet: „*Ich merke mir einfach nichts!*" Diese traurige Erkenntnis kann mehrere Ursachen haben. Das Merkvermögen hängt erstens vom Faktor Ordnung, Struktur und Verknüpfung ab; Zusammenhangloses geht leicht verloren[12]). Zweitens hängt es ab von der Bedeutung, vom Sinn, den das Erkannte erhalten hat: Sinnentleertes löst sich schnell in Luft auf[13]). Drittens spielt die Lerntiefe eine Rolle: Reduziertes, von Details Entrümpeltes sitzt am besten[14]). Und viertens merkt man sich auf Dauer nur, was man regelmäßig und richtig wiederholt.

a. Vom Wesen des Vergessens

Was wird geschehen, wenn Sie eine mit langem saftigem Gras bewachsene Sommerwiese durchqueren? Die Grashalme werden sich unter Ihren Füßen umlegen. Jeder, der kurze Zeit nach Ihnen über diese Wiese geht, wird Ihre Bahn erkennen. Was aber, wenn Sie am nächsten Tag an den Tatort zurückkehren? Die Halme haben sich wieder aufgerichtet. Sie haben keine erkennbare Spur hinterlassen. Die Natur hat Ihr Tun „vergessen".
Wenn Sie denselben Weg nun freilich öfter und immer wieder gehen, entsteht ein Pfad, der sichtbar bleibt. Was Sie einmal tun, verflüchtigt sich. Was Sie wiederholen, bleibt. So einfach ist das!

Vergessen ist unvermeidlich, ja notwendig: Wenn Sie bedenken, wie viele Eindrücke ununterbrochen bewusst und unbewusst auf uns wirken, wie viele Erfahrungen unterschiedlicher Art wir in jedem Augenblick machen, so liegt auf der Hand, dass das Gehirn gar nicht anders kann, als diesen unaufhörlichen Informationsstrom zu ordnen und vieles davon ad acta zu legen. Das System muss sich regulieren, um die Menge der Eindrücke zu verkraften[15]). „Vergessen" heißt in der Regel nicht, dass Erfahrenes zur Gänze verschwindet, also quasi gelöscht wird.

---

12) Vgl unten II.7. und V.
13) So viel zum Auswendiglernen. Vgl auch unten V. und VI.
14) Siehe unten V.
15) Kleiner Ausflug ins Tierische. Sie kennen die klassischen Pawlow'schen Hunde? Nobelpreisträger *Pawlow* verknüpfte ein akustisches Signal, einen Glockenton, mit der Fütterung seiner Hunde. Bald, durch ständige Wiederholung, hatten die Tiere gelernt, den Glockenton mit „Fressen!" gleichzusetzen. Wurde die Glocke geläutet, produzierten die Hunde vermehrt Speichel, geradezu reflexartig – und in weiterer Folge unabhängig davon, ob ihnen tatsächlich etwas serviert wurde oder nicht. Nachdem *Pawlow* allerdings über einen längeren Zeitraum mehrfach die Glocke ohne begleitendes Futter betätigte, vergaßen die Tiere den erlernten Zusammenhang wieder, die Glocke allein löste kein vermehrtes Sabbern mehr aus. *Pawlows* Hunde hatten das Gelernte mangels Wiederholung verlernt. Sie hatten es vergessen. Was sagt uns das Experiment? Erstens: Wenn ein Hund durch Wiederholung lernen kann, dann können Sie das vermutlich ebenfalls. Zweitens: Wenn ein Hund mangels Wiederholung vergisst, dann gilt das vermutlich auch für Sie.

Vielleicht haben Sie schon einmal erlebt, dass ein kleiner Auslöser eine lang zurückliegende Kindheitserinnerung wachruft, die Ihnen nicht mehr bewußt war. Sie war jedoch immer da, in Ihrer inneren Bibliothek in der obersten dunkelsten Reihe des vorletzten Regals archiviert.

Was nützt Ihnen freilich das tröstliche Wissen um diese bloß verschütteten Erinnerungswerte, wenn Sie es sich bei der Prüfung nicht leisten können, in den hintersten Winkeln Ihrer Gedankenbibliothek, auf einen Auslöser der richtigen Assoziation hoffend, nachzukramen – sondern unmittelbaren und raschen Zugriff haben müssen? Nichts. Also müssen Sie wiederholen. Daran führt kein Weg vorbei[16]).

 MERKE: Ohne Wiederholen ist Lernen sinnlos!

Das Vergessen ist – sachenrechtlich gesprochen – die drückendste Hypothek im Grundbuch jedes Lernenden, sie steht im ersten Pfandrang[17])! Der deutsche Psychologe *Herrmann Ebbinghaus* hat sich in der zweiten Hälfte des 19. Jahrhunderts mit dem Funktionieren des menschlichen Gedächtnisses befasst, indem er eine lange Reihe sinnloser Silben in mehreren Durchgängen auswendig lernte. Das Ergebnis seiner Studien wird in der sogenannten „Ebbinghaus'schen Kurve" dargestellt. Sie können diese Kurve gern in „Ebbinghaus'sche Frustrationskurve" umtaufen, denn was sie zeigt, ist ziemlich ernüchternd. Was wir lernen, bleibt zunächst im Gedächtnis haften. Mangels Wiederholung verschwindet es aber innerhalb kürzester Zeit wieder: Bereits nach 20 Minuten sind rund 40% des Gelernten weg. Nach einigen Tagen können wir gerade noch auf magere 20% zugreifen. Sie sollten sich lieber nicht darauf verlassen, dass dieses traurige Fünftel genau das enthält, was Sie zum Beispiel gerade für Ihre Prüfung brauchen. Ist diese Halbwertszeit des Wissens nicht erschütternd?

Trostpflaster Nummer eins: Die Vergessenskurve verläuft von vornherein flacher, wenn nicht Sinnentleertes wie die Ebbinghaus'schen Silben gelernt wird, sondern Verknüpfungen und Bedeutungszusammenhänge hergestellt werden[18]). Trostpflaster Nummer zwei: In der ersten Zeit nach der Informationsaufnahme versickert das meiste, in der Folge verflacht die Vergessenskurve jedoch stark.

---

[16]) Einfach zum Nachdenken: Manche Studierende unterscheiden gedanklich und sprachlich zwischen „Lernen" und „Wiederholen", wobei sie letzteres als dem „Lernen" qualitativ untergeordnet empfinden. Was meinen Sie dazu? Wäre nach allem, was Sie jetzt wissen, nicht ein Umdenken, ein anderes Verständnis von „Lernen" angebracht? Ein Verständnis, das die Wiederholung als notwendigen Bestandteil jedes Lernens sieht (weil man sonst ja *verlernt*)? Damit fällt die gefühlte „Unterscheidung" zwischen Lernen und Wiederholen weg.

[17]) Zum Fachlichen *Iro*, Bürgerliches Recht IV[4] Sachenrecht (2010) Rz 3/42 ff; *Koziol/Welser*, Bürgerliches Recht I[13] 366 ff.

[18]) Zu diesem Thema befassen Sie sich bitte mit den unten II.7., V., VI. dargestellten Lernmethoden.

b. Wie wiederholen Sie richtig?

Die Regeln für richtiges Wiederholen ergeben sich aus dem Verlauf der Vergessenskurve. Da sie zunächst steil ansteigt, dann aber flacher wird, ist es notwendig, zunächst besonders intensiv zu wiederholen. Danach werden die notwendigen Wiederholungsintervalle immer größer.

MERKE: Richtig wiederholen heißt Wiederholen in ansteigenden Intervallen.

Und zwar so:

→ Erster Durchgang: Unmittelbar nachdem Sie ein Kapitel, einen Abschnitt, eine „Lernportion" erarbeitet haben, gehen Sie das Gelernte noch einmal durch. Denken Sie an den Versickerungsgrad von cirka 40% nach bereits 20 Minuten!

→ Zweiter Durchgang: Sie wiederholen noch einmal das gesamte Tagespensum am Ende Ihres Lerntags.

→ Dritter Durchgang: Beginnen Sie mit der Wiederholung des Stoffs vom Vortag am nächsten Tag zu Beginn Ihres ersten großen Lernblocks – also bevor Sie mit dem Neuen anfangen. Das festigt nicht nur das schon Gelernte, sondern wärmt die „Lernmuskeln" auch für das Kommende auf[19].

→ Vierter Durchgang: Nach einem Tag Pause folgt am dritten Tag die nächste Runde. Idealerweise wieder zu Beginn eines neuen Lernblocks (Vormittag/Nachmittag)[20].

→ Fünfter Durchgang: Ganz langsam wird es heller – nun können Sie bereits eine Woche seit der letzten Wiederholung verstreichen lassen.

→ Sechster Durchgang: Hoffnung keimt auf – Wiederholung nach einer einmonatigen Pause reicht.

→ Siebenter Durchgang: Nach drei Monaten (falls sich die Frage überhaupt stellt, weil Sie für ein „großes" Fach mit umfangreichem Stoff lernen).

→ Achter bis soundsovielter Zwischendurchgang: Sie ziehen so viele Ehrenrunden wie nötig, sobald sich bei einem Durchgang zeigt, dass etwas noch nicht ausreichend sitzt.

Proportional zum Sinken der Vergessenskurve steigen die Wiederholungsintervalle also an. Allerdings lernen Sie ja fortlaufend Neues, das seinerseits wiederholt werden muss … Ich höre Sie jetzt stöhnen: *„Wenn ich das so mache, werde ich nie fertig, weil ich gar nicht mehr zum Lernen von Neuem komme, sondern mich nur mehr in Wiederholungsschleifen drehe. Und wie soll ich außerdem den Überblick behalten? Wie soll ich wissen, ob ich genug wiederholt habe?"*

---

[19] Siehe 2. Kapitel I.4.b. und c.
[20] Siehe 2. Kapitel I.4.e. und IV.

Keine Sorge – vorausgesetzt, Sie beachten Folgendes:

→ Natürlich haben Sie einen realistischen Zeitplan erstellt, der die Wiederholungsdurchgänge berücksichtigt[21]). Sie haben daher auch eigene Wiederholungszeitblöcke (vielleicht auch eigene Wiederholungstage) dafür reserviert.

→ Sie hüten sich vor dem Über-Wiederholen. Die Lücken zwischen den Wiederholungsdurchgängen dürfen nicht zu groß werden, das wissen Sie bereits. Da Sie die Ebbinghaus'sche Lernkurve verstanden haben, erkennen Sie aber auch, dass Sie Ihr Pulver sinnlos verschießen, wenn Sie Wiederholungsdurchgänge zu eng zusammenschieben. „Satt – satter – am sattesten"? „Satt" lässt sich nicht steigern. Essen Sie auf einen Sitz mehr als Sie vertragen, sind Sie bestenfalls übersättigt, und das drückt … Sie teilen also den zu wiederholenden Stoff ebenso auf einen längeren Zeitraum auf wie den neuen Lernstoff (siehe unten II.8.: Wie isst man einen Elefanten?). Die Formel lautet also gewissermaßen: Ein Mal an 10 Tagen bringt unvergleichlich mehr als 10 Mal an einem Tag!

→ Sie hüten sich vor mechanischem Wiederholen. Reines passives Dahinlesen ist zum Wiederholen genauso ungeeignet wie für das Aneignen von Erkenntnissen[22]). Automatisiertes unbedachtes Herunterleiern wie bei einem Mantra ebenso. Stattdessen wiederholen Sie aktiv[23]).

→ Aktiv wiederholen heißt: Sie wiederholen kurz und effizient anhand Ihrer Lernunterlagen, also Ihrer ausgearbeiteten Skripten, Bücher, Mitschriften, Exzerpte, Karteikarten. Da Sie hier vorher schon in die Tiefe gearbeitet haben[24]), geht das Wiederholen rasch voran.

→ Ob etwas sitzt, erkennen Sie, indem Sie es quasi antippen und abrufen: *„Hallo, bist du da"*? Spätestens ab dem dritten Durchgang sind Schlagworte, Schlüsselbegriffe, Strukturen Gegenstand der Wiederholung, nicht ganze lange ausformulierte Sätze! Dann folgt eine kurze Kontrolle, ob alles Merkenswerte vollständig und korrekt zu Tage befördert wurde. Mehr tun Sie für sinnvolles Wiederholen bitte nicht. Kennen Sie den Film „Und täglich grüßt das Murmeltier"? Darin ist der arme Hauptdarsteller in einer Zeitschleife gefangen, die ihn dazu verdammt, denselben Tag immer wieder gleich und immer wieder von neuem zu erleben. Entgehen Sie diesem Alptraum, indem Sie das, was sich auf Antippen meldet und kurzer Kontrolle standhält, also offenkundig „da ist", als erledigt abhaken. Bis zum nächsten Wiederholungsdurchgang, der immerhin in weiterer Ferne liegt.

→ Achtung, auf das Antippen aber auch nicht verzichten! Sich zu sagen, *„ach, das brauche ich nicht zu wiederholen, das kann ich ohnehin"* ist ein Trugschluss.

→ Den Überblick behalten Sie durch Systematik und Kontrolle. Das „Aschenputtel" der Gebrüder Grimm ist Ihnen geläufig? Sie gehen beim Kontrollieren nach der Methode der hilfreichen Vögel in diesem Märchen vor: „Die

---

[21]) Siehe im 2. Kapitel I.4.f.
[22]) Unten II.3. sowie V.3. und VI.
[23]) Siehe vorige FN.
[24]) Unten II. 3. und V., VI.

guten ins Töpfchen, die schlechten ins Kröpfchen"[25]). Legen Sie sich einen Wiederholungsraster an, durch den nichts durchfallen kann. Sie eröffnen am besten einen Ringordner mit mehreren durch farbige Zwischenblätter getrennten Abteilungen in der Zahl der notwendigen Wiederholungsdurchgänge. Hier werden nun Ihre ausgearbeiteten Lernunterlagen, sprich Exzerpte etc eingelegt. Da Sie nicht zu allen Themen Exzerpte anfertigt haben werden, ergänzen Sie durch Blätter, auf denen jeweils das gelernte Kapitel, der gelernte Abschnitt mit einigen wenigen Schlagworten verzeichnet ist. Was am selben Tag gelernt und am Ende der Lerneinheit noch einmal wiederholt wird, ist im Ordner ganz vorne eingeheftet. Sie gehen die Blätter beim Wiederholen durch. Was funktioniert, wird in die nächstfolgende Abteilung („Wiederholung für den kommenden Tag") übersiedelt. Was nicht funktioniert, bleibt solange in Abteilung eins, bis es sitzt, und wird erst dann weiterbefördert. Am folgenden Tag gehen Sie wieder nach der „Aschenputtelmethode" vor: Die guten ins Töpfchen (nächste Abteilung), die schlechten vorerst ins Kröpfchen (Verbleib in Abteilung zwei), und erst wenn Sie sie sicher gespeichert haben, weiter in Abteilung drei. Und so fort. Auf diese Weise verhindern Sie, dass Ihnen zu Wiederholendes entgeht. Sie wissen jederzeit, wie weit Sie sind. Und Sie stellen vergnügt fest, wie viel Sie mittlerweile schon geleistet haben.

→ Natürlich können Sie ein solches Wiederholungsgerüst auch in Form eines Karteikastens anlegen. Dabei achten Sie darauf, dass das Fassungsvermögen der hinteren Fächer größer sein muss als das der vorderen, weil die Wiederholungsschere mit dem Anwachsen des zu wiederholenden Stoffs ja immer weiter aufgeht[26]).

→ Ist Ihnen die Ordner- oder Karteikastenmethode zu mühsam, haken Sie aber jedenfalls unbedingt in Ihrem Zeit- und Lernplan und in Ihren Büchern und Skripten die wiederholten Themen ab. Pro Runde ein Häkchen. Und zwar in einem Farbcode, der den aktuell absolvierten Durchgang markiert.

c. Noch einige gute Wiederholungsmethoden

→ Wiederholen „nebenbei": Wie viel Zeit verbringen Sie im Bus, in der U-Bahn, an der Supermarktkassa! Dabei könnten Sie das eine oder andere im Geist

---

[25]) Zur Auffrischung Ihrer Kindheitserinnerungen: Des bedauernswerten Aschenputtels böse Stiefmutter knüpft die Zustimmung zum Besuch des für den romantischen Ausgang der Geschichte (Prinz!) maßgeblichen Balls bei Hof an die aufschiebende Bedingung, aus einer Schüssel, in der sich mit Asche vermischte Linsen befinden, innerhalb kurzer Zeit die genießbaren Linsen auszusortieren. Das klappt, weil dem Aschenputtel diverses zu Hilfe gerufenes Vogelgetier (§ 285a ABGB) dabei beisteht, und zwar eben nach der Devise: „Die guten ins Töpfchen, die schlechten ins Kröpfchen". Sehr hilfreich, diese Viecher. Sie aber müssen selber trennen zwischen „gut" („läuft schon") und schlecht („läuft einstweilen noch nicht").

[26]) Ja, in einer elektronischen Ablage geht das auch. Aber nicht so gut. Sie müssen den Bildschirm scrollen, damit verlieren Sie den Überblick. Ein abgearbeiteter Papierstoß wächst augenfällig, wird immer dicker und schwerer. Das können Sie sehen und fühlen – herrlich! Mit diesen im wahrsten Sinn des Wortes eindrucksvollen Erlebnissen kann Ihr prächtiger Laptop nicht mit.

memorieren. „Nebenbei" wiederholen kann man auch durch die Montage von „Flip-Chart-Plakaten" in der Wohnung: Was sich schwer fassen lassen will, verankern Sie quasi „aus den Augenwinkeln und im Vorübergehen". Ohne dass Sie es bewusst wahrnehmen, bleibt einiges hängen (vorausgesetzt, die optische Gestaltung des Plakats erlaubt das – in Listenform abgefasste „Denkzettel" sind hierfür ungeeignet).

→ Natürlich wiederholen Sie das, was gerade auf dem Wiederholungsplan steht, vollständig. Aber nicht stur in derselben Reihenfolge, in der Sie den Stoff gelernt haben, weil Sie sonst in Gefahr geraten, immer ganze Gedankenketten ablaufen lassen zu müssen, bis Sie zum entscheidenden Punkt gelangen. Nicht jeder Prüfer will geduldig warten, bis Sie Ihre Assoziationsreihe abgearbeitet haben[27])!

→ Hilfreich kann es auch sein, beim Wiederholen den Arbeitsplatz zu wechseln. Damit wird das Gelernte von dem Schauplatz entkoppelt, an dem Sie es sich angeeignet haben. Das macht flexibler und erleichtert das Abrufen der Information. Schließlich müssen Sie ja auch in der Lage sein, den Stoff bei der Prüfung in gänzlich anderer Umgebung zu reproduzieren.

→ Ein ausgezeichneter Wiederholungshelfer ist *Ferdinand,* der „Lerndummy". *Ferdinand* wird Ihnen unten IV.1.b. und V.3.a. zu den Lerntechniken noch mehrfach begegnen: Sie stellen sich in Gedanken jemand an Ihrem Lernfach Interessierten, aber weitgehend Ahnungslosen vor, dem Sie erzählen, was Sie zu Thema x wissen. Ihr Lerndummy *Ferdinand* kann Ihnen selbstverständlich auch Fragen stellen … Allerdings werden Sie *Ferdinand* nur in den ersten Wiederholungsdurchgängen einsetzen: Da er ja ebenso neugierig wie ahnungslos ist, nimmt er viel Zeit in Anspruch; die schenken Sie ihm bei weiteren Wiederholungsrunden nicht mehr.

→ Für das Wiederholen gilt wie für das Aneignen neuen Stoffs: Je komplexer, desto besser[28]). Wenn Sie zum Beispiel Ihrem lieben Verbündeten, dem Lerndummy *Ferdinand,* mit lauter Stimme, also hörbar berichten, und dabei auch noch gestikulieren und vielleicht herumgehen, steigern Sie die Haftkraft des Wiederholten.

→ Zumindest ebenso segensreiche Wirkung wie *Ferdinand* zeitigen natürlich die Mitglieder eines Wiederholungsteams unter Kollegen. Da jeder anders lernt und jeder andere Filter hat[29]), sieht jeder die Dinge auch mit anderen Augen, hört und spürt sie anders. Ein Austausch kann Anstöße geben – vorausgesetzt, das Team funktioniert. Worauf dabei zu achten ist, finden Sie unten VIII.

→ Sehr Zähes können Sie gut verankern, indem Sie es vor dem Schlafengehen noch einmal abrufen. Die „Verdauungspause" während der Nacht ist ja besonders lang, daher verdauen Sie besonders gründlich. Dieser Effekt geht allerdings verloren, wenn Sie sich gleich nach dieser Wiederholung noch Ihrem gerade aktuellen Kriminalroman zuwenden: Aus dem Abschnitt über

---

[27]) Erinnern Sie sich an das Vokabellernen zu Schulzeiten? Da haben Sie sich beim Wiederholen wahrscheinlich auch bunt durcheinander „abfragen" lassen.
[28]) Siehe unten II. 5.
[29]) Vgl unten III.

die Pausen (oben II.1.) wissen Sie, dass Sie wegen drohender Überlagerung unmittelbar nach diesem Wiederholen besonders heiklen Stoffs nichts anderes mehr lesen sollten[30]).

3. Aktiv erarbeiten statt „einfach lesen"

Reines Lesen zeitigt kaum Effekt. Aktives Erarbeiten schafft Lerntiefe – die brauchen Sie! Zu diesem Grundgesetz des Lernens ausführlich unten IV., V. und VI.

4. Ähnliches hemmt. Sinnvolle Abwechslung fördert und motiviert

Meinen Sie, dass die gleichzeitige Befassung mit ähnlichen neuen Themen das Lernen erleichtert? Spanisch und italienisch, Tennis und Squash parallel zu lernen, das kann doch kein Problem sein? Leider ganz im Gegenteil! Wenn Sie von zwei ähnlichen Dingen x und y das z bereits völlig integriert haben, werden Sie sich tatsächlich mit dem daraufgesetzten, verwandten neuen y bedeutend leichter tun als jemand, der von x keine Ahnung hat. Wenn Sie aber zum Beispiel versuchen, sich x und y parallel anzueignen, wobei Sie vorerst weder vom einen noch vom anderen etwas verstehen, werden Sie sich plagen. Sie werden rasch feststellen, dass vieles an x zwar stark an y erinnert, aber gerade dadurch die Verwechslungsgefahr steigt. So ist es auch beim Lernen des Stoffs, mit dem Sie sich während Ihres Jus-Studiums befassen. Vom Phänomen der Überlagerung, der Interferenzen war oben bereits die Rede[31]).

Wenn Sie also innerhalb eines Fachs den Lernstoff abwechseln, indem Sie Teile parallel lernen, die nicht unmittelbar miteinander zu tun haben, erfassen Sie den Stoff leichter. Sie fördern die Vernetzung, stellen Querverbindungen her, mindern das hemmende Schubladendenken. Und Abwechslung motiviert. Wie wäre es also, wenn Sie zum Beispiel im Fach Zivilrecht Ihre Vormittagslerneinheit dem Sachenrecht widmen und die Nachmittagseinheit dem Familienrecht?

Vielleicht gewinnen Sie bei solchem Vorgehen den irritierenden Eindruck, Sie lernten alles „halb" und seien mit nichts „ganz fertig". Das stimmt aber nicht: Unter dem Strich schließen Sie ja in derselben Gesamtzeit Ihr Lernpensum ab, Sie müssten sich also nur im Hinblick auf Ihre Arbeitstechnik umgewöhnen. Wichtig ist dabei, dass Sie Ihren Fortschritt dokumentieren, indem Sie das Erledigte in Ihrem Zeit- und Lernplan laufend abhaken[32]). So überprüfen und sehen Sie, dass es tatsächlich vorangeht.

Bloß kein Missverständnis: Natürlich ist es unsinnig, sachlich Zusammenhängendes aus seiner inneren Verbindung zu reißen, also etwa nach drei Seiten

---

[30]) Und daher auch nicht fernsehen und anderes Überlagerndes, siehe oben II.1.
[31]) Vgl oben II.1.c.
[32]) Siehe 2. Kapitel I.5.

Pfandrecht fliegend zu den Nichtigkeitsgründen der Ehe zu schwenken. Dadurch würden Sie den Blick für die Strukturen verlieren. Wechseln Sie nur unter abgeschlossenen Kapiteln aus unterschiedlichen Abschnitten des Stoffs. Bedenken Sie dabei auch, dass manches Grundlegende vor dem darauf Aufbauenden gelernt werden muss, damit letzteres auch wirklich verstanden werden kann.

Für Sie ganz persönlich!

Gehen Sie Ihr Lehrbuch einmal unter dem gerade beschriebenen Gesichtspunkt durch: Wie könnten Sie den Stoff zugleich sinnvoll und abwechslungsreich aufteilen?

....

....

....

---

5. Je komplexer, desto effizienter

Wir nehmen Informationen auf mehreren Wegen auf. Je mehr Wege man beim Lernen gleichzeitig beschreitet, desto klarer *sieht man*, desto schneller gehen die Dinge *ins Ohr*, desto besser *begreift* man … Auch das ist ein wichtiges Grundgesetz des Lernens.

→ Von dem, was man ausschließlich hört, fasst man im Schnitt gerade 20% auf. Ist das nicht erbärmlich wenig[33])?

→ Von dem, was man ausschließlich sieht, bleiben etwa 30% hängen. Auch nicht überwältigend.

→ Von dem, was man hört und sieht, nimmt man immerhin schon 50% auf. Schon besser!

---

[33]) Probieren Sie Folgendes: Hören Sie sich eine längere Nachrichtensendung im Radio durchschnittlich aufmerksam an und nehmen Sie sie zugleich auf. Nach der Sendung geben Sie zunächst wieder, was Sie sich gemerkt haben. Und dann überprüfen Sie anhand Ihrer Aufnahme, wie viel in Ihrer Gedächtnis-Reproduktion der Sendung fehlt. Sie werden staunen! Interessiert Sie etwas ganz besonders und hören Sie daher streckenweise sehr bewusst zu, werden Sie zwar mehr als ca 20% aufnehmen, weil Sie Ihren Fokus darauf richten. Allerdings kommt es selbst in diesem Fall auch auf die Menge der Informationen an. So oder so: Reines Zuhören ist schwierig!

→ Hört man, sieht man und tut man aktiv selbst etwas dazu (formulieren, fragen, zeichnen, gestikulieren ...), kann man den Aufnahmewert auf bis zu 90% steigern.

→ Und als Krönung: Jede selbst gefundene Erkenntnis merken Sie sich zur Gänze, zu 100%, und nachhaltig!

Sie sehen: Je komplexer, desto effizienter. Je mehr unterschiedliche Lerntechniken unterschiedlicher Ansätze[34]) Sie miteinander kombinieren, desto leichter wird es. Desto mehr verstehen Sie. Desto besser bleibt das Gelernte in Ihrem Gedächtnis verankert. Und Dinge selbst herauszufinden schlägt in seiner Haftkraft alles andere[35]). Nützen Sie das! (Näheres zum aktiven Erarbeiten von Lernstoff unten unter V. und VI.).

6. Bündeln Sie Ihre Kräfte, statt Ressourcen zu verschleudern

Für Sie ganz persönlich!

Hören Sie während des Lernens Radio oder haben Sie gern den i-Pod an den Ohren? Falls ja, dann überlegen Sie nach einem solchen Lerndurchgang bitte Folgendes:

Wie viel von Ihren Kräften setzen Sie wohl für das Lernen ein und wie viel von Ihren Kräften entfällt auf Ihre Geräuschkulisse? Zeichnen Sie auf der Skala von 1 bis 10 unten mit zwei Farbstiften das Verhältnis, das Sie vermuten, ein!

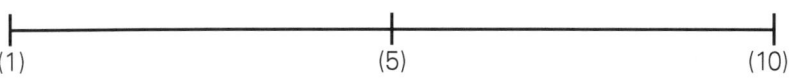

(1)   (5)   (10)

Zur Überprüfung: Können Sie genau wiedergeben, welche Musikstücke Sie in den letzten zehn Minuten gehört haben? Und wie oft haben Sie eigentlich dieselbe Seite in Ihrem Lehrbuch in den vergangenen zehn Minuten gelesen? Wissen Sie im Detail, worum es dort geht?

---

[34]) Dazu unten IV.1.

[35]) Gerade aus diesem Grund ist es auch besonders effektvoll, die Kästchen „Für Sie ganz persönlich!" in diesem Buch nicht nur zu lesen, sondern tatsächlich zu bearbeiten (und zwar immer *vor* dem Weiterlesen – warum wohl?).

Grundgesetz Nummer sechs ist das Gegenstück zu Grundgesetz Nummer fünf. Gerade so, wie es sich empfiehlt, alle Kräfte auf möglichst vielen Ebenen zum Lernen zu bündeln und unterschiedliche Lernmethoden zu doppeln, empfiehlt es sich auch, Ressourcen nicht zu verschleudern. Wer während des Lernens isst, raucht, Musik hört, ja selbst bloß Kaugummi kaut, ist abgelenkt. Auch wenn es Ihnen vielleicht gar nicht bewusst wird, ein Teil Ihrer Kapazität ist durch die Nebentätigkeit gebunden. Legen Sie genügend Pausen ein[36]), wird es Ihnen nicht schwer fallen, sich eine Zeitlang auf die Arbeit zu beschränken. Einzige Ausnahme von diesem Gebot: Stellen Sie sich einen Krug mit Wasser oder (sanft und gesund aufmunternd) grünem Tee auf den Tisch und trinken Sie regelmäßig. Gehirn feuchthalten steigert Lernleistung!

Vermeiden Sie nicht nur Ablenkung durch eigenes Zutun, sondern sorgen Sie auch sonst für Ruhe um sich herum: Weg mit akustischen Störquellen und sonstigen Unruheherden.

 MERKE: Essen, rauchen, Musik hören ... gehören in die Pause!

7. Ordnung, Struktur, Verknüpfung und Reduktion schaffen Tiefe

Zusammenhangloses, Unverstandenes, Sinnentleertes fällt durch den Raster. Wie Sie ordnen, gliedern, strukturieren, verknüpfen und durch richtige Auswahl von überflüssigem Speck befreien, lesen Sie ausführlich unten unter V. und VI.

8. Wie isst man einen Elefanten ...? Das Auf- und Verteilen des Lernstoffs

Ein uralter Witz lautet: *„Wie isst man einen Elefan-ten? In kleinen Portionen ...".* Auch der „Lernelefant" wird portioniert.

Studien zeigen, dass sich die Auf- und Verteilung des Stoffs in doppelter Hinsicht positiv auswirkt: Trennt man Lernende mit demselben Ausgangswissen in Gruppen, deren jede dieselbe Lernaufgabe binnen unterschiedlich langer Zeitspannen zu bewältigen hat, so wird jene Gruppe, die das Lernpensum in den kürzesten Einzel-Einheiten auf den längsten Zeitraum erstreckt, nicht nur insgesamt am wenigsten Lernzeit investieren müssen, sondern auch den besten Prüfungserfolg erzielen[37]). Wer also Pensum x auf eine Woche zu je einer Stunde täglich aufteilt, wird insgesamt sieben Lernstunden aufwenden – und dabei aber im Ergebnis besser abschneiden als jener, der den gleichen Stoff-

---

36) Vgl oben II.1.
37) Ihr Zeitplan wird das berücksichtigen, vgl 2. Kapitel I.4.b. und d.

umfang in zwei Tagen à fünf Stunden zu bewältigen versucht (und damit insgesamt zehn Stunden lang lernt).

 MERKE: Das Schlucken von Elefanten in einem Stück schadet der Gesundheit. Filetieren Sie ihn!

9. Trainiertes Hirn lernt leichter!

Sie werden schon festgestellt haben, dass man in das Lernen eines neuen Themas, aber auch nach Unterbrechungen zum Beispiel durch Krankheit oder Urlaub erst „hineinkommen" muss. Der Beginn ist spürbar gebremst. Das hängt damit zusammen, dass Ihr Gehirn durch die laufende Beanspruchung trainiert und damit geübter wird. Hirntraining erfolgt aber keineswegs nur durch das Erarbeiten Ihres gerade aktuellen Lernstoffs.

Ein Beispiel zum Vergleich. Was denken Sie: Wer wird sich wohl leichter tun, vom Nullniveau an Snowboarden zu lernen – jemand, der bereits jetzt regelmäßig Rad fährt, Schi läuft und joggt – oder jemand, dessen einzige körperliche Betätigung in den vergangenen fünf Jahren darin bestanden hat, sich vom Schreibtisch zum Kühlschrank und wieder zurück zu bewegen? Eben! Was für das Lernen körperlicher Fertigkeiten zutrifft, gilt auch für das Lernen jeglichen geistigen Materials. Je mehr Sie Ihr Gehirn trainieren, egal in welchem Zusammenhang und auf welcher Ebene, desto leichter lernen Sie das, was Sie sich gerade für Ihr Studium aneignen wollen! Hirntraining hat physiologisch messbaren Einfluss auf Gehirn und Nervensystem. Ihr „Zentralcomputer" bildet mit jeder geistigen Anregung neue Synapsen, neue Verbindungen zwischen den Nervenzellen. Lösen Sie daher Sudokus, andere logische Rätselaufgaben, spielen Sie Schach, jonglieren Sie (Hirnhälftentraining[38]), trainieren Sie mit Mnemotechniken Ihre Merkfähigkeit[39]), schreiben Sie Geschichten, lernen Sie Gedichte, merken Sie sich Telefonnummern in Hinkunft auswendig, statt sie in Ihrem Handy zu speichern – und so weiter und so weiter.

10. Erfolgreich lernt, wer mit Freude lernt

Ihre Motivation, Ihr Freisein von Angst, Ihre Neugier, Ihr Interesse spielen für erfolgreiches Lernen eine ganz gewaltige Rolle! Was positiv unterlegt ist, wird viel leichter aufgenommen und behalten. Negative Zugänge blockieren und lähmen. Lesen Sie zu diesem Thema ausführlich im 4. Kapitel I.4.

---

[38]) Siehe Literaturhinweise.
[39]) Siehe Literaturhinweise.

III. Lerntypen. Welcher Lerntyp sind Sie?

„Lernen" heißt Information aufnehmen, durch Vernetzung integrieren und durch Wiederholung so abspeichern, dass Sie sich diese Information dauerhaft merken. Information wird durch den Einsatz der Sinnesorgane gewonnen. Die so entstandenen Eindrücke werden überdies gefiltert. Die Verarbeitung erfolgt durch Auswählen, Vergleichen, Ableiten, Verbinden, Strukturieren.

Die Sinnesorgane stehen als Werkzeuge zwar jedem gleichermaßen zur Verfügung, allerdings wählt jeder aus der Werkzeugkiste bestimmte bevorzugte Instrumente. Ähnliches gilt für die Filter, und auch sie sind individuell. Daher spricht man von unterschiedlichen Lerntypen.

Überdies: Nicht nur der Lerntyp, auch die Art des Lernstoffs bestimmt natürlich den Einsatz der Mittel. Riech- und Geschmackssinn werden für den angehenden Kochkünstler oder Parfumeur eine bedeutendere Rolle spielen als für den angehenden Juristen.

Im Folgenden finden Sie zunächst einige Hinweise zur grundsätzlichen Bestückung der Werkzeugkiste. Danach Fragekästchen, die Ihnen die Einschätzung Ihres eigenen Lerntyps erleichtern.

1. Vom Funktionieren der Sinne und Filter

Wir benützen zur Informationsaufnahme unsere Sinneskanäle und erfahren die Dinge: Visuell, durch die Augen. Auditiv, durch die Ohren. Kinesthetisch, durch Angreifen, Tun, Fühlen. Olfaktorisch, durch die Nase. Gustatorisch, durch den Geschmack.

Jeder dieser Kanäle und jede Art von Informationsgewinnung über die Sinne hat ihre Eigenheiten. Im Folgenden zwei Beispiele, um Ihnen zu zeigen, was damit gemeint ist.

Für Sie ganz persönlich!

Bitten Sie jemanden, Ihnen die folgende kurze Beschreibung vorzulesen:

Pauli ist gut aufgelegt. Er grinst über das ganze Gesicht. Er trägt ein grünes Hemd, eine blaue Hose, braune Schuhe mit schwarzen Schuhbändern und hat ein gelbes Halstuch um. In der rechten Hand hält er einen Rucksack.

Was fällt Ihnen an dieser Art der Informationsdarreichung auf? Ist es schwierig oder leicht für Sie, auf diese Weise etwas über besagten Pauli zu erfahren? Was ist schwierig? Was ist leicht?

....

....

Sie haben eben Informationen über Pauli auf auditivem Weg erworben. Auditive Information erfolgt sequentiell, das heißt, ein Bestandteil folgt dem anderen. Kaum ist das Wort ausgesprochen, ist es auch schon verflogen, Sie müssen also schnell mitdenken. Verweilen Sie zu lang bei der Farbe von Paulis Hose, versäumen Sie, was Ihnen über die Farbe seiner Schuhbänder mitgeteilt wird. Der Berichterstatter ist Ihnen bereits einen oder mehrere Schritte voraus. Dieses Charakteristikum macht Informationsaufnahme durch Zuhören nicht ganz einfach. Andererseits hat das Hören aber auch Vorteile: Es lässt Ihrer Vorstellungskraft Raum und der Sprecher kann mittels Sprachmelodie, Rhythmus, Betonung, Pausen und Tempo gestalten – das alles geht im wahrsten Sinn des Wortes ins Ohr.

Für Sie ganz persönlich!

Hier finden Sie ein Bild von Pauline, Paulis Schwester. Betrachten Sie sie fünf Sekunden lang.

Was fällt Ihnen an dieser Art der Informationsdarreichung auf? Ist es schwierig oder leicht für Sie, auf diese Weise etwas über Pauline zu erfahren? Leichter oder schwieriger als die Aufnahme der Information über Pauli? Was ist schwierig, schwieriger? Was ist leicht, leichter?

Sie erkennen: Visuell dargebotene Information erreicht Sie auf andere Weise als auditive. Sie sehen buchstäblich auf einen Blick, was da ist. Sie sehen alles auf einmal. Was Sie sehen, bleibt, solange Sie hinschauen. Sie können das Bild mit all seinen Einzelheiten, seinen Farben innerlich fotografieren und abspeichern. Allerdings bleibt kein Platz für Phantasie: Paulines Kleidung ist möglicherweise nicht dunkelrosa, sondern eben hellrosa[40]), Punkt, aus.

---

[40]) Und hier, wie Sie sehen, leider grau: Es war aus drucktechnischen Gründen nicht möglich, dieses Buch farbig zu gestalten.

Nicht nur die Sinne mit all ihren unterschiedlichen Eigenheiten, sondern auch die Filter bestimmen, was wir wahrnehmen: Alles sinnlich Aufgenommene wird gefiltert. Nehmen wir an, Sie wollten ein Auto einer bestimmten Marke und Type kaufen. Plötzlich stellen Sie fest, dass es auf der Straße von gerade diesen Wagen förmlich wimmelt ... Tatsächlich haben sich die Fahrzeuge nicht plötzlich wundersam vermehrt, Sie nehmen sie jedoch anders wahr als früher, weil Sie bewusst Ihren Fokus darauf richten. Filter prägen unseren Zugang zu den Dingen und unsere Erkenntnisgewinnung ganz wesentlich (dazu näher gleich unten 2.b. und IV.2.).

2. Welcher Lerntyp sind Sie?

a. Jedem das Seine: Sinneskanäle

Die Fähigkeit, Informationen über die diversen Sinneskanäle aufzunehmen, ist bei jedem Menschen unterschiedlich ausgeprägt. Jeder tendiert in der Regel besonders zu einem bis zweien dieser Kanäle. Daher spricht man von „visuellen, auditiven ... Typen". Wichtig: „Reine" Typen gibt es nicht, nur Mischformen – aber sehr wohl klare Neigungen. Stufen Sie sich selbst ein!

Für Sie ganz persönlich!

Haben Sie einen Verdacht, welches Ihr „Lieblingskanal" ist? Welchen weiteren Kanal setzen Sie bei der Informationsaufnahme in besonderem Maß ein?

....

....

Oft fällt es nicht ganz leicht, sich selbst einem Typus zuzuordnen. Daher Folgendes als Hilfestellung:

→ Überlegen Sie, auf welche Weise Sie bisher erfolgreich gelernt haben. Welche Ihrer Kanäle haben Sie vor allem verwendet? Denken Sie dabei nicht nur an Augen und Ohren, sondern auch an Bewegung und an Gefühl: Gehören Sie zum Beispiel zu jenen, die im Gehen am besten denken können? Die daher zum Beispiel während eines Telefonats aufstehen müssen, damit sich „die Räder im Kopf drehen können"?

→ Auf welche Art haben Sie die Informationen oben über Pauli aufgenommen und wie haben Sie sie rekapituliert? Eine auditiv gut ausgeprägte Person ist in der Lage, einen solchen Text innerlich „zurückzuspulen", er bleibt ihr quasi eine Zeit lang wiedergabefähig im Ohr (das geht natürlich umso leichter, je ausdrucksvoller der Sprecher Ihnen den Text zu Gehör gebracht hat). Jemand, der visuell stark ist, kann die Informationen innerlich sichtbar machen, indem er in Gedanken simultan ein später abrufbares Bild zum Gehörten malt. Möglicherweise haben Sie auch beide Methoden eingesetzt oder noch eine zusätzliche.

→ Wie haben Sie sich das, was Sie nun über Paulis Schwester Pauline wissen, zueigen gemacht, wie haben Sie hier rekapituliert? Vermutlich haben Sie das „gescannte" Bild vor Ihrem geistigen Auge wachgerufen und es danach Stück für Stück beschrieben. Vielleicht haben Sie aber auch bereits beim Betrachten innerlich mitgesprochen, und rufen nun den Text zum Bild ab. Möglicherweise haben Sie beide Vorgangsweisen kombiniert oder noch etwas dazu getan.

→ Wir codieren unsere Sinneserfahrungen sprachlich. Achten Sie daher auf Ihre Ausdrucksweise: Wie würden Sie es spontan nennen, wenn Sie etwas Neues erkannt haben? Vorwiegend visuellen Typen *„wird etwas klar"*, *„sie blicken durch"*, *„es geht ihnen ein Licht auf"* oder zumindest *„dämmert es ihnen"*, sie *„halten sich etwas vor Augen"* und so weiter. Vorwiegend auditiven Typen *„geht etwas ins Ohr"*, dies oder jenes *„klingt gut"*, vielleicht *„klingelt"* es auch … Vorwiegend kinesthetische Typen *„begreifen"*, *„erfassen"* etwas, *„der Groschen fällt"* und dann rufen sie aus *„jetzt hab ich's"* (oder im Fall des traurigen Gegenteils: Sie *„stehen auf der Leitung"* und etwas ist für sie *„nicht greifbar"*…).

b. Jedem das Seine: Filter

Auch Ihre Filter sind individuell. Dabei spielen Ihre bisher erworbenen Erfahrungen eine Rolle, aber auch Ihre momentane Verfassung und der jeweilige Kontext[41]). Gehen Sie das folgende Kästchen durch und bestimmen Sie Ihre Lernfilter, indem Sie sich jeweils eher Typ A oder Typ B zuordnen. Die Bezeichnung der Filter steht in den Fußnoten – blenden Sie die zunächst aus, um frei und unbeeinflusst vorgehen zu können. Vielleicht ergibt sich kein klar umrissenes Bild: Wenn Sie unsicher sind, wählen Sie das, wohin es Sie nach Ihren Erfahrungen stärker und öfter zieht. Hinweise zu den Filtern und dem lerntechnisch sinnvollen Umgang damit finden Sie unten unter IV.2.

---

[41]) Typologien, also Zuordnungen zu bestimmten Kategorien sind natürlich immer nur ein Grobraster zur Orientierungshilfe. Die persönlichen Neigungen können stark variieren, je nachdem, worum es geht: Der beim Schreiben von E-Mails sagenhafte genaue und detailorientierte Herr X erweist sich beim Putzen seiner Wohnung als überaus „großzügig". In dieser Beziehung genügt es ihm, wenn er nicht am Dreck kleben bleibt, während ihm ein Schreibfehler in einem Mail beinahe schlaflose Nächte bereitet … Wir betrachten daher hier nur den einzigen für unsere Zwecke maßgeblichen Ausschnitt: Den des Lernens.

Für Sie ganz persönlich!

Filter Nummer 1[42])

Betrachten Sie Ihre Lernunterlagen: Ist in Ihren Büchern oder Skripten sehr vieles mit mehreren Farben weitgehend flächendeckend unterstrichen (A)?

Könnten Sie sich vorstellen, zu jedem Kapitel des Lernstoffes eine MindMap® oder Gliederung zu erstellen, die höchstens sieben Informationseinheiten in Schlagworten enthält (B)? Hätten Sie in diesem Fall den Eindruck, wesentliche Einzelheiten zu übersehen (A)?

Erstellen Sie lange ausführliche Exzerpte (A) oder fertigen Sie eher knappe Skizzen oder Gliederungen an (B)?

Schreiben Sie in Vorlesungen und Übungen sehr viel mit (A) oder eher nur ein paar Stichworte (B)?

Neigen Sie zum Verzetteln, also dazu, sich in Details zu verbeißen (A)?

Sind Sie in der Regel fähig, auch den Inhalt kleingedruckter Passagen und von Fußnotentext aus Ihrem Lehrbuch wiederzugeben (A)?

Sind Sie fähig, jemandem, der von der Materie keine Ahnung hat, in fünf bis zehn Sätzen zu erklären, worum es im Wesentlichen geht (B)?

Verwenden Sie zur Vorbereitung eines Fachs regelmäßig mehr als insgesamt drei einschlägige Bücher oder Skripten (A)?

Verunsichert Sie die Fülle dessen, was Sie lernen müssen? Haben Sie öfter den Eindruck, Sie würden nie mit dem Lernstoff fertig (A)?

Filter Nummer 2[43])

Gehen Sie beim Lernen streng nach Plan vor? Zum Beispiel: Erst lesen, dann noch einmal lesen und rot unterstreichen, dann herausschreiben, dann … – nie anders (A)? Oder fragen Sie sich täglich neu: Womit beginne ich heute (B)?

Fangen Sie beim Lernen Ihres täglichen Pensums „von vorne an", also bei der ersten zu erarbeitenden Seite (A)? Oder mittendrin, an einem Abschnitt, der das „Hineinspringen" vom Sinnzusammenhang her offenbar erlaubt (B)?

---

[42]) Detail (A) – Überblick (B).
[43]) Regel (A) – Option (B).

Pflegen Sie Lernrituale, wie zum Beispiel „Ordnung am Schreibtisch machen, Notizblock nach links, Bleistift spitzen (der selbstverständlich grün sein muss!), dann beginnen" (A)?

Verwenden Sie meist den gleichen Lernplatz (A)? Wechseln Sie ihn (B)?

Fühlen Sie sich sehr unwohl, wenn Sie einmal Ihr Plansoll nicht erfüllen, weil etwas dazwischen gekommen ist (A)? Gehen Sie eher achselzuckend davon aus, dass es am nächsten Tag schon besser klappen wird (B)?

Filter Nummer 3[44])

Wonach beurteilen Sie in erster Linie Ihr momentanes Können: Nach der termingerechten Erfüllung Ihres Plansolls, also Ihrer abgehakten Liste? (A)? Nach Ihrem „Bauchgefühl" (A)? Danach, wie der Stoff kontrollierbar bei Wiederholungsdurchgängen sitzt (A)? Nach dem Feedback von Kollegen oder Lehrveranstaltungsleitern (B)?

Sind Sie anfällig für „Lern- und Prüfungsgerüchte", etwa von der Gattung „Kollegin X weiß aus ganz sicherer Quelle, welches Thema bei der Prüfung zu bearbeiten sein wird, und auch, dass bei diesem Prüfer stets mindestens 70% der Angetretenen durchfallen" (B)?

Filter Nummer 4[45])

Lernen Sie lieber aus Büchern und Skripten (B) oder tun Sie sich leichter, wenn Sie den Lernstoff von einer Person „live" vermittelt bekommen (A)?

Ist Ihnen die Person wichtig, die Ihnen vorträgt oder Ihnen etwas erklärt? Ist es wesentlich für Ihren Lernerfolg, dass Ihnen der Lehrende sympathisch ist, nehmen Sie von solchen für Sie „positiven Autoritäten" leichter etwas an (A)?

Geht es Ihnen vor allem um Sachinformationen – wie sie verpackt werden und wer sie von sich gibt, ist für Sie zweitrangig (B)?

---

[44]) Am Innen orientiert (A) – am Außen orientiert (B).
[45]) Person (A) – Sache (B).

Filter Nummer 5[46]

Welche Aussage trifft eher auf Sie zu: „Ich beherrsche den Stoff" (A) oder „der Stoff beherrscht mich" (B)?

Melden Sie sich in Übungen und Vorlesungen regelmäßig zuerst zu Wort (A) oder reden Sie erst mit, wenn Sie feststellen, dass andere Teilnehmer aufzeigen (B)?

Sprechen Sie oft schneller als Sie denken (A)?

Filter Nummer 6[47]

Lernen Sie, um die Prüfung zu bestehen? Um Ihr Studium rasch und erfolgreich zu absolvieren (A)?

Lernen Sie, um bei der Prüfung nicht durchzufallen (B)?

IV. Lerntechnik: Jedem Lerntyp das Seine – aber am besten möglichst viel von allem!

Sie sollten nun eine Vorstellung davon haben, mit welchen Ihrer Sinne Sie bevorzugt auf Ihre Umwelt reagieren und welche Filter Sie beim Lernen vor allem prägen. Beachten Sie bitte, dass diese Orientierungen per se nicht „gut" oder „schlecht" sind. Wesentlich ist nur, dass Sie über Ihre Tendenzen möglichst genau Bescheid wissen. Erfolgreich lernen werden Sie nämlich dann, wenn

→ Sie Ihre persönliche Neigungen, Vorlieben und Begabungen nutzen, indem Sie für Ihren Lerntyp besonders geeignete Lerntechniken einsetzen,

→ Sie neue Lernformate auf bisher noch nicht so sehr strapazierten Ebenen ausprobieren,

→ Sie Lernmethoden doppeln und vielgleisig fahren (siehe oben II.5.),

→ Sie in der Lage sind, Ihre Filter bewusster zu steuern,

kurzum, wenn Sie Ihre Auswahlmöglichkeiten verbreitern und ausgewogener handeln können. Je umfangreicher Ihr Arsenal an Lerntechniken, desto eher findet sich das Passende, desto besser lassen sich auch mögliche Lernpannen meistern.

 MERKE: Wer immer dasselbe tut, erhält immer dieselben Resultate. Seien Sie flexibel!

---

[46] Aktiv (A) – Reaktiv (B).

[47] Wie würden Sie diese Filter bezeichnen? Suchen Sie nach dem für Sie passenden Vokabel!

1. Lerntechniken für alle Sinne

Sie als Jurist werden Ihren Lernstoff vor allem mit Hilfe visueller, auditiver und kinesthetischer Techniken erarbeiten. Warum aber nicht auch auf anderen Ebenen experimentieren – wie wäre es zum Beispiel, wenn Sie beim Lernen eine Duftlampe einsetzen würden? Das Einatmen wertvoller (also nicht billiger synthetischer!) ätherischer Öle kann zum Beispiel beruhigen, aber auch anregen[48]).

Die unten aufgezählten Vorschläge für Lerntechniken sind grob in drei Gruppen – visuell, auditiv und kinesthetisch – unterteilt. Eine lupenreine Zuordnung zu den Gruppen ist allerdings nicht möglich: Wer zum Beispiel eine Mind-Map* anfertigt, arbeitet visuell und sprachlich-logisch zugleich, und wenn er begleitend laut mitspricht, auch auditiv. Die Zuordnung bezieht sich daher nur auf die Schwerpunkte der jeweiligen Technik.

a. Visuelle Lerntechniken

Sie werden sich vor allem mit Lehrbüchern plagen, deren Seiten dicht bedruckt und die kaum optisch aufgelockert sind. Daher:
→ Verfassen Sie optisch eindrucksvolle Exzerpte[49]). Was heißt optisch eindrucksvoll? Im wahrsten Sinne des Wortes *anschaulich* …
  - Kurz: Kein Abschreiben ganzer Sätze, sondern Beschränkung auf Schlagworte. Mehr Weiß auf dem Papier als Schwarz, Sie wollen ja nicht mit dem Lehrbuch konkurrieren.
  - Groß: Din A4-Format oder größere Karteikarten, keine Mini-Kritzeleien auf Notizzettelchen: Ihr Auge braucht Raum, um Strukturen zu erkennen und den Überblick (Über*blick*!) zu bewahren.
  - Klar, übersichtlich (über*sichtlich*!), durch graphische Aufbereitung gegliedert (1., 2., 3. … oder Aufzählungspunkte; Kästchen; Kreise; Pfeile; Striche, mit denen Sie Unterteilungen markieren; Schemata, Tabellen, Diagramme, Gegenüberstellungen …).
  - Farbig. Verwenden Sie im Text mehrere Farben, aber nicht mehr als insgesamt drei (einschließlich der Schreibfarbe), sonst geht der gewünschte Effekt verloren: Farbe wirkt wie ein Schlaglicht, wie ein Scheinwerfer, den Sie auf etwas richten. Beleuchten Sie zu viel, werden Sie geblendet. Überlegen Sie, welche Farbe wofür passt: Vielleicht ist Wichtiges für Sie grundsätzlich rot zu schreiben, während weniger Wichtiges, aber dennoch Hervorhebenswürdiges zum Lernthema Wertpapierrecht für Sie *„selbstverständlich blau"* zu gestalten sein mag und zum Thema Gesellschaftsrecht *„natürlich grün, was denn sonst?"*. Bleiben Sie bei einem einmal entwickelten Farbsystem. Sie können auch für jedes große Stoffgebiet Karteikarten mit andersfarbigem Grund verwenden.
  - Unterstreichen Sie Wichtiges, wie Überbegriffe, Fachvokabel, das Schlagwort, das den „springenden Punkt" benennt. Unterstreichen Sie auch far-

---

[48]) Sie finden im Fachhandel zahlreiche Bücher über die nicht zu unterschätzende Wirkung von Aromastoffen auf die seelische Stimmung und die geistige Aufnahmebereitschaft, siehe auch Literaturhinweise.
[49]) Zum Aufbau eines lerngerechten Exzerpts ausführlich unten V.3.b. und VI.

big, aber achten Sie darauf, nicht zu viele Farben in Text und Unterstreichungen zusammenzubringen, siehe gerade oben im vorigen Punkt.

- In Ihrer Handschrift, sofern lesbar … Handschriftliches wirkt näher, unmittelbarer, persönlicher, individueller, als wenn Sie Exzerpte am PC verfassen. Überdies können Sie mit raschen Strichen graphisch gestalten und zeichnen. Mit einem Textverarbeitungsprogramm funktioniert das zwar auch, gestaltet sich aber oft kompliziert, verführt also zum Spielen und frisst damit Zeit. Außerdem zwingt Handschrift zur Kürze: Die Computerschrift ist kleiner, das verleitet zum Ausschweifen.
- Zeichnen Sie. Ein Bild sagt mehr als tausend Worte! Keine detailreichen Kunstwerke, sondern kleine Piktogramme[50]) und graphische Symbole. Strichmanderln. Smileys.
- Markieren Sie Wichtiges durch dicke farbige Rufzeichen und Unklares durch Fragezeichen am Rand.
- Bauen Sie visuelle Eselsbrücken, indem Sie zum Beispiel Zusammengehörendes, das denselben Anfangsbuchstaben hat, untereinander schreiben und die Anfangsbuchstaben jeweils in derselben Farbe halten[51]).
- Fertigen Sie MindMaps® an, auch das groß und übersichtlich. MindMaps® zwingen zur Kürze und zeigen Strukturen: Eine hervorragende, unter anderem auch stark visuell betonte Lerntechnik auf gegliederten logischen Ebenen[52]).

→ Wenn Sie in Ihrem Lehrbuch visuell arbeiten, lockern Sie es auf, statt es zusätzlich zu verdichten.

- Schreiben Sie Schlagworte an den Rand. Nur Schlagworte. Lesbar, größer als die Druckbuchstaben und sparsam. Glossieren Sie durch Rufzeichen, Fragezeichen, Piktogramme.
- Unterstreichen Sie, aber sparsam und sinnvoll. Unterstreichen Sie keine ganzen Sätze, sondern nur einzelne Schlüsselworte. Entziehen Sie sich dabei dem Sog der Grammatik: Nur weil Sie das Satzsubjekt unterstrichen haben, brauchen Sie keineswegs auch das Prädikat zu unterstreichen, obwohl es grammatikalisch gesehen natürlich dazugehört … Unterstreichen Sie keine Kapitelüberschriften: Die stehen ohnedies meist in der Mitte, fettgedruckt und in größeren Buchstaben – wozu also noch etwas Zusätzliches?
- Wenn Sie farbig unterstreichen, was sich empfiehlt: Nicht mehr als drei Farben insgesamt, wie auch bei den Exzerpten. Finden Sie ein passendes Farbsystem und bleiben Sie dabei. Oft verwandeln sich Lehrbücher unter den Stiften des Bearbeiters in ein Meer aus bunten Feldern und Strichen. Damit zerstören Sie die „Spotlight-Wirkung".

→ Gestalten Sie Plakate aus Flip-Chart-Bögen. Kleben Sie sie an die Wand, wenn es Ihr Wohnraum (und Ihre allfälligen Mitbewohner) zulassen. Man

---

[50]) Piktogramme sind zum Beispiel die Verkehrszeichen, also ganz reduzierte, abgeschlankte bildliche Darstellungen.
[51]) Vgl das Beispiel unten VI.2.
[52]) Dazu ausführlich unten V.3.b.cc., Beispiele unten VI. 7. und 8.

nimmt sehr viel unterschwellig auf, einfach dadurch, dass man es immer wieder sieht.

→ Nicht alles Optische müssen Sie zu Papier bringen. Arbeiten Sie auch mit inneren Bildern und Filmen. Holen Sie sich diese Bilder und Filme immer wieder kurz her, lassen Sie sie vor Ihrem inneren Auge kurz aufblitzen, kurz ablaufen.

→ Spielen Sie mit inneren Bildern: Wenn Sie sich zum Beispiel einen bestimmten Fachausdruck oder Paragraphen nicht merken, dann schreiben Sie ihn in der „für Sie richtigen Farbe" in Gedanken in die Luft. Lassen Sie den Schriftzug blinken, rahmen Sie ihn ein, zoomen Sie ihn her und schieben Sie ihn weg, beleuchten Sie ihn, lassen Sie ihn links und rechts herum rotieren, und so weiter … Besonders gehirngerecht wird diese Übung, wenn Sie Ihre Augen dabei nach rechts oben richten und dort Ihren virtuellen Schriftzug sehen: Sie regen damit gerade jene Hirnpartien an, die für die visuelle Vorstellungskraft zuständig sind.

→ Auch mit Sprache kann man im übertragenen Sinne malen. Finden Sie bildhafte Formulierungen (*„Ein Vertrag auf Basis Allgemeiner Geschäftsbedingungen, ist ein Vertrag von der Stange"*[53])).

b. Auditive Lerntechniken

→ Lesen Sie laut. Sprechen Sie sich den Lernstoff laut vor, auch bei Wiederholungen, sodass Sie Ihre Stimme hören können.

→ Finden Sie eigene einprägsame Schlagworte, aussagekräftige Formulierungen und kurze Merksätze, die sich gut anhören und die Sie sich laut vorsprechen (*„Wer handlungsfähig ist, ist auch rechtsfähig – aber nicht umgekehrt". „Vollmacht nach außen, Auftrag nach innen". „Ein Beauftragter muss, ein Ermächtigter darf, ein Bevollmächtigter kann". „Ein Treuhänder kann mehr als er darf".*) Das wirkt wie ein Slogan. Slogans fassen zentrale Aussagen kompakt und treffend zusammen. Denken Sie an politische Slogans (*„Atomkraft – nein danke"* oder an den US-amerikanischen Wahlkampf 2012: *„Four more years"* contra *„one more day"*). Denken Sie an die Werbung (*„Katzen würden Whiskas kaufen"*). Kurz und knackig. Das bleibt Ihnen in den Ohren (*„Ohrwurm"*)!

→ Fassen Sie Inhalte in kurzen Sätzen zusammen, sprechen Sie sie laut aus.

→ Falls Ihr Lernschauplatz lautes Sprechen nicht erlaubt, so sprechen Sie beim Lesen und Lernen zumindest innerlich mit, formulieren Sie für Ihr inneres Ohr Schlagworte, Merksätze, kurze Zusammenfassungen.

→ Schaffen Sie Kennwortketten für Beispiele, mit denen Sie arbeiten (*„Kaffeemaschinenexplosions-Fall – Produkthaftung"*).

→ Sprechen Sie sich Strukturen vor (Zum Beispiel: *„Erstens, Motiv- oder Geschäftsirrtum; zweitens § 871; drittens, wesentlich – unwesentlich"*). Sie haben damit zugleich Tatbestandsmerkmale (hier: der Irrtumsanfechtung bzw -an-

---

[53]) *Krejci*, Privatrecht[8] (2010) Rz 214. Anschaulicher (*anschaulicher!*) kann man es nicht sagen!

passung), Lösungsschema und Ablauf im Ohr. Außerdem hilft der Rhythmus, der dabei hörbar wird.

→ Versuchen Sie, Reime zu bilden. Sie erinnern sich noch aus Ihren Schulzeiten an „333 – bei Issos Keilerei" (dass es dabei um Alexander den Großen und einen gewissen Darius ging, ist vielleicht auch noch verankert ... Der Reim ist es jedenfalls).

→ Auch andere Sprachspielereien hören Sie möglicherweise gern. Etwas nach dem Vorbild der bekannten Grammatikregel: *„Wer brauchen ohne „zu" gebraucht, braucht brauchen nicht zu brauchen".*

→ Schaffen Sie auch auf andere Weise akustische Eselsbrücken (*„Die vier E des außerbücherlichen Eigentumserwerbs: Enteignung, Ersitzung, Einantwortung, Exekution*[54])*").

→ Erzählen Sie, was Sie sich an Lernstoff angeeignet haben, laut einem virtuellen Zuhörer: *Ferdinand,* Ihrem bereits bekannten Lerndummy. Je unbedarfter und ahnungsloser Sie sich *Ferdinand* denken, desto besser. Wenn Sie formulieren müssen, was Sie glauben, verstanden zu haben, merken Sie erst, ob Sie es wirklich verstanden haben. Das laute Sprechen geht Ihnen überdies ins Ohr und bleibt im Ohr. Erlauben Sie *Ferdinand,* dem Lerndummy auch, Ihnen Fragen zu stellen, leihen Sie ihm zu diesem Zweck Ihre Stimme.

→ Nehmen Sie sich beim Sprechen über Fachliches auf, spielen Sie das Aufgenommene ab und hören Sie sich selbst zu[55]).

→ Besuchen Sie Lehrveranstaltungen. Warum wohl heißt der *Hörsaal* so ...[56])

→ Auch mit dem inneren Ohr kann man spielen: Nehmen Sie sich einen Satz, ein Vokabel, einen Paragraphen, den Sie sich bisher schlecht gemerkt haben. Sprechen Sie ihn innerlich aus, hören Sie in den Klang hinein. Stellen Sie sich nun vor, Sie säßen als Tontechniker an einem Mischpult und könnten mit Hilfe der Regler Töne verändern. Lassen Sie das Merkobjekt abwechselnd leiser, lauter, höher, tiefer, anschwellend, abschwellend und so weiter klingen.

→ Singen Sie sich Definitionen vor, mit lauter Stimme oder nur innerlich. Was, singen? Warum denn nicht...?

---

[54]) Vgl das Beispiel unten VI.2.
[55]) Das ist auch eine lehrreiche Übung zur rhetorischen Vorbereitung auf mündliche Prüfungen (dazu 5. Kapitel III. 2. c. und d.): Wie formulieren Sie, wie klingen Sie? Sicher? Zweifelnd? Strukturiert? Chaotisch? Exakt? Unbeholfen? Hören Sie sich von der Warte eines Prüfers aus: Was würden Sie an seiner Stelle von Ihrem Auftritt halten?
[56]) Obwohl er freilich auch „Sehsaal" sein kann, ein „Fühlsaal", ein Übungs- und Experimentiersaal ... und manches mehr.

c. Kinesthetische Lerntechniken

→ Ein ganz schlichter kinesthetischer Lernfaktor: Sie fassen einen Bleistift an und Ihre Karteikarten, Sie schreiben, Sie blättern … Was für ein Unterschied zum Tippen in den PC, wie viel unmittelbarer!

→ Gehen Sie herum, während Sie gelesene Information für sich formulieren, rekapitulieren und integrieren.

→ Gehen Sie auch während des Wiederholens.

→ Gestikulieren Sie während des Lernens. Mit dem Körper lassen sich zum Beispiel sehr eindrucksvoll (*eindrucksvoll!*) Standpunkte andeuten: *Schritt nach links – „der VfGH", Schritt nach rechts – „die Lehre". Geste mit der einen Hand – „einerseits Vertragsfreiheit", Geste mit der anderen Hand – „andererseits Vertrauensschutz". Drei Schritte in einer Reihe vorwärts – „Die VwGH-Judikatur zu Thema x gestern, heute, morgen". Aufzählen mit Hilfe der Finger – „Tatbestandsmerkmale x, y und z").*

→ Laufen Sie gern und regelmäßig? Dann denken Sie während des Laufens über Gelerntes nach. Vielleicht *läuft Ihnen dabei eine Lösung zu*, auf die Sie im Stillstand (oder besser: „Stillsitz") am Schreibtisch nie gekommen wären.

→ Konkrete Beispiele gestalten das Theoretisch-Diffuse, Nebulose *greifbar*.

→ Machen Sie Rechtsfälle zu Ihrer eigenen Geschichte, tun Sie, als sei gerade Ihnen das zugestoßen, worum es sich handelt. Fragen Sie sich: *„Wie würde es mir gehen, wenn …?".* Sie versetzen (*versetzen!*) sich damit in die handelnden Personen hinein. Sie reichern „fremde Geschichten" mit Ihren eigenen Gefühlen an, sie werden dadurch viel plastischer.

→ Prozess-Spiele (wie die Moot Court-Veranstaltungen), Rollenspiele sind hervorragende, unter anderem auch kinesthetische Lerntechniken.

Für Sie ganz persönlich!

Welche von den oben angeführten Lerntechniken haben Sie bereits bisher verwendet?

....

Welche zusätzlichen Techniken, die Sie bisher nicht eingesetzt hatten, werden Sie in Hinkunft verwenden?

....

Wie könnten Sie von Ihnen ausgewählte Lerntechniken doppeln (oben II.5.)? Wie werden Sie das konkret anstellen?

....

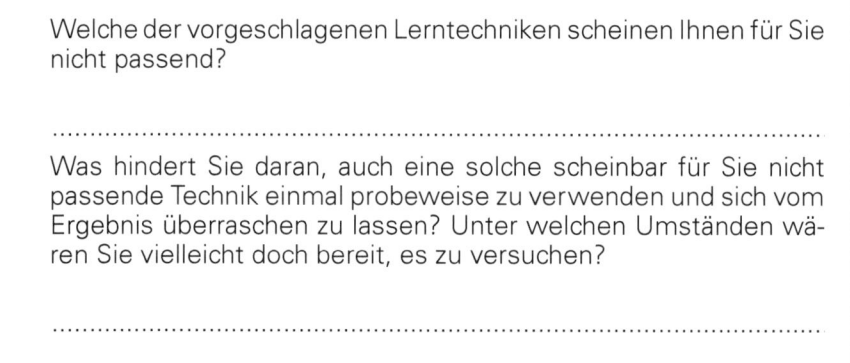

Welche der vorgeschlagenen Lerntechniken scheinen Ihnen für Sie
nicht passend?

....

Was hindert Sie daran, auch eine solche scheinbar für Sie nicht
passende Technik einmal probeweise zu verwenden und sich vom
Ergebnis überraschen zu lassen? Unter welchen Umständen wären Sie vielleicht doch bereit, es zu versuchen?

....

2. Denkanstöße zu den Filtern

Oben III.2.b. haben Sie versucht, durch Beantwortung zahlreicher Fragen
Ihre Lernfilter festzustellen. Was ist dazu zu sagen?

a. Filter Nummer 1

Sind die A-Antworten in der Überzahl, scheinen Sie eher detailorientiert zu
lernen. Neigen Sie eher zu den B-Antworten, orientieren Sie sich mehr am Überblick.

Detailorientierte Lerner erstaunen andere oft mit ihren Kenntnissen („*die
weiß ja wirklich alles, unglaublich!*") und haben beim Lernen von Juristischem den
Vorteil, dass es hier meist auf Exaktheit und Details ankommt: Sicher haben Sie
schon erlebt, dass es genügt, eine Frage nur ein wenig umzuformulieren oder in
einem Rechtsfall eine Kleinigkeit zu verändern – und schon ergibt sich eine ganz
andere Lösung. Wer zu den detailorientierten Lernern zählt, hat den Blick für diese
Dinge. Er kennt divergierende Lehrmeinungen und unterschiedliche Standpunkte
von Lehre und Rechtsprechung nicht nur in schlichter Version, sondern mit allen
Fassetten. Der Detailbetonte verliert jedoch leicht die Orientierung und verirrt
sich im Jus-Dschungel. Auch neigt er zu Unsicherheit, weil er an der Fülle der
Einzelheiten verzweifelt und oft das Gefühl hat, mit dem Stoff nicht vom Fleck zu
kommen.

Der überblicksorientierte Lerntyp hingegen verzettelt sich nicht, sieht das
Wesentliche, sieht Umriss und Struktur, ist rascher, wird nicht so leicht betriebsblind, merkt sich das Gelernte besser. Er bleibt aber auch leicht an der Oberfläche
haften, entwickelt nicht ausreichend Problemsicht. Er glaubt, zu wissen. Er weiß
auch – und weiß doch zu wenig, ohne zu wissen, wovon …

Empfehlenswert ist die Mischung aus Detail und Überblick. Hilfsmittel für
die Bewältigung dieses Spagats (der gerade auch bei Ihrem Studium und vor allem

beim Lernen umfangreichen und komplexen Stoffs zu den schwierigsten Übungen zählt!), finden Sie unten V. und VI.

b. Filter Nummer 2

Typ A handelt grundsätzlich regelorientiert, Typ B lässt sich eher Optionen offen. Unter angehenden Juristen finden sich erfahrungsgemäß besonders viele Regelorientierte (ist das wirklich überraschend?). Lerntechnisch gesehen haben gleichförmige Abläufe und Ordnung jedenfalls für das Lernen juristischer Themen Vorteile, Sie erleichtern Ihrem Gehirn dadurch das Arbeiten. Zur Abwechslung aber einmal „rechts herum statt links herum" (oder umgekehrt) – könnte das nicht neuen Schwung auch für Ihre Motivation bedeuten? Achten Sie bei allen optionalen Ansätzen allerdings immer darauf, zu kontrollieren, ob Sie Ihr Soll tatsächlich erfüllen!

Keine Sorge, falls Sie eher zu den holistischen (ganzheitlich-intuitiven) Denkern zählen: Mit wachsender Übung kommt bei aller empfehlenswerten Strukturiertheit auch die Intuition, das „ganzheitliche Erfassen" von Rechtsproblemen nicht zu kurz. Sie werden erleben, dass sich neben dem strukturiert erfassten Wissen immer mehr „Gefühl" für die Dinge einstellt. Näheres dazu finden Sie auch im 5. Kapitel IV.3.a.

c. Filter Nummer 3

Typ A misst sich an sich selbst und seinem eigenen Maßstab, Typ B am Urteil anderer. Beides ist sinnvoll: Eigene Nabelbeschau ohne Blick nach außen schafft Scheuklappen, Vergleichen zu Orientierungszwecken ist gesund. Nur auf das Urteil anderer Wert zu legen, macht wiederum abhängig und unsicher. Also kombinieren Sie beides! Sie können Ihren Hang zum *„ich will bestätigt bekommen, dass etwas vorangeht"* auch dadurch unterstützen, dass Sie Ihren Lernplan laufend abhaken und diese äußeren Zeichen Ihres Erfolgs immer wieder erfreut betrachten. Zwar erhalten Sie dabei kein Feedback von dritter Seite – aber Sie sehen sich selbst auf diese Weise „von außen".

d. Filter Nummer 4

Menschen vom Schlag A lernen besser, wenn der Lernstoff durch Personen, die ihn vermitteln, lebendig wird, wenn er also quasi Gesicht, Stimme und Gestalt hat. Auch ist wesentlich, dass der Lernende den Lehrenden schätzt. B-Typen streben vor allem nach Sachinformation. Schriftliches reicht bzw wird der „Live-Darbietung" durch eine Person sogar vorgezogen. Sympathien und Antipathien sind ohne Belang.

Nützen Sie Ihre A-Neigung, indem Sie sich für Sie eindrucksvolle Vortragende gönnen, Sie werden die Informationen dadurch besser koppeln können. Lassen Sie dennoch andere Mittel der Informationsbeschaffung nicht links liegen, freunden Sie sich damit an, Ihren Fokus vermehrt auf die Sache zu richten – und vor allem, glauben Sie dem geschätzten Lehrenden nicht völlig kritiklos alles, nur weil ER oder SIE es sagt …

B-Typen wiederum können ihren Aktionsradius gewinnbringend erweitern, wenn sie sich Sachinformationen auch durch „besondere Personen" nahe bringen lassen. Sie erschließen sich damit frische Perspektiven und neue Zugänge.

e. Filter Nummer 5

Manche agieren und packen von sich aus zu (A). Andere brauchen einen Anstoß von außen und wollen reagieren (B). Auch hier gilt wieder: Beides ist in Ordnung! Zuerst zu denken und dann zu tun, hat seine Vorteile: Man erspart sich (überflüssige[57])) Fehler und damit Zeit und Energie. Wer freilich zu lang denkt und zu sehr zögert, muss sich hinter den Umtriebigeren anstellen, verpasst Chancen, sich zu erproben, versäumt Möglichkeiten, Eindruck zu hinterlassen und wird leicht unsicher. Daher für die eher Reaktiven: Trauen Sie sich! Und für die Zupackenden: Zuerst kurz durchatmen, überlegen – und dann handeln!

f. Filter Nummer 6

Ob Sie diese Muster als „positive Perspektive – negative Perspektive" oder als „Hin – Weg" oder noch anders bezeichnen wollen: Sie ahnen schon, dass der Zugang von Typ A und Typ B zur gestellten Aufgabe ein ganz anderer sein wird, je nachdem, worauf der Fokus gerichtet ist. Das ist so wie beim berühmten halb vollen und halb leeren Glas Wasser. Anders als bei den bisher dargestellten Filtern ist hier eindeutig und ausschließlich A vorzuziehen! Falls Sie bisher eher zu B tendiert haben: Drehen Sie sich mental in Richtung A, Sie werden besser lernen und Ihre Motivation stärken[58])!

V. So viel! So komplex! Vom Umgang mit großen Stoffmengen

Die folgenden lerntechnischen Hinweise helfen Ihnen natürlich auch beim Erarbeiten geringerer Stoffmengen. Für das Bewältigen umfangreicher und komplexer Gebiete sind sie geradezu unentbehrlich. Da wird das Lernen zur besonderen Herausforderung: Sie sind gefährdet, den Überblick zu verlieren und sich in Details zu verfangen. Überdies wirkt es abschreckend, wenn Sie vor dem Lernstoff eines bestimmten Faches stehen wie der Zwerg vor dem Berg, und sich fragen: *„Wie und wann werde ich da bloß jemals hinaufgelangen und den Gipfel erreichen"*?

---

[57]) Achtung: Fehler sind ein natürlicher Bestandteil des Lernprozesses, sie fördern den Fortschritt, wenn man richtig damit umgeht (dazu 4. Kapitel II.1.). Hier sind also nur die vermeidbaren, gewissermaßen „dummen" Fehler gemeint.
[58]) Oben II.10; 4. Kapitel I.4.; 5. Kapitel II.2.a.dd, III.5., IV.4.

1. Das Bild vom „Lernbaum"

Stellen Sie sich vor, Sie sollten innerhalb von drei Sekunden einen Baum zeichnen. Werden Sie beginnen, indem Sie kleine Äpfel und Blätter malen?

Das werden Sie nicht! Sie werden eher so etwas skizzieren:

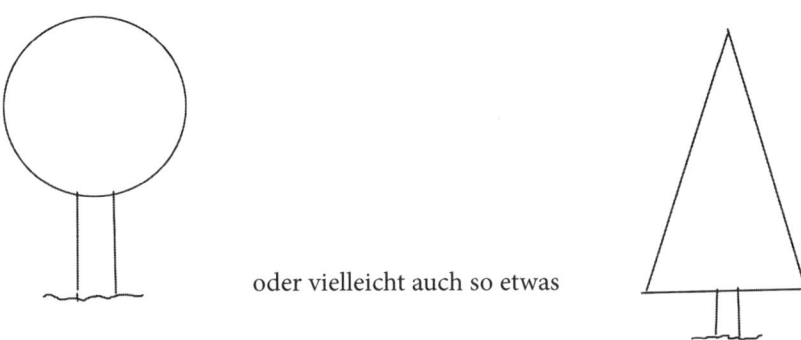

oder vielleicht auch so etwas

Das ist zwar stilisiert, aber jeder erkennt auf den allerersten Blick: Aha! Ein Baum!

Haben Sie ein bisschen mehr Zeit für Ihre Aufgabe, werden Sie als nächstes Äste einzeichnen. Zuerst die kräftigeren, dann auch die dünneren. Und erst danach eine steigende Anzahl von Äpfeln und Blättern.

Richtiges Lernen bedeutet: Erst reduzieren. Dann elaborieren. Dann wieder reduzieren. Dann weiter elaborieren. Dann wieder reduzieren. Und so weiter[59]).

Reduzieren heißt, die Kontur, den Umriss, die Gestalt des Themas, die Gliederung in Haupt- und Unterebenen zu erkennen, innere Verbindungslinien zu finden: Es geht also um die minimalistische Skizze des Baums und um das Einzeichnen der dicken Äste. Das setzt die Beschränkung auf das Wesentliche, ein Auswählen voraus. Elaborieren wiederum heißt anreichern, verbreitern, vergleichen, vernetzen, anwenden, üben. Hier arbeiten Sie an den Einzelheiten Ihres Baumbildes: Ganz dünne Ästchen, Äpfel und Blätter.

Äpfel und Blätter können nicht in der Luft hängen. Ohne Baum, ohne Äste fallen sie hinunter.... Genau das geschieht, wenn Sie den Details nichts bieten, woran sie anwachsen und sich festhalten können[60]). Unstrukturiertes ohne Überblick erfasst man nicht und merkt man sich nicht. Daher beginnen Sie stets mit Reduktion.

---

[59]) Und natürlich auch: Regelmäßig wiederholen, siehe oben II.2.
[60]) Vergleichen Sie dazu unten V.3.b.cc. auch das Beispiel „Einkaufszettel".

MERKE: Reduktion schafft Tiefe!

Das mag im ersten Moment paradox klingen, ist es aber nicht. Was Sie im reduzierten Modus einmal erkannt und integriert haben, bleibt haften. Details werden Sie nach jeder (!) Prüfung mangels fortgesetzter Wiederholung vergessen – die Essenz des Gelernten hingegen nie.

Dem Reduzieren folgt das Elaborieren. Mit jedem Ausarbeitungsschritt dringen Sie weiter in die Materie vor. Da man aber auch dann, wenn man Überblick und Gliederungsebenen zunächst gut sieht, über den folgenden zu lernenden Einzelheiten den Blick für diese Grundlagen zu verlieren droht, müssen Sie immer wieder dazu zurückkehren[61]).

 MERKE: Immer wieder back to the basics – sonst sehen Sie bald den Baum vor lauter Äpfeln (oder: den Wald vor lauter Bäumen ...) nicht mehr.

Die einzelnen Lernphasen sind nicht scharf voneinander zu trennen, die Grenzen verlaufen fließend. Wenn Sie zum Beispiel im Rahmen fortgeschrittener Elaboration anspruchsvollere Fälle lösen, werden Sie wahrscheinlich erkennen, dass Sie die Grundform Baum oder eine Gliederungsebene Ast nicht exakt oder unvollständig gezeichnet haben, Sie werden also nachbessern. Sie verstehen das bereits Gelernte dadurch (noch) genauer und lernen mit jedem Nachbesserungs-Schritt dazu.

 MERKE:
1. Nur die Abfolge „Überblick und Struktur – Details – noch kleinere Details" ist lerntechnisch sinnvoll.
2. Erfolgreiches Lernen heißt wiederholtes Pendeln zwischen Reduktion und Elaboration.

Im Folgenden geht es darum, anhand des Bildes vom Baum die einzelnen Lernschritte zu verdeutlichen und Ihnen die Mittel zu Reduktion und Elaboration zu zeigen.

---

[61]) Das gilt ganz speziell, wenn Sie sich zu den detailorientierten Lernern zählen, vergleiche oben III.2.b. und IV.2.a. zu Filter Nummer 1.

2. Der Einstieg

Schauen Sie, wenn Sie ein neues Lernthema anpacken, zunächst in das Inhaltsverzeichnis von Lehrbuch oder Skriptum. Das werden Sie natürlich ohnedies tun, sobald Sie Ihren Zeit- und Lernplan erstellen[62]). Dort ist die Perspektive aber eine ganz andere als hier: Dort haben Sie gefragt *„wie viele Seiten sind das? Wie viele Seiten kann ich realistischerweise pro Tag erarbeiten? Wie viel Zeit muss ich also für das Lernen dieses Fachs bis zur Prüfung veranschlagen"*? Hier steht hingegen nicht Quantitatives, sondern Qualitatives zur Debatte: *„Welche Teile, Kapitel, Unterabschnitte gibt es hier? Wovon handeln die jeweils (nur ganz ungefähr)"*?

Falls Sie mit dem aktuellen Lernfach bereits einmal zu tun hatten, etwa im Rahmen von Einführungslehrveranstaltungen, lohnt es sich, das alte, damals benützte Skriptum, Lehrbuch oder ehemalige Mitschriften und Exzerpte wieder zur Hand zu nehmen. Anknüpfen an bereits Bekanntes fördert Durch- und Überblick[63])! Achten Sie besonders auch auf Ihre persönlichen Anmerkungen, Schlagworte und Glossen. Lesen Sie all diese Antiquitäten aber nur quer, verlieren Sie sich nicht in Einzelheiten. Die kommen, wie Sie wissen, erst später. Einstweilen fragen Sie sich sinngemäß nur: *„Welcher Wald oder Obstgarten ist das? Welche Baumgruppen gibt es? Wieviele? Nadel- oder Laubbäume? Welche Obstsorten?"* Sie zeichnen lediglich die Umrisse des Baums und die allerstärksten Äste, diese erste Lernphase dient nur der Reduktion.

3. Das Erarbeiten des Stoffs

Hier geht es nun vom Reduzieren zum Elaborieren und wieder zurück, in mehreren Schritten und mit gleitenden Übergängen. Ihre ersten ein, zwei Lese- und Lernrunden dienen in erster Linie der Strukturfindung, Sie sind also in diesem Stadium immer noch bei den Umrissen des Lernbaums und bei den dicken Ästen. Doch treten mit jedem weiteren Bearbeitungsdurchgang allmählich auch die dünneren Äste und weitere Verzweigungen hervor. Auch wird bereits erkennbar, dass der Baum rote Früchte trägt und viele kleine Blätter, und zwar runde … Mit jedem Bearbeitungsschritt sehen Sie näher hin und erkennen immer mehr Einzelheiten. Sie kehren aber auch immer wieder zurück zur Basis. Also: *„Baumgestalt – dicke Äste – dünne Äste – rote Früchte – Äpfel – wie sehen die Konturen des Baums aus, wo und wie verzweigt er sich – mittelgroße Äpfel – so und so viele Äpfel – runde Blätter – runde Blätter mit gezacktem Rand – wie sehen die Konturen des Baums aus, wo und wie verzweigt er sich …"* und so weiter.

Sie erarbeiten den Stoff aktiv[64]) und gehirngerecht, und gehen dabei vor wie folgt.

---

[62]) Vgl 2. Kapitel.
[63]) Vgl oben I. und II.4.
[64]) „Aktives Lernen" zählt zu den zehn Grundgesetzen des Lernens, oben II.3.

a. Aktiv …

Nach Ihrem Einstiegsblick in Inhaltsverzeichnis und früher benützte einschlägige Unterlagen beginnen Sie mit dem Lesen Ihres Lehrbuchs oder Skriptums – das müssen Sie, um an Ihr Lernmaterial zu kommen. Wer aber stolz berichtet, *„ich habe das Lehrbuch Band I schon zwei Mal durchgelesen, das wär's, und jetzt mach ich mich an Band II"*, wird sicher scheitern: Der Stoff wurde nicht aktiv erarbeitet, sondern eben „nur gelesen".

 MERKE: Reines, passives „vor sich hin Lesen" allein ist zum Lernen ungeeignet!

So erarbeiten Sie die Inhalte aktiv:

aa. Gleich ab Ihrer „Ersten Lesung" …

→ Wenden Sie von Beginn an die unter IV. vorgeschlagenen visuellen, auditiven, kinesthetischen Lerntechniken an. Je komplexer, desto besser (oben II.5.).

→ Unterstreichen Sie, glossieren Sie.

→ Einprägsame Schlag- und Schlüsselwörter heben das Wesentliche hervor (und helfen beim Wiederholen).

→ Formulieren Sie Ihre Erkenntnisse auch in vollständigen Sätzen. Formulieren Sie, was im Lehrbuch steht, anders, neu (und prüfen Sie dabei: Stimmt das auch, so wie ich es sage? Fehlt etwas?).

→ Entwerfen Sie selbst (neue) Überschriften.

→ Stellen Sie konkrete Fragen zum Text: *Wer? Was? Wann? Wie? Wodurch? Warum? Was noch? Wo? Wo nicht? Unter welchen Umständen?*

→ Lernen Sie anhand gesammelter Prüfungsfragen zum jeweiligen Kapitel[65]).

→ Setzen Sie *Ferdinand,* den „Lerndummy" ein[66]).

→ Finden Sie zum gesamten Lernstoff kleine Beispiele. Damit beseitigen Sie die Blässe des Theoretisch-Grauen und machen den Stoff plastisch. Und Sie merken, ob Sie *tatsächlich begriffen* haben, was Sie da lesen. Finden Sie kein Beispiel, haben Sie ziemlich sicher nicht verstanden! „Verstanden" in diesem Sinn meint: Sie können das Gelernte auf Fälle *anwenden.*

→ Kontrollieren Sie sich immer wieder selbst: *„Bete ich sinnentleert nach oder weiß ich wirklich, worum es geht"*?

→ Trauen Sie sich, selbständig vorauszudenken! Bevor Sie sich über Details einer Rechtsfrage informieren, überlegen Sie: Welche unterschiedlichen Interessen stehen hier auf dem Spiel? Wie könnte man diese Interessenlage ausgleichend regeln? Wie regelt das Gesetz das wohl, was würden Sie erwarten …? Dann lassen Sie sich überraschen, was Sie richtig erfasst und was Sie vielleicht nicht bedacht haben. Etwas selbst zu entdecken schenkt nachhaltigen

---

[65]) Vgl 5. Kapitel II.1. und III.3.b.
[66]) Oben II.2. und IV.1.b.

Lernerfolg (oben II.5.), steigert das Selbstvertrauen und lässt das „juristische Gespür" wachsen.

→ Gestalten Sie sinnvolle, gehirngerechte Exzerpte. Näheres dazu unten 3. b. und VI.

bb. Wenn Sie bereits etwas weiter fortgeschritten sind ...

→ Grenzen Sie ab. Vergleichen Sie. Stellen Sie gegenüber. Zum Beispiel: *„Wodurch unterscheiden sich Rechtsgeschäfte unter Lebenden von Rechtsgeschäften von Todes wegen? Welche Prinzipien beherrschen das Sachenrecht im Gegensatz zum Schuldrecht? Woher kenne ich x schon? Was ist x ähnlich? Worin bestehen Unterschiede zu y? Inwiefern gleichen einander die verfassungsgesetzlich gewährleisteten Rechte und die Persönlichkeitsrechte des Privatrechts, was ist daran anders?"*

→ Vernetzen Sie. Stellen Sie Querverbindungen her. Zum Beispiel: *„Wie spielen Schuld- und Sachenrecht zusammen? Woraus ergibt sich, dass man schuldrechtlich wirksam eine fremde Sache verkaufen kann, obwohl man wegen § 442 ABGB nicht imstande ist, Eigentum zu übertragen? In welchen Regelungen des ABGB quer durch alle seine Teile findet sich das Prinzip des Vertrauensschutzes?"*

→ Verbreitern Sie. Reichern Sie an. Zum Beispiel: *„Welche weiteren Fälle und Beispiele lassen sich zu xy konstruieren? Was ist an Fall 2 und 3 jeweils anders als an Fall 1? Was gleicht sich? Worauf kommt es dabei offenbar an?"*

→ Setzen Sie Ihr theoretisches Wissen möglichst rasch beim Lösen immer umfangreicherer und komplexerer Fälle um. Häufig fragen mich Studierende, ob sie sich zuerst gründlich alles Theoretische aneignen und erst danach mit der Falllösung beginnen sollten. Die Antwort lautet: Nein! Eine theoretische Grundausstattung brauchen Sie natürlich für die Fallbearbeitung. Je früher Sie aber parallel zur Theorie deren praktische Anwendung üben, desto besser für die eine wie für die andere Aufgabe.

→ Üben Sie, üben Sie, üben Sie! Zahlreiche Falllösungsbücher versorgen Sie mit Beispielen samt Musterlösung[67]. Tragen Sie aus diversen Lehrveranstaltungen Fälle zusammen, auch aus solchen, die Sie nicht selbst besuchen – viele Vortragende stellen ihre Übungsfälle ins Internet. Tauschen Sie Ihre Beute, Fälle plus Lösung, aus eigenen Lehrveranstaltungen, auch gegen die aus anderen Veranstaltungen, die Studienkollegen besuchen. Ihre Fachschaft kann Ihnen möglicherweise ebenfalls Übungsmaterial bieten. Simulieren Sie beim Üben den Ernstfall. Mit Uhr daneben, in Echtzeit (genauso viel, wie bei der Prüfung zur Verfügung steht, um sich an den bei Klausuren bestehenden Zeitdruck zu gewöhnen). Und ohne während des Arbeitens in die Musterlösung zu schauen[68]. *Nach der eigenen Bearbeitung folgt der Kontrollblick, einschließlich Manöverkritik: Was genau war gut? Was war richtig, was nicht? Was vollständig, was lückenhaft? Was haben Sie noch nicht verstanden? Woran müssen Sie noch arbeiten und konkret auf welche Weise?*

---

[67]) Siehe Literaturhinweise.
[68]) Vgl auch im 5. Kapitel II.1.b.; IV.2.c.cc; IV.3.b.aa und 6. Kapitel I.

Sie werden feststellen, dass mit dem Lernen und Üben anhand von Fällen auch Ihr „juristisches Gespür", Ihre juristische Phantasie, Ihre juristische Intuition wächst. Das macht Freude und Mut. Kleiner Vergleich: Wenn sich jemandes Kochkünste auf Palatschinken und Würstel beschränken und er sich daran wagt, das Rezept eines Vierhaubenkochs nachzukochen, wird er das einige Male wiederholen und es schmeckt immer noch nicht nach Spitzenkoch. Das Gefühl für *„Salbei statt Majoran und den Muskat lass ich einfach weg"* stellt sich erst nach und nach ein. Erst dann gesellt sich zu den reinen Fakten im Kochrezept die Kreativität, das Spüren, *„was könnte gehen, was nicht"*. Mit Übung, Übung, Übung!

→ Nehmen Sie regelmäßig das Gesetz zur Hand[69]). Je früher Sie sich damit vertraut machen und sich darin zurechtfinden, desto besser. Das Gesetz kann Ihr Gedächtnis entlasten: Wozu sollten Sie sich zum Beispiel die zahlreichen Tatbestandsmerkmale des § 367 ABGB im Einzelnen mühsam merken, wo sie doch ohnedies im Gesetz aufgezählt werden? Gewöhnen Sie sich auch möglichst früh an die Sprache des Gesetzgebers: Sie ist abstrakt, oft sperrig, oft sehr weich mit Ermessensspielraum, speziell im ABGB manchmal altmodisch, ja geradezu poetisch. Jus betreiben heißt jedenfalls, Gesetze zu interpretieren. Lernen Sie diese Aufgabe am konkreten Objekt: *„Wie klingt das, worüber sich Lehre und Judikatur uneinig sind, im Originalwortlaut? An welche Fälle, an welche Situationen mag der Gesetzgeber wohl gedacht haben, als er § xy in das Denkmalschutzgesetz eingefügt hat? Welche Auslegungsvarianten lässt Begriff z zu, eng und weit verstanden?"*

Für Sie ganz persönlich!

Was meinen Sie: Worin liegen die Vorzüge aktiven Erarbeitens gegenüber dem passiven „vor sich hin Lesen"? Worin vermuten Sie die Gründe für die lerntechnisch tiefgreifende Wirkung des aktiven Erarbeitens?

Beantworten Sie bitte wie immer zuerst eigenständig diese Fragen und lesen Sie erst dann unten weiter!

....

....

Die Vorzüge des empfohlenen aktiven Erarbeitens liegen auf der Hand:

→ Sie arbeiten fokussiert statt mit weichem Blick.

---

[69]) Vgl auch im 5. Kapitel IV.2.a. und IV.3.b.ff.

→ Sie lesen aufmerksam. Wie oft ist es Ihnen schon passiert, dass Sie „konzentriert" gelesen und nach dem dritten Satz bereits nicht mehr gewusst haben, was in den beiden Sätzen davor steht …? Das kann bei aktivem Erarbeiten nicht geschehen: Sie entlocken dem Text etwas Bestimmtes, Sie fordern Konkretes vom Text, Sie fragen ihn Konkretes.

→ Sie bleiben wach und motiviert, weil Sie spüren, Sie „tun wirklich etwas".

→ Sie sorgen für Lerntiefe.

→ Sie beschleunigen das Lernen. Passives „Herumwursteln" bremst!

→ Sie machen Theorie durch Beispiele lebendig.

→ Sie lockern Dichtes auf und zerlegen es in tellerfertige kleine Portionen.

→ Sie scheiden Wesentliches vom Unwesentlichen.

→ Sie machen Struktur sichtbar, Sie gliedern.

→ Wenn Sie zum Text Fragen stellen, gehen Sie genauso vor wie Ihr Prüfer, wenn er Prüfungsfragen erfindet. Sie entwickeln also auch ein Gefühl, einen Blick für mögliche Prüfungsthemen und deren Verpackung.

→ Sie schärfen Ihre Sicht auf Gemeinsamkeiten und Unterschiede und den jeweils dahinter liegenden Zweck.

→ Sie vermeiden „Schubladen-Denken" und erkennen das große in sich geschlossene Ganze.

→ Sie setzen bei der Lösung größerer Fälle Theoretisches in Praktisches um, verstehen damit das Theoretische besser und arbeiten damit zudem im engsten Sinn juristisch: Jus ist (nicht nur, aber vor allem auch) Auslegen und Anwenden von Gesetzen auf den konkreten Lebenssachverhalt.

→ Sie lernen mit dem Gesetz als einem wesentlichen Handwerkszeug des Juristen umzugehen.

b. Insbesondere: Durch gehirngerechte Exzerpte

Richtig gestaltete Exzerpte sind wunderbare Reduktionswerkzeuge, von denen Sie nachhaltig profitieren, beim Erarbeiten des Stoffs ebenso wie beim Wiederholen. Vielleicht regt sich nun bei Ihnen Protest: *„Wenn ich alles, was in einem mehrbändigen Lehrbuch mit mehr als 1000 Seiten drinsteht, exzerpiere, werde ich nie fertig!".* Gegeneinwand Nummer eins: Sie exzerpieren nicht alles, sondern nur, was ein Exzerpt verdient – also vor allem Strukturen besonders komplexer Themen. Sie wollen ja Zusammenhänge sichtbar machen, nicht das gesamte Lehrbuch flächendeckend umsetzen! Gegeneinwand Nummer zwei: Sie werden feststellen, dass richtiges Exzerpieren ebenso anspruchsvoll wie unterhaltsam ist. Sie arbeiten sicher weitaus konzentrierter, indem Sie Eigenes schaffen. Das fördert auch Ihre Lust am Lernen, Ihre Motivation. Es geht etwas voran (und zwar wesentlich rascher als Sie vermuten, sobald Sie sich im richtigen Exzerpieren etwas geübt haben). Und: Sie merken sich den Stoff weitaus besser.

aa. Grundregeln für die Gestaltung von Exzerpten

Richtig exzerpieren bedeutet:

→ Durchdacht: Nicht mechanisches Abschreiben zählt, sondern die Umsetzung wesentlicher Inhalte in eine andere Form als im dicht bedruckten Buch.

→ Persönlich: Vielleicht haben Ihre Kollegen eigene Lernunterlagen erstellt, die Sie sich gerne ausleihen würden. Es gibt auch käufliche Lernbehelfe, die dicke, wenig anschauliche Lehrbücher durch graphische Darstellungen ergänzen[70]). Viel besser als die Verwendung fremder Unterlagen ist aber das Erstellen eigener, und zwar am besten handschriftlich[71]). Die Aufbereitung der in Buch oder Skripten enthaltenden Information nach Ihrer eigenen Manier wirkt wie eine Übersetzung in Ihre individuelle Sprache. Das erfordert tiefe Durchdringung des Lernstoffs und bleibt daher bestens im Gedächtnis verankert. Sie wissen: Selbst tun steigert den Lerneffekt erheblich (oben II.5.)!

→ Optisch sinnfällig: Zur optischen Gestaltung Ihrer Exzerpte bitte oben IV.1.a. nachlesen.

→ Auf das Wesentliche beschränkt: Gleichgültig, ob Sie linear, also listenartig, exzerpieren oder MindMaps® anfertigen: Gute Exzerpte enthalten Gestalt und Struktur sowie lediglich ganz prominente, ausgewählte Details und auch die nur als Schlagwort (also bildlich gesprochen die Umrisse des Lernbaums, die wichtigsten Haupt- und Nebenäste, keinesfalls hingegen sämtliche Äpfel und Blätter mit sezierender Beschreibung ihrer Einzelheiten). Tipps zur Trennung von „wichtig und weniger wichtig" gleich im folgenden bb.

→ Sachlich sinnvoll und gehirngerecht gegliedert: Gleichgültig, ob lineares, listenartiges Exzerpt oder MindMap® – wiederum gilt, Sie brauchen verdaubare Informationseinheiten, die auf die Funktionsweise Ihres Gehirns zugeschnitten sind. Mit anderen Worten, die Äste des Lernbaums müssen sich auf richtige Weise verzweigen und jeder Ast darf auch nur eine bestimmte Anzahl von Blättern und Äpfeln tragen – sonst wird er zu schwer und bricht ab. Dazu gleich unten cc.

bb. Auf das Wesentliche beschränkt

Wie beschränken Sie die Fülle des Materials für Ihr Exzerpt, wie wählen Sie aus? Das ist eine Frage, die viele Lernende beschäftigt.

---

[70]) Für das Zivilrecht *Ortner*, Bürgerliches Recht graphisch dargestellt: Eine ausgezeichnete, längst fällige didaktische Idee.
[71]) Dazu auch oben IV.1.a.

Für Sie ganz persönlich!

Überlegen Sie (wie immer, bevor Sie weiterlesen):

Wie erkennen Sie Wesentliches, wie erkennen Sie Strukturen – was nehmen Sie in also Ihr Exzerpt auf, was scheiden Sie aus? Woher wissen Sie, wo die Äste „Ihres Lernbaums" verlaufen, was ein dicker Ast ist, was ein dünner? Was ein prominentes, was ein weniger prominentes und daher nicht exzerptwürdiges Detail?

Tipps zur Feststellung, was wichtig, und daher wert ist, in Ihr Exzerpt einzugehen:

→ Orientieren Sie sich an der optischen Gestaltung Ihres Lehrbuchs oder Skriptums. Fett und/oder kursiv Gedrucktes wird mit gutem Grund hervorgehoben, ist also wichtig. Kleingedrucktes zählt typischerweise zu den Details, dasselbe gilt für über bloße Literatur- und Judikaturverweise hinausgehende Anmerkungen in den Fußnoten.

→ Sie lernen erfolgreich, wenn Sie zum Text Fragen formulieren (vgl oben V.3.a.): Wichtig ist in aller Regel das, wozu Sie eine kurze Frage stellen können, auf die es eine kurze Antwort gibt ...!

→ Benützen Sie zur Trennung von Wichtigem und Unwichtigem auch Ihren bewährten Lerndummy „Ferdinand[72]": Erklären Sie dem virtuellen, möglichst ahnungslosen, aber interessierten Zuhörer in höchstens sieben Sätzen, worum es bei Thema x geht. Sie können sicher sein, dass Sie auf diese Weise eine gute Auslese treffen werden.

→ MindMap®-Technik zwingt zur Beschränkung auf das Wesentliche. Sobald Ihre MindMap® unübersichtlich wird, haben Sie zu viel hineinverpackt; das ist ein Mangel, der gleich in die Augen fällt. Zur MindMap®-Technik ausführlich gleich unten cc. und VI.7., 8.

cc. Sachlich sinnvoll und gehirngerecht gegliedert

Tipps zum Erkennen von Strukturen und sachlich sinnvoller, logischer Gliederung („Äste"):

---

[72]) Oben IV.1.b., V.3.a.

→ Überschriften und Zwischenüberschriften in Ihrem Buch oder Skriptum sowie gedruckte Schlagworte am Textrand geben Anhaltspunkte für eine logische Gliederung sowohl von MindMaps® als auch linear, das heißt listenartig verfassten Exzerpten.

→ Auch Randzahlen helfen, in Exzerpten Struktur zu finden: Was zu einer Randzahl in einem Absatz steht, gehört sachlich zusammen.

→ Bündeln Sie die maßgeblichen Informationen stets zu überblickbaren Paketen nach der „Fünferblock-Regel". Diese Fünferblock-Regel ist für das Gestalten von MindMaps® ebenso wesentlich wie für lineare Exzerpte. Ihr Gehirn kann Informationen besser zuordnen und behalten, wenn Sie sie in Informationsgruppen zusammenfassen. Jedes einzelne Informationspaket darf wiederum nur eine begrenzte Anzahl von am besten bis zu fünf, allerhöchstens aber sieben Informationseinheiten enthalten. Was sich hier vorerst abstrakt liest, ist an drei Beispielen leicht erklärt.

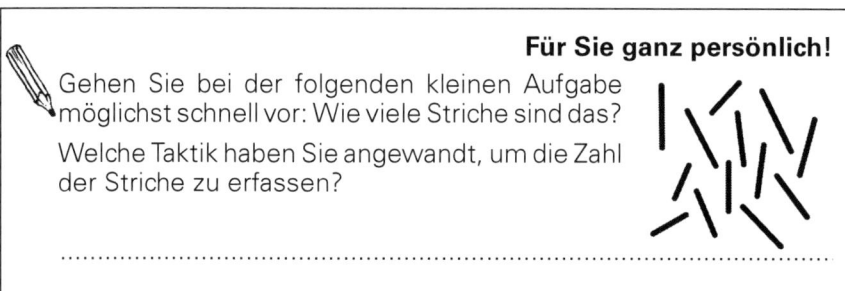

Für Sie ganz persönlich!

Gehen Sie bei der folgenden kleinen Aufgabe möglichst schnell vor: Wie viele Striche sind das?

Welche Taktik haben Sie angewandt, um die Zahl der Striche zu erfassen?

....

Es bieten sich vor allem zwei Methoden an, um die Anzahl der Striche zu ergründen. Entweder Sie schätzen. Die Raschheit dieser Methode verhält sich direkt proportional zu ihrem Fehlerpotential. Oder Sie zählen. Um sich nicht zu irren, werden Sie die Striche möglicherweise abhaken oder auf andere Weise kennzeichnen. Das dauert.

Es gelingt Ihrem Gehirn kaum, zu viele nicht miteinander verbundene Einzelinformationen zu erfassen und zu behalten. Das Mittel der Wahl, das die Informationsaufnahme immens erleichtert, beschleunigt und haltbar macht: Bündeln!

卌 卌 III ... [73])!

Ein anderes Beispiel: Überlegen Sie, wie Sie sich Telefonnummern merken. Vermutlich nicht, indem Sie vielstellige Ziffernreihen speichern (0-6-7-6-3-5-7-7-9-2-4-9), sondern indem Sie bündeln: 0676/357-792-49 oder 0676/35-77-92-49.

---

[73]) Warum es üblich ist, Zähllisten dieser Art in Fünferblöcken zu führen? Mag sein, dass das mit dem Dezimalsystem zusammenhängt. Möglicherweise aber auch mit der Fünferblock-Regel, die der Funktionsweise unseres Gehirns entspricht ...

Sie fassen also auch in diesem Fall Informationseinheiten zu kleinen Gruppen zusammen[74]).

Und schließlich noch eine kleine Gedächtnisübung:

Für Sie ganz persönlich!

Sie wollen einkaufen? Nehmen wir an, Sie benötigen Folgendes:

Schinken, Weintrauben, Yoghurt, Knäckebrot, Bananen, Waschmittel, Gurken, Milch, Marillen, Honig, Tomaten, Senf, Haarshampoo, Butter, Äpfel, Alufolie, Tiefkühlgemüse, Marmelade, Semmeln, Eis, Konserven, Fensterputzmittel, Schnitzel, Salat.

Das sind 24 unterschiedliche Posten! Was wird wohl geschehen, wenn Sie mit dieser im Kopf gespeicherten Liste einkaufen gehen?

....

....

....

Wollten Sie sich Ihre 24 Einkaufsposten so merken wie oben angeführt, werden Sie eine Menge vergessen. Selbst, wenn Sie einen Einkaufszettel in dieser Form *schreiben*, werden Sie wahrscheinlich das eine oder andere nicht aus Ihrem Einkaufskorb auspacken, wenn Sie daheim angelangt sind … Zumindest aber werden Sie durch das Geschäft „irrlichtern", bis Sie alles haben, was Sie suchen und dabei sinnlos Zeit und Energie verschwenden.

---

[74]) Versuchen Sie einmal, jemandem eine bis dato unbekannte Telefonnummer in rasch aufeinanderfolgenden Einzelziffern zu diktieren. Es werden sicher mehrere Rückfragen kommen, wobei man Sie auch bitten wird, langsamer zu sprechen.

Was könnten Sie tun, um Ihren Einkauf zu vereinfachen, und so, dass Sie gar keinen Einkaufszettel brauchen?

....

....

Sie werden vernünftigerweise ordnen und bündeln:
1. Honig, Marmelade (*steht im selben Regal neben dem Geschäftseingang links*)
2. Senf, Konserven (*im Regal links gleich anschließend*)
3. Schinken, Schnitzel (*weiter auf dem Marsch durch den Laden, Fleischtheke*)
4. Weintrauben, Bananen, Gurken, Marillen, Tomaten, Äpfel, Salat? Halt! Das sind sieben Stück aus der Obst- und Gemüseabteilung, also knapp an der Grenze des ununtergegliedert Merkbaren. Daher: a) Weintrauben, Bananen, Marillen, Äpfel, also Obst; b) Gurken, Tomaten, Salat, also Gemüse (*erhältlich in der Abteilung zwischen Fleischtheke und Milchregal*)
5. Butter, Milch, Yoghurt (*im Milchregal ganz hinten im Geschäft*)
6. Semmeln und Knäckebrot (*Brotregal, bereits unterwegs Richtung Kassa*)
7. Tiefkühlgemüse, Eis (*Tiefkühltruhe, vor der Kassa*)
8. Und für Haarshampoo, Wasch- und Fensterputzmittel sowie Alufolie beehren Sie den Drogeriemarkt nebenan und greifen zuerst zu Haarshampoo (*im ersten Gang*) ... und so weiter.

Gebündelt wurde hier nach zwei Kriterien: Erstens wurden Lebensmittel und sonstige Einkaufsposten nach Art und zweitens nach Standort zusammengefasst, der Route durch die Geschäfte entlang. Wer sich das so merkt – und es sich dazu noch bildlich vorstellt! – braucht keinen Einkaufszettel. Es funktioniert ganz einfach aus dem Kopf, und andere bewundern den Gedächtniskünstler ... Dabei ist, wie Sie sehen, nichts Geniales dahinter, sondern lediglich ein durchdachtes Ordnungssystem aus gegliederten Ebenen. Wenn Sie das Prinzip solcher Ordnungssysteme bei Ihren Exzerpten befolgen, arbeiten Sie gehirngerecht und damit erfolgreich.

Als besonders empfehlenswert für das Anfertigen von Exzerpten hat sich die MindMap®-Technik erwiesen. Mit ihrer Hilfe gliedern und kartografieren Sie Ihre Erkenntnisse. MindMapping® wurde Mitte der Siebzigerjahre vom englischen Psychologen *Tony Buzan* entwickelt und hat sich mittlerweile weltweit auf zahlreichen Einsatzfeldern bewährt[75]). Die MindMap® spricht alle Fähigkeiten Ihres Gehirns gleichermaßen an: Sie setzen bei ihrer Ausarbeitung Ihre sprachlich-logischen

---

[75]) Vgl dazu die Literaturhinweise.

Ressourcen ebenso ein wie Ihre bildhaften (Bildsprache wird schneller erfasst und dringt tiefer als rein Verbales). Sie arbeiten mit MindMap® systematisch und kreativ zugleich. Sie denken vernetzt, machen Zusammenhänge, Verbindungen und hierarchische Gliederungsebenen sichtbar. Es bilden sich nachvollziehbare Assoziationsketten. Die entstehenden Landkarten sind einprägsam und leichter zu merken als linear, listenartig gestaltete Exzerpte. Sie können Ihre MindMap® im Gedächtnis wie eine Fotografie verankern. Und die MindMap® zwingt zur Verknappung.

Die Regeln des MindMapping® sind schnell erklärt. Nehmen Sie ein Blatt Papier in der Größe DIN A4 und legen Sie es quer. In die Mitte des Blattes kommt ein Schlagwort: Das zentrale Thema. Von diesem Zentrum weg führen dicke Hauptäste. Auf jedem Hauptast steht wiederum ein Schlüsselwort, wobei der Ast so lang ist, dass dieses Schlüsselwort zur Gänze darauf Platz hat. Die Hauptäste verzweigen sich weiter in dünnere, wiederum durch Schlüsselworte oder Symbole benannte Nebenäste. Diese allenfalls in weitere untergeordnete Ästchen mit Unterbegriffen (Symbolen) und so weiter. Je weiter entfernt der Nebenast vom Zentrum des Blattes, desto marginaler die Information (und desto dringlicher die Frage: Muss das wirklich auf die Gehirnlandkarte?).

Sie können die einzelnen Hauptäste nummerieren, wenn Sie eine Abfolge kenntlich machen wollen. Arbeiten Sie auch hier mit Farben, arbeiten Sie ferner möglichst handschriftlich. Zwar wird auch MindMap®-Software angeboten. Doch ist die persönliche Handarbeit dem vorgefertigten Raster vorzuziehen, sie wirkt unmittelbarer.

Ein Beispiel für die Darstellung juristischer Lernthemen als MindMap® finden Sie unten VI.7. und 8.

Typische Fehler und Schwierigkeiten, die beim MindMapping® auftreten können:

→ Lange Sätze statt kurzer Schlagworte und Symbole: Eine Grundidee der Technik liegt in der Beschränkung auf Schlüsselworte und Symbole. Ufern Sie auf Ihren Ästen in ganze Sätze aus, verwässern Sie den Effekt.

→ Dicke Äste – dünne Äste – Ästchen: Achten Sie darauf, Haupt- und Nebenstränge dicker und dünner zu gestalten, sonst wirkt optisch alles im gleichen Maß wichtig.

→ Wohin nur, wohin: Manchmal kann es schwierig sein, einen Schlüsselbegriff einem bestimmten Ast zuzuordnen. Das erfordert Nachdenken und Feilen: Wo passt es am besten? Mit jedem Feilen, jedem Verbesserungsdurchgang lernen Sie! Falls Sie auf Querverbindungen zwischen den Ästen stoßen: Verbindungspfeile immer außen herum führen, nicht durch das Bild hindurch. Sonst zerreißen Sie die Landkarte nicht nur optisch, Sie zerreißen quasi auch Ihre Gedankengänge.

→ Was habe ich mir da bloß gedacht: Ihre Schlüsselworte oder Symbole können gerne individuell abgekürzt, formuliert und gestaltet sein – aber doch so, dass Sie sich später wieder daran erinnern, was Sie damit ausdrücken wollten.

→ Zu viele Hauptäste: Bei der Gestaltung Ihrer MindMap® halten Sie sich unbedingt an die besagte Fünferblock-Regel. Nicht mehr als sieben, besser weniger, idealerweise fünf Hauptäste.

→ Zu wenig Verzweigungen für zu viel Information: Sie achten nach der Fünferblock-Regel auch darauf, dass sich kein Ast mehr als fünf und bis zu allerhöchstens sieben Mal verzweigt. Brauchen Sie feinere Unterteilungen, so müssen Sie einzelne Unteräste wiederum in weitere bis zu fünf (allerhöchstens bis zu sieben) Ästchen gliedern.

VI. Beispiele für eine gelungene Ausarbeitung im Exzerpt

In diesem Abschnitt finden Sie mehrere Beispiele aus dem Zivilrecht und eines aus dem Verfassungsrecht, die das eben abstrakt Beschriebene konkretisieren. Diese Beispiele sind weder umfassend noch erschöpfend. Sie sollen Sie lediglich zu Ideen anregen, auf welche Weise Sie selbst Ihre Lernunterlagen gestalten könnten und Sie auf Wesentliches aufmerksam machen. Lesen Sie bitte im Detail auch jeweils oben zu den Lerntechniken (IV.) und zur richtigen aktiven Ausarbeitung von komplexen und umfangreichen Stoffmengen (V.) nach.

1. Gegenüberstellung und Aufzählung

RG unter Lebenden	_RG von Todes wegen_
• _idR zweiseitig_	• _idR einseitig_
• _nicht frei widerruflich_	• _frei widerruflich_
• _idR formfrei_	• _formgebunden_
• _Willensmängel (auch Motivirrtum) schwerer aufgr._	• _Willensmängel (auch Motivirrtum) leichter aufgr._
• _Auslegung: § 914, § 915_	• _Auslegung: Wille Erbl._
• _..._	• _..._

In diesem einfachen Beispiel geht es darum, bestimmte Rechtsgeschäftsgruppen[76] einander gegenüber zu stellen, um Unterschiede auf einen Blick erkennen zu können.

→ Die Aufzählungspunkte zeigen auf einen Blick, wie viele Unterschiede es gibt[77].

---

[76] _P. Bydlinski,_ Bürgerliches Recht I[5] Allgemeiner Teil (2010) Rz 5/19; _Eccher,_ Bürgerliches Recht VI[4] Erbrecht (2010) Rz 4/1, 4/9, 4/23 ff, 4/34 ff, 4/37 ff; _Koziol/Welser,_ Bürgerliches Recht I[13] 113 ff, 120; _Koziol/Welser,_ Bürgerliches Recht II[13] 480 ff, 496 ff, 522 ff, 531 ff.

[77] Die beiden Listen ließen sich freilich noch fortsetzen. Setzen Sie sie selbst fort ...!

→ Die Unterschiede werden durch die Aufzählungspunkte ferner auf derselben, jeweils entsprechenden Ebene platziert: Formfragen, Willensmängel, Auslegung usw auf derselben Stufe, aber deutlich getrennt durch den Mittelstrich in Hüben und Drüben.

→ Unterschiedliche Farben der Überschriften kennzeichnen und trennen zusätzlich. Bleiben Sie bei einmal für ein bestimmtes Stoffgebiet gewählten Farben: Ist Ihre „Erbrechts-Farbe" grün, übertiteln Sie die rechte Spalte der Tabelle grün.

→ Abkürzungen wie „RG" für „Rechtsgeschäfte", „aufgr." für „aufgreifbar", „Erbl." für Erblasser und „idR" für „in der Regel" sind gut, sofern und solange Sie wissen, was Sie damit meinen. Bleiben Sie bei einmal gewählten Kürzeln, um sich späteres Rätselraten zu ersparen.

→ Gegenüberstellungen wie diese leben von äußerster Verknappung. Es wäre kontraproduktiv, bei dieser Darstellungsform etwa Beispiele für einseitige Rechtsgeschäfte unter Lebenden als Ausnahme von der Regel (rechte Spalte, erste Zeile) in Klammern hinzuzufügen oder die Voraussetzungen für die Anfechtung eines Geschäfts unter Lebenden wegen Motivirrtums in die linke Spalte der Tabelle aufzunehmen.

2. „Denkzettel" zum Merken der Anwendungsfälle außerbücherlichen Eigentumserwerbs[78])

Ersitzung
Exekution   } *Die vier außerbücherlichen E ...*
Enteignung
Einantwortung

+

Anwachsung
Bauführung, § 418 S 3
WEG, § 14

→ Hier fällt zunächst die optische und klangliche Eselsbrücke der vier Anfangs-E auf, die die vier ersten Tatbestände gemeinsam haben. Der Anfangsbuchstabe fett, in anderer Farbe und jeweils untereinander geschrieben freut das visuelle Gedächtnis. Die Merkformel „Die vier außerbücherlichen E" das auditive. Für Detailverliebte: Die untereinander geschriebenen „E...wörter" werden immer länger, das macht sich im Schriftbild gut und klingt auch rhythmisch „richtig", was für auditive Typen wichtig sein kann.

→ **A**nwachsung und **B**auführung beginnen zwar leider nicht mit E, aber wenigstens mit zwei aufeinander folgenden Buchstaben des Alphabets. Auch da liegt

---

[78]) *Iro*, Sachenrecht⁴ Rz 3/38; *Koziol/Welser*, Bürgerliches Recht I¹³ 362.

also die optische Hervorhebung nahe. Das Merken des „**W**" vom WEG ist dann kein großes Kunststück mehr … Auditiv starke Lerntypen können sich überdies merken: „*Vier mal E und A – Be – We*". Das bleibt ebenso nachhaltig in Ihrem Gedächtnis kleben wie das berühmte „333 – bei Issos Keilerei".

→ Es kommt nicht darauf an, das genaue Paragraphenzitat zum WEG hinzuzufügen. Wozu denn auch? Sehen Sie einfach im Gesetz nach! Vorausgesetzt, Sie arbeiten regelmäßig damit[79]), finden Sie sich schnell zurecht.

→ Dieses Beispiel ist auch ein praktischer Anwendungsfall der Fünferblock-Regel. Statt sich (mühsam) sieben einzelne Tatbestände zu merken, merken Sie sich besser (und leichter) „1x Block E plus drei weitere".

3. Graphische Darstellung der Geschäftsfähigkeit Minderjähriger und der Rolle des gesetzlichen Vertreters[80])

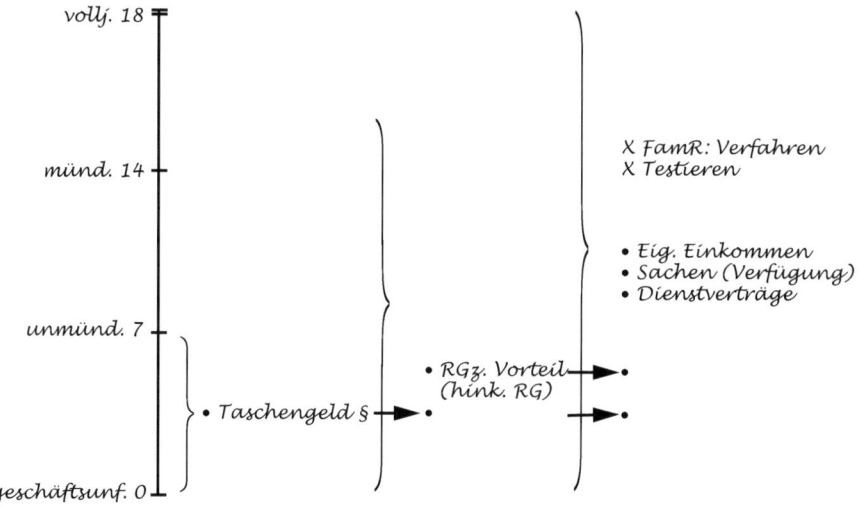

→ Mit Hilfe einer graphischen Darstellung wie dieser wird auf einen Blick erfassbar, wer auf welcher Geschäftsfähigkeitsstufe was ohne Mitwirkung des gesetzlichen Vertreters kann. Auf der Skala links außen sind die einzelnen Alterstufen eingezeichnet. Die geschwungenen Klammern markieren, was zusammengehört, also die einzelnen Geschäftsfähigkeitsstufen. Die Klammern werden immer höher, was augenfällig macht, dass die Geschäftsfähigkeit mit steigendem Alter zunimmt.

→ Aufzählungspunkte lassen leicht erkennen, um wie viele Tatbestände es in jeder Altersgruppe geht.

---

[79]) Vgl oben V.3.a.
[80]) *P. Bydlinski,* Allgemeiner Teil[5] Rz 2/15 ff; *Koziol/Welser,* Bürgerliches Recht I[13] 54 ff.

→ Die auf einer Ebene angelegten Pfeile und Aufzählungspunkte, die von einem „umklammerten" Feld zum nächsten führen, zeigen, dass jede Altersgruppe im Rahmen der Geschäftsfähigkeit das kann, was die vorangegangene jüngere ihrerseits bereits konnte.

→ Die Schlagworte sind wieder kurz und bündig. Verzichtet wurde auf Details, die den Zweck der Darstellung, einen grundsätzlichen Überblick optisch leicht erfassbar zu machen, schmälern könnten. So sind beim Mündigen die Fähigkeit, Besitz zu erwerben und eigene Verpflichtungen selbständig zu erfüllen (§ 1421 ABGB), zugunsten der prominenteren Tatbestände bewusst nicht angeführt. Und wie ein „Versprechen zum Vorteil" nach § 865 ABGB ausgelegt wird, fehlt in der Grafik ebenso mit gutem Grund wie die einzelnen Tatbestandsmerkmale des Taschengeldparagraphen.

→ Die zum Familien- und Erbrecht zählenden Tatbestände beim Mündigen können in anderer Farbe gehalten werden, um sie zwar einzugliedern, zugleich aber auch abzuheben.

→ Abkürzungen sind erlaubt, sofern sie für Sie als Bearbeiter verständlich sind.

→ Auch hier sehen Sie wieder die Einhaltung der Fünferblock-Regel: In Spalte drei (mündige Minderjährige) bilden die zwei Aufzählungspunkte unten (die für die Fähigkeit der beiden vorangegangenen Altersgruppen steht) die erste gedankliche Einheit. Die drei in der Folge nach oben anschließenden Tatbestände sind ebenfalls ein Informationsblock. Und schließlich folgt der ganz oben stehende, gern auch farblich als zusammengehörig markierte „Block Familien- und Erbrecht".

Ergänzend zu dieser graphischen Darstellung der Geschäftsfähigkeitsstufen könnte die Rolle des gesetzlichen Vertreters so zu Papier gebracht werden:

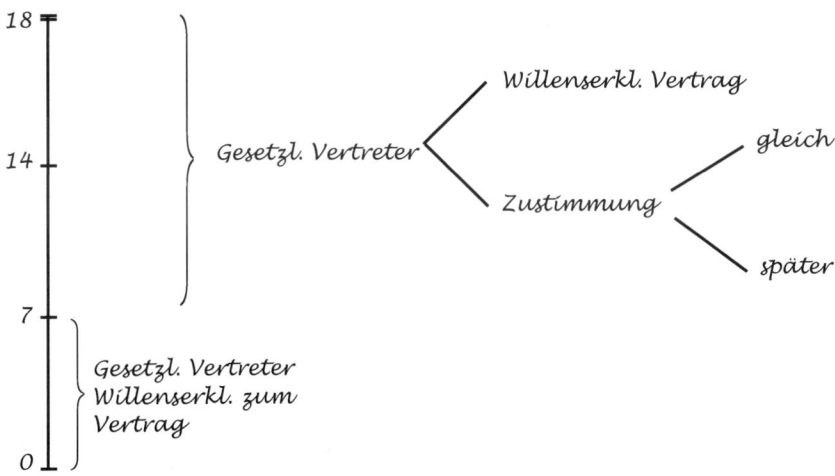

→ Wieder erkennen Sie die Skala, wieder die geschwungenen Klammern in ihrer Funktion als zusammenfassendes Band. Wieder sind die verbalen Hinweise kurz und bündig.

→ Es ist sinnvoll, die Geschäftsfähigkeitsstufen (erstes Beispiel oben) und die Rolle des gesetzlichen Vertreters gleichartig, im gleichen Format, darzustellen. Schließlich sind das ja zwei Seiten einer Medaille, die sachlich zusammengehören.

4. Lösungsschema Irrtum[81])

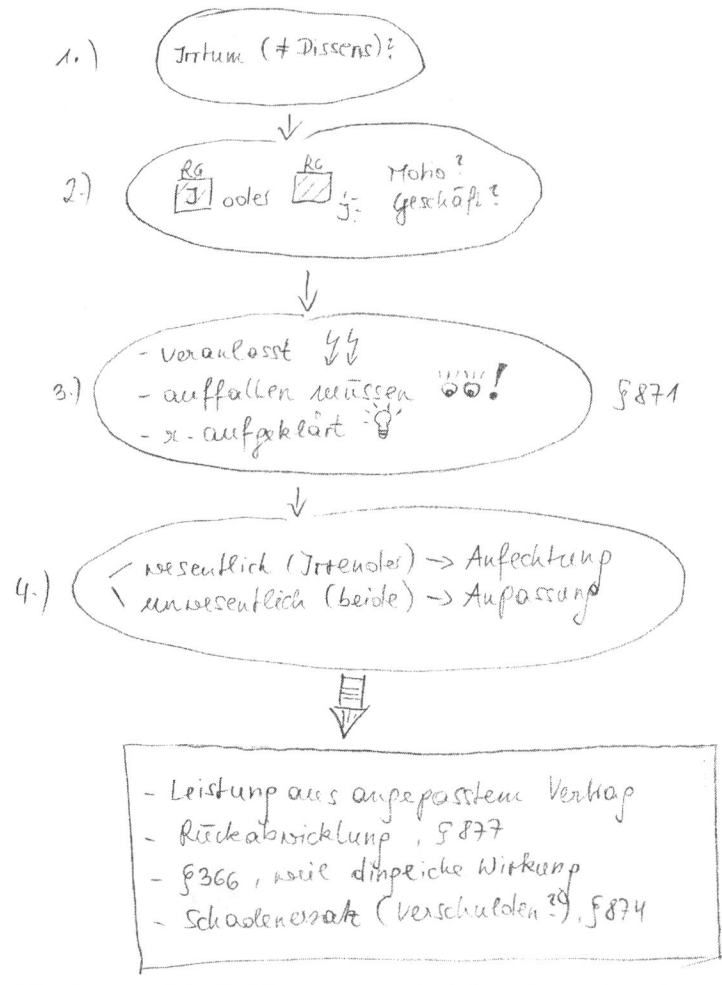

So könnte man sich die Vorgangsweise bei der Lösung eines Irrtumsfalls (Rechtsgeschäfte unter Lebenden) aufzeichnen.

---

[81]) *P. Bydlinski,* Allgemeiner Teil[5] Rz 8/6 ff; *Koziol/Welser,* Bürgerliches Recht I[13] 147 ff.

→ Die einzelnen „Blasen" zeigen den folgerichtigen Ablauf der Schritte, von oben beginnend und chronologisch nummeriert. Also: Erstens, liegt überhaupt Irrtum vor (oder aber Dissens, das ist abzugrenzen, und nur bei Irrtum geht es mit Schritt zwei weiter). Zweitens, Motiv- oder Geschäftsirrtum? Drittens, beachtlicher Irrtum nach § 871 ABGB, drei alternative Tatbestände? Viertens, wesentlich/unwesentlich – Abgrenzung und Rechtsfolgen. Das Kästchen unter den Blasen verweist auf die aus einem Irrtumsfall abzuleitenden Ansprüche.

→ Dieses Schema enthält Beispiele für symbolhafte Gestaltung: Irrtum „im Rechtsgeschäft" (Geschäftsirrtum) oder „außerhalb" (Motivirrtum). Zwei Pfeile für „veranlasst". Zwei Augen für „hätte auffallen müssen". Die Glühbirne als Symbol für „rechtzeitig aufgeklärt".

→ Farbige „Entweder/Oder"-Strichlein bei wesentlich/unwesentlich zeigen, dass es hier kein Sowohl – Als auch gibt, sondern eben nur ein Entweder – Oder. Die Pfeile weisen zu den jeweils an das Entweder und das Oder geknüpften Konsequenzen.

→ Das Kästchen unter den Blasen verweist auf die aus einem Irrtumsfall abzuleitenden Ansprüche. Es ist als Rechteck und nicht als Blase gestaltet, weil die Voraussetzungen der Aufgreifbarkeit eines Irrtums und die sich daraus ergebenden Gestaltungsrechte (Blasen 1–4) optisch von den daraus entstehenden einschlägigen Ansprüchen getrennt werden sollen[82]).

5. Lösungsschema und Checkliste Stellvertretung[83])

Auf der folgenden Seite finden Sie ein Beispiel dafür, wie man sich am roten Faden entlang durch einen Stellvertretungsfall hanteln könnte.

→ Der Einstieg mit den Pfeilen (Bote oder Stellvertreter) macht eine Weggabelung deutlich. Je nach Auftreten der rechtsgeschäftlichen Hilfskraft ist nach links, also in Richtung Botenschaft abzubiegen – oder eben nach rechts, und nur in diesem Fall hat man es mit Stellvertretungsproblemen zu tun und weiter nach dem Lösungsschema zu verfahren.

→ Die Nummerierung verdeutlicht, dass Stellvertretung dreierlei voraussetzt.

→ Die weiteren Gliederungen dazu geben eine Checkliste, die nicht rein linear aufgebaut ist, sondern durch die graphische Gestaltung auch logische Ebenen zeigt.

---

[82]) Zu „Anspruch" und „Gestaltungsrecht" im 6. Kapitel III.1.
[83]) *P. Bydlinski,* Allgemeiner Teil[5] Rz 9/1 ff; *Koziol/Welser,* Bürgerliches Recht I[13] 199 ff.

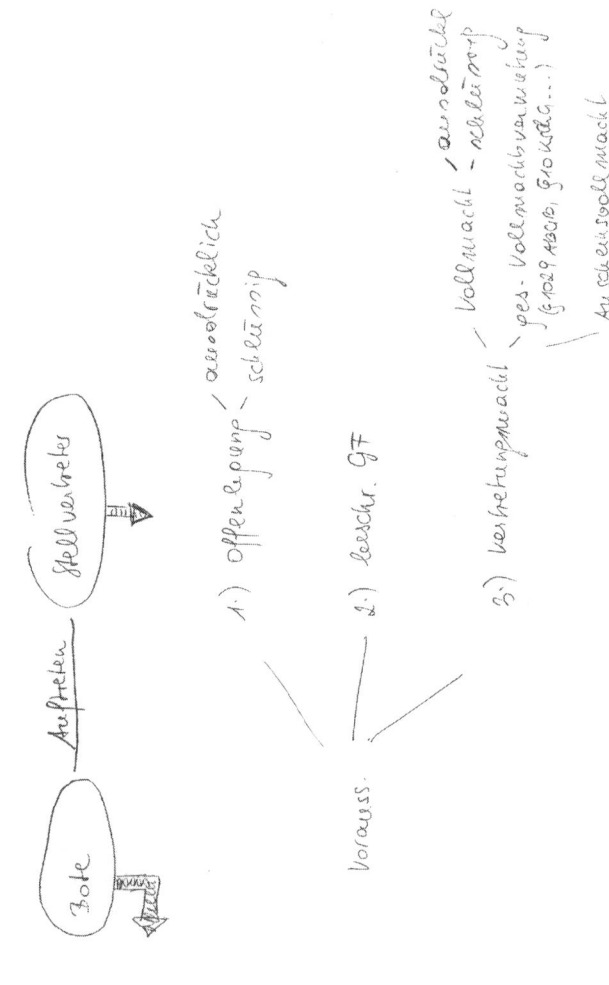

Lösungsschema und Checkliste Stellvertretung

6. Geschäftsfähigkeit natürlicher Personen: Lineares Exzerpt

1.) Handlungsfähigkeit — GF (Rechtsgeschäfte)
— DF (Schadenersatz)

Rechtsfähigkeit   ohne RF keine HF!

2.) GF — Alter (typisiert) — Mindestjährige
— Sachwalter (typisiert) — Volljährige
— Einzelfall — Volljährige

3.) Altersstufen — 0–7 (geschäftsunf.)
— 7–14 (unmündige MJ)
— 14–18 (mündl. MJ)
— 18– (vollj.)

4.) gesetzl. Vertreter — Willenserkl. abgeben — 0–7 immer
— 7–18 möglich
— zustimmen — gleich
— nachträglich

5.) Rechtsfolgen bei GF - Mangel

— gültig, weil gesetzl. Vertreter
— schwebend unwirksam (Genehmigung ?)
— absolut unwirksam → Titel ungültig
→ Bereicherung , § 1431
→ kein Vertrauensschutz Dritter

Oben sehen Sie ein lineares, listenartiges Exzerpt zum Thema Geschäftsfähigkeit natürlicher Personen. Es ist sparsam, graphisch aufgelockert und gegliedert, und zwar durch Nummerierung einerseits und optisch durch Verbindungslinien andererseits.

→ Durch das über dem Kästchen „Rechtsfähigkeit" befindliche Kästchen „Handlungsfähigkeit" und den nach oben gerichteten Pfeil dazwischen wird das Verhältnis zwischen dem einen und dem anderen Begriff angedeutet: Handlungsfähigkeit baut auf Rechtsfähigkeit auf. Dies wird auch im nachfolgenden Merksatz festgehalten.

→ Handlungsfähigkeit gliedert sich offensichtlich in a) Geschäftsfähigkeit und b) Deliktsfähigkeit, wobei ersteres die Fähigkeit zum selbständigen Abschluss von Rechtsgeschäften bezeichnet, letzteres die Fähigkeit zur Haftung für schuldhaftes Verhalten, also ein schadenersatzrechtliches Zurechnungskriterium (verweisende Klammerausdrücke).

→ Die folgenden Punkte sprechen für sich: Auch hier wurde kurz und gegliedert gearbeitet.

→ Die Liste umfasst fünf Unterthemen und ist damit nach der Fünferblock-Regel zu beenden. Wollte man jetzt noch dranhängen, was die einzelnen Altersstufen können, welche Funktion der gesetzliche Vertreter unter welchen Umständen hat (vgl dazu jeweils oben 3.) und was zum Beispiel für Besachwalterte gilt, so bräuchte man zusätzliche Blätter. Das zeigt einen Nachteil des linearen Exzerpts: Es wird leicht unübersichtlich – und es fehlt die bildhaft-logische Verbindung zwischen den Punkten 1.–5. Daher zum Vergleich dasselbe Thema noch einmal als MindMap® gestaltet gleich unten.

7. MindMap®: Geschäftsfähigkeit natürlicher Personen

→ Sie erkennen die Vorzüge der Mind-Map® mit ihren Verzweigungen, Verbindungsstellen und ihrer hierarchischen Ordnung in bildhafter Darstellung.

→ Achten Sie auf die dickeren Hauptäste und dünneren Nebenäste. Achten Sie auch darauf, dass die Äste nur sehr knapp beschriftet sind – ein, zwei Schlüsselworte.

→ Auf der rechten Seite der Landkarte, wo die den einzelnen Altersstufen zugeordneten Fähigkeiten dargestellt sind, wird es schon recht dicht. Noch dichter sollte die MindMap® nicht sein, sonst geht die Übersichtlichkeit verloren.

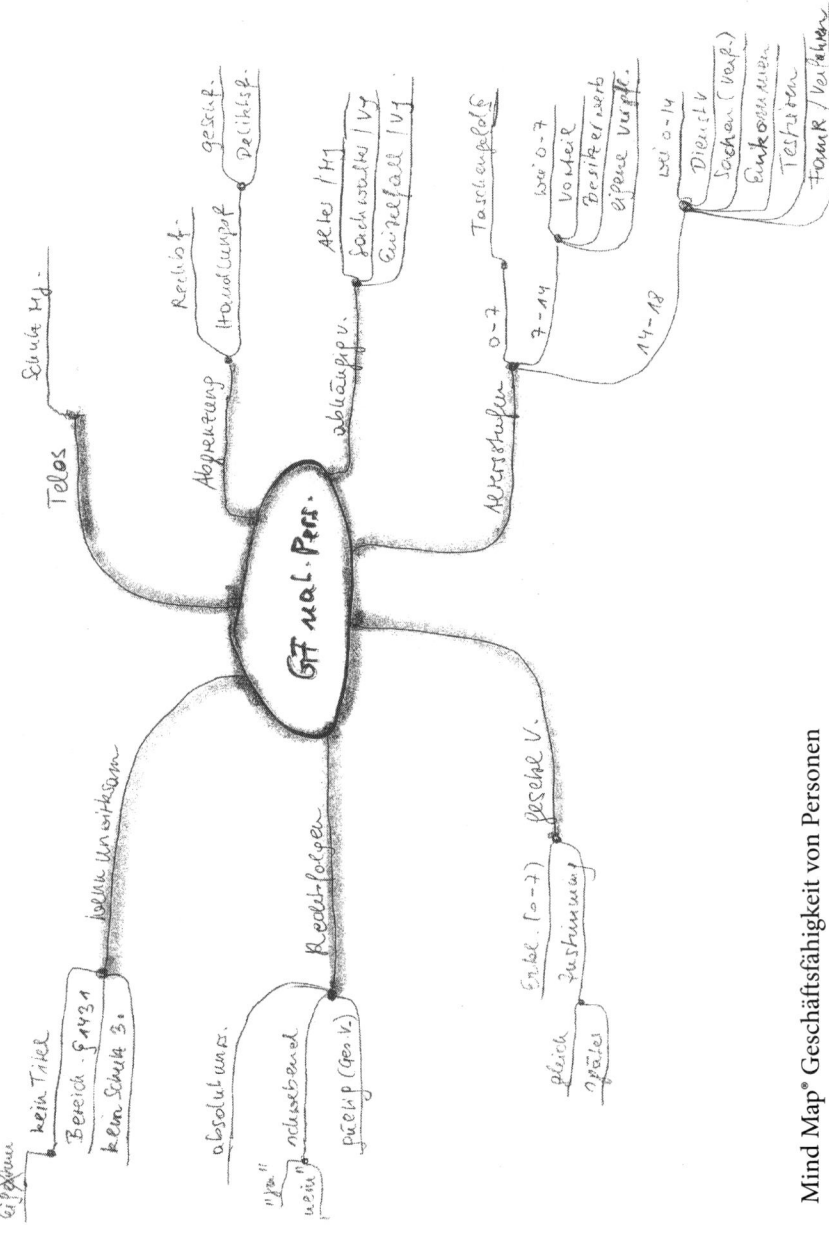

Mind Map® Geschäftsfähigkeit von Personen

8. MindMap®: Demokratisches Prinzip der Verfassung[84]

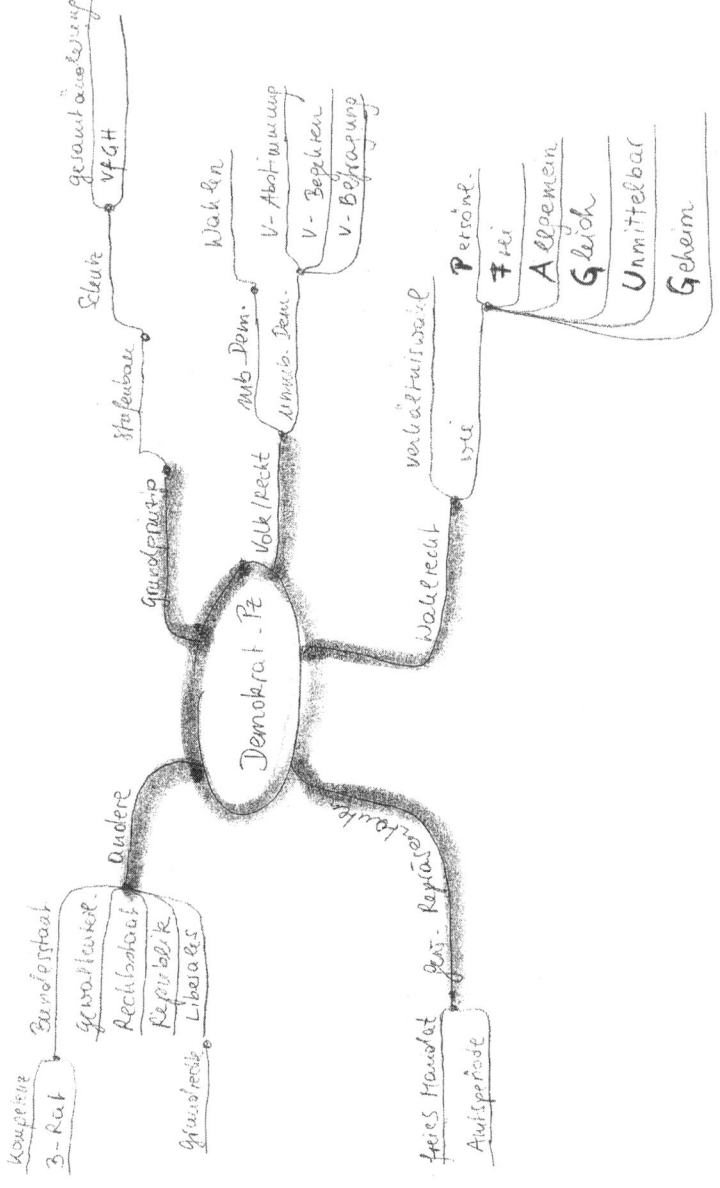

Mind Map® Demokratisches Prinzip der Verfassung

---

[84] Vgl dazu *Öhlinger*, Verfassungsrecht[9] (2012) 57, 165 ff.

Für Sie ganz persönlich!

Das Arbeitsprinzip der MindMap® kennen Sie ja nun gut. Was alles fällt Ihnen an der „Hirnlandkarte" zu 8. auf?

....

....

→ Noch ein letzter kleiner Hinweis: Die Untergliederungen zum Ast „Wahlrecht", Unter-Ast „Wie" umfassen, wie Sie sehen, insgesamt sechs Punkte. Das ist zwar nach der Fünferblock-Regel gerade noch zulässig, aber dennoch nicht mehr ganz leicht zu merken. Wenn Sie nun einfach die Anfangsbuchstaben der sechs Wahlrechtsprinzipien in der Reihenfolge, wie sie in der MindMap® stehen, zusammenfassen und daraus ein auch optisch hervorgehobenes Kunstwort bilden – nämlich „PFAGUG" – unterstützen Sie das Einprägen noch zusätzlich.

Für Sie ganz persönlich!

Lernen und Lehren sind nah verwandt, reichen einander die Hände, sind zwei Seiten einer Medaille. Beim ersten geht es um das Aufnehmen von Informationen, beim zweiten um die Darbietung der Informationen, die aufgenommen werden sollen.

Wenn Sie Aufbau und Gestaltung dieses Buchs betrachten: Welche Elemente sollen Ihr „Lernen, zu lernen" wohl fördern?

....

Wie geschieht das? Auf welchen Ebenen?

....

Und was davon spricht Sie besonders an? Inwiefern?

....

Was weniger? Inwiefern?

....

VII. Der äußere Rahmen: Ihr Lernschauplatz

Für Sie ganz persönlich!

Wo und wie lernen Sie, in welchem Szenario? Lernen Sie in der Universitätsbibliothek? Zu Hause? Im Zimmer im Studentenheim? Am Schreibtisch sitzend? Oder am Küchentisch? Gemütlich hingestreckt auf der Couch? Im Beisl? Auf der Parkbank? In der Straßenbahn? Im Zug?

....

....

Dieser arbeitet lieber zu Hause, jene zieht das Lernen in der Universitätsbibliothek vor. Beides hat seine Vor- und Nachteile. Bedenken Sie bei der Wahl Ihres Lernschauplatzes folgende Kriterien:

→ Sind Sie dort, wo Sie gerne lernen, ungestört? In einer Bibliothek können Sie durch das Kommen und Gehen Ihrer Kommilitonen irritiert werden. Zu Hause durch Familienmitglieder, im Studentenheim durch muntere Mitbewohner ...[85])

→ Werden Sie auf Ihrem Lernschauplatz leicht abgelenkt? In der Universität durch Kollegen, die Ihnen Fragen stellen oder Sie zum Plaudern verführen. Zu Hause lauern Fernsehapparat, Internet, Staubsauger und andere Dämonen.

→ Schätzen Sie Privatheit und vertrautes Umfeld, wenn Sie lernen wollen? Bevorzugen Sie die Gelegenheit zur „Ansprache" von außen, die Gesellschaft (oder auch nur bloße Anwesenheit) von Leidensgenossen, den möglichen Austausch, die Chance zur Fachdiskussion?

→ Motiviert es Sie, Arbeit und Privates auch örtlich säuberlich zu trennen?

→ Verträgt sich Ihr bevorzugtes Lernformat mit der Öffentlichkeit? Wer beim Lernen gern halblaut spricht, oder aufsteht und herumgeht, oder gestikuliert, oder gelegentlich hörbar seufzt oder flucht, wird sich in einer öffentlichen Bibliothek wenig Freunde machen.

→ Ist Ihr Lernort ökonomisch gewählt? Auch wenn Sie lieber zu Hause lernen, kann es jedenfalls dienstags (oder donnerstags oder ...) besser sein, zwischendurch in der Bibliothek sitzen zu bleiben, denn am Morgen besuchen

---

[85]) Falls Ihnen Störungen aber geradezu willkommen sein sollten, greifen Sie zum 4. Kapitel II.2.

Sie eine Hauptvorlesung und am frühen Nachmittag eine Übung. Wegzeiten sind „weg"-Zeiten[86]).

Ist die Grundsatzentscheidung für „Lernen zu Hause und/oder in der Universität" gefallen, gestalten Sie Ihren Arbeitsplatz lernfreundlich.

Lernen Sie öffentlich, etwa in einer Bibliothek, wählen Sie je nach architektonischen Gegebenheiten eine möglichst geschützte Stelle. Achten Sie darauf, weder Fenster noch Tür im Rücken zu haben und darauf, dass Sie nicht mit dem Rücken zu den „Hauptverkehrsadern" sitzen. Wenn Sie sich auch noch so sehr bemühen, sich zu konzentrieren, das unterschwellige Gefühl, es könnte Ihnen jemand „in den Rücken fallen", ist unangenehm und lenkt ab. Vermeiden Sie es auch, mit dem Gesicht zur Tür zu sitzen. Man ist ja neugierig, wer da gerade hereinkommt oder vorbeigeht: Kennt man die? Wie sieht der heute wieder aus? Ach, und den kennt man tatsächlich, und er grüßt, und schon wechselt man flüsternd ein paar Worte, statt sich mit den Finessen der verfassungsgesetzlichen gewährleisteten Rechte oder dem Aufbau eines Strafurteils zu befassen … Auch vor Fenstern zu sitzen, mit Blick hinaus, führt leicht dazu, ins Blaue zu starren, statt zielgerichtet ins Buch zu blicken.

Lernen Sie zu Hause, schaffen Sie sich einen festen Arbeitsplatz. Routine und Rituale erleichtern das Lernen, Sie koppeln Ihren Arbeitsplatz unbewusst mit dem Lernen und ziehen einen deutlichen Schnitt, wenn Sie sich von Ihrem Lernplatz entfernen, um eine Pause zu machen oder einfach, weil Sie Ihr Tagespensum erfüllt haben[87]). Haben Sie keinen eigenen Schreibtisch und müssen zwangsläufig zum Beispiel am Küchentisch sitzend lernen, markieren Sie den Tisch als Lernwerkstätte, solange er diesem Zweck gewidmet ist: Also weg mit der Obstschüssel und der Zeitung, her mit den Stiften und den Büchern. Ein mir bekannter „Küchentischlerner" hat mir von einer „Lernlampe" berichtet, die er sich immer auf den Tisch stelle, wenn er für das Studium arbeite. Das ist, ganz abgesehen von der Qualität der Lampe als Lichtspender, eine gute Idee. Die Lampe setzt das Signal *„jetzt wird hier gelernt"*.

Apropos Licht: Sorgen Sie für ausreichende Beleuchtung, für Rechtshänder am besten von der linken Seite. Biblische Finsternis rund um eine lediglich kleine „Lichtinsel" kann die Arbeit behindern und die Stimmung trüben. Für manche bedeutet die Lichtinsel allerdings die Chance zu besonderer Konzentration, zur Fokussierung.

Räumen Sie in jedem Fall und unabhängig davon, wo Sie lernen, Ihren Arbeitsplatz von allem momentan nicht Benötigtem frei. Fällt Ihr Blick zwischendurch auf die am Schreibtisch liegende Geburtstagseinladung der Freundin oder das dort postierte Foto des Liebsten, werden Sie sich möglicherweise auf Gedankenreisen begeben, die zwar prinzipiell freuen, aber doch mit den gerade zu lernenden Methoden der Gesetzesinterpretation wenig zu schaffen haben. Räumen Sie wiederum alles, woran im Moment Bedarf besteht, her. Es ist lästig, wenn man

---

[86]) 2. Kapitel I.4.h.
[87]) Beim Wiederholen hingegen kann es sich empfehlen, den Arbeitsplatz zu wechseln, siehe oben unter II.2.c.

immer wieder aufstehen muss, um xy zu holen[88]). Oder verschafft Ihnen das eine willkommene Unterbrechung ...?

Machen Sie Ordnung auf dem Tisch. Zwar beschwören manche, sie könnten nur inmitten kreativen Chaos' arbeiten. Lerntechnische Erfahrung zeigt aber, dass sich dies ungünstig auswirkt: Rundum äußere Ordnung wahrzunehmen erleichtert dem Gehirn die strukturierte Aufnahme des Lernstoffs – umso mehr, wenn es sich der Sache nach um einen stark strukturierten und vernetzten Lernstoff wie Jus handelt.

 MERKE: Äußere Ordnung fördert innere Ordnung!

Sorgen Sie an Ihrem Arbeitsplatz für zweckdienliche Unbequemlichkeit: Aufrecht sitzend auf einem harten Sessel mit gerader Lehne lernt es sich besser als in den weichen Fauteuil gesunken, auf dem Teppich oder im Bett liegend, oder ausgebreitet auf der Couch ... Das hängt damit zusammen, dass Sie diese zugegebenermaßen höchst annehmlichen Sitz- und Liegegelegenheiten und Ihre bequeme Körperhaltung unbewusst mit „Freizeit" assoziieren. Das hemmt Ihre Aufnahmefähigkeit, weil es Ihrem Gehirn schwer fällt, das gemütlich-entspannte „Urlaubsgefühl" der Arbeitsituation zuzuordnen.

Und was ist mit dem Lernen im Beisl, auf der Parkbank, in der Straßenbahn, im Zug? Keine so gute Idee, wenig Ruhe, dauernd hör- und sichtbare Störquellen mit möglicherweise wenig Verständnis für Ihr Ruhebedürfnis. Wenn schon Parkbank, dann die abgelegene statt die neben dem Kinderspielplatz oder der Skateboardbahn. Wenn schon Lieblingsbeisl, dann im Hinterzimmer, in das sich um diese Uhrzeit nur wenige Gäste verirren. Wenn schon Zug, dann in dem, mit dem kaum jemand unterwegs ist (gibt es das? Und wann fährt der?). Zum Wiederholen aber reichen diese Orte durchaus aus, kleinere Ablenkfaktoren vertiefen möglicherweise sogar Ihre Konzentration, weil Sie sich weniger „verbissen" mit Ihrem Stoff befassen.

Wo auch immer Sie lernen: Sorgen Sie für regelmäßige Belüftung Ihres Arbeitsplatzes. Wenigstens ein Mal pro Stunde Fenster auf und ordentlich durchziehen lassen. Ja, auch im Winter. Ohne Frischluft werden Sie müde und unkonzentriert, bekommen leicht Kopfweh, die Augen werden trocken und brennen. Lernen Sie in der Bibliothek, verlegen Sie zumindest stündlich eine Ihrer Kurzpausen ins Freie vor die Tür. Ja, auch im Winter. Raucher verbinden dabei das Angenehme mit dem Nützlichen, wenigstens diesen Vorteil haben sie ...

---

[88]) Sollten Ihnen freilich wiederholte kleine „unabsichtliche" Unterbrechungen, während derer Sie dringend etwas holen müssen, gar willkommen sein, lohnt es sich, ein wenig nachzudenken, dazu 4. Kapitel II.2.

VIII. Allein lernen? Im Team lernen?

Lernt man besser allein oder im Team? Das ist zum einen Geschmackssache. Zum zweiten ist zu fragen, welcher Teil der Lernarbeit für Teams geeignet ist. Lernen ist, wie Sie mittlerweile wissen, ein weiter Begriff. Lernen im engen Sinne von „grundsätzlich Information aneignen" ist wohl eher eine einsame, weil sehr persönliche Tätigkeit. Jeder lernt in dieser Phase anders, daher ist es sinnvoll, zunächst allein und maßgeschneidert zu arbeiten. Die Elaborations-[89]) und Wiederholungsphasen aber lassen sich sehr bereichernd auch in Teamarbeit gestalten[90]). Der Austausch im Team verbreitert die Perspektive, lässt Ideen entstehen, die einsiedelnd niemals entstanden wären, löst Fragen, macht kreativ, ist motivierend, wirkt gegen den inneren Schweinehund, gibt Feedback, tröstet vielleicht auch, nach dem Motto „geteiltes Leid ist halbes Leid". Man kann den anderen fragen: *„Wie machst du das denn?"*. Sie lernen, zu argumentieren. Sie üben das Reden über Juristisches, so wie Sie es dann spätestens bei Ihrer mündlichen Prüfung können müssen.

Lernformate, die sich für Teams eignen, gibt es viele: Jeder bereitet ein Thema vor, hält darüber einen kleinen Vortrag für die anderen (möglichst auch optisch aufbereitet) und setzt sich deren Fragen aus. Jeder bringt eine Anzahl von (selbst erfundenen oder gesammelten Prüfungs-)Fragen mit, die die anderen beantworten müssen. Man arbeitet gemeinsam Prüfungsfragen aus, sucht gemeinsam Beispiele. Jeder steuert einen kleineren Rechtsfall bei, der gemeinsam gelöst wird. Sie veranstalten Rollenspielchen zu einem bestimmten Thema. Sie lösen zunächst jeder für sich größere Rechtsfälle, vergleichen, besprechen, diskutieren dann miteinander die Ergebnisse. Sie besprechen Fälle nach, die Sie in der gemeinsam besuchten Übung bearbeitet haben: Wer hat was gelernt? Was war besonders wichtig? Wer hat etwas nicht verstanden, wer wiederum kann da auf die Sprünge helfen?

Einige Hinweise zu erfolgreicher Teamarbeit:

→ Das Team soll nicht zu groß sein, sonst wird es schwer, zielgerichtet zu arbeiten. Und nicht zu klein: Zwei bis vier Personen sind eine gute Zahl. Es können ja vielleicht auch nicht immer alle an jedem Termin teilnehmen.

→ Jedes Teammitglied muss grundsätzlich im gleichen Maß zum Gelingen beitragen. Wer nur als Trittbrettfahrer konsumiert, aber selbst nichts einbringt, schmarotzt auf Kosten der anderen. Das verdirbt die Stimmung und damit die Lernmoral.[91])

→ Besserwisser, Alphatiere, die sich als „Chef" der Gruppe verstehen und Dauerredner kann man ebenfalls nicht brauchen, die sind nicht teamfähig. Auch Pessimisten und Jammerer tun nicht gut. Und auch nicht solche, die mehr plaudern wollen als arbeiten.

---

[89]) Zum Elaborieren unten V. 1., 3. und VI.
[90]) Oben II.2.c.
[91]) Sogenannte Obezahrer (wörtl. Hinunterzieher): einer, der mit mäßigem Einsatz ans Werk geht (Zitat aus *Wintersberger*, Der kleine Wappler. So flucht und schimpft Österreich [2012]).

→ Achten Sie auf die Gruppendynamik und bestimmen Sie pro Arbeitsrunde einen jeweils wechselnden Moderator. Der hat die Aufgabe, auf die Uhr zu sehen (Pausen nicht vergessen!), das Verzetteln (also das Verlieren im unwesentlichen Detail) zu verhindern, Vielredner zu bremsen, Zurückhaltende zu ermuntern, und auf die Lernmoral zu achten, das heißt, zu verhüten, dass das Arbeitstreffen zum geselligen Beisammensein mutiert.

→ Einmal teilnehmen und einmal nicht, je nach Lust und Laune – das gilt nicht! Und wenn ein Teammitglied tatsächlich aus gutem Grund ausfällt, dann informiert es die anderen zumindest rechtzeitig davon. Ohne Disziplin wankt die Arbeitseinstellung, die Gruppe zerbröselt.

→ Legen Sie in der „Gründungssitzung" einvernehmlich Spielregeln fest. Die sind in der Folge für alle verbindlich.

→ Machen Sie für jede Lernrunde vorweg ein Programm: Was steht auf der Tagesordnung? Welche Ziele? Spontane Einfälle können anregend sein, aber viel Zeit und Effizienz kosten. Zum Programm gehört auch: Wie viel Zeit ist für die gesamte Arbeitsrunde veranschlagt? Wie viel Zeit entfällt auf jeden Teilnehmer, auf jedes Thema?

→ Veranstalten Sie Ihre Lernrunden zu einem fixen Zeitpunkt (zum Beispiel jeden Donnerstag nach der x-Vorlesung, die praktischerweise alle Teammitglieder besuchen).

→ Ziehen Sie am Ende Ihrer Lernrunde Bilanz: Was wurde heute erreicht? Und fixieren Sie gleich den nächsten Termin: Wer wird erscheinen, wer ist (begründet) verhindert?

IX. Vom richtigen Umgang mit Lehrveranstaltungen

1. Selektiv

Pflichtlehrveranstaltungen sind Pflicht. Die müssen Sie ohnedies besuchen und positiv abschließen. Andere Lehrveranstaltungen suchen Sie sich aus. Nicht die Quantität der besuchten Veranstaltungen ist entscheidend, sondern die Qualität. Qualität richtet sich ausschließlich nach *Ihren* Bedürfnissen. Das heißt: Sie wägen ab, was Ihnen die Lehrveranstaltung in Relation zu Ihrem dafür aufgewendeten Zeit- und Energieeinsatz bringt, und Sie sollten die Veranstaltungen, die Sie besuchen, auch ernsthaft nützen. Zum ernsthaften Nützen zählen Ihre regelmäßige Teilnahme, Ihre Vorbereitung und Nachbearbeitung und Ihr aktives Mittun.

 MERKE: Weniger ist mehr – wenn Sie das Ausgewählte ernsthaft betreiben!

Kalkulieren Sie bei Ihrer Auswahl alle maßgeblichen Faktoren ein: Interessiert Sie das Thema der Veranstaltung? Fällt es Ihnen schwer, das betreffende Gebiet zu lernen, sodass Sie sich durch die mündliche Vermittlung leichter tun könnten? Liegt Ihnen der Vortragende? Was bringt Ihnen die Lehrveranstaltung im Hinblick auf Ihre Prüfungsvorbereitung? Wie passt die Veranstaltung in Ihren Zeitplan? „Zerreißt" sie Ihnen den Tag? Wie viel Wegzeit („weg"-Zeit![92])) werden Sie investieren müssen?

Denken Sie bei Ihrer Wahl nicht nur an „naheliegende" Veranstaltungen wie Klausurenkurse, in denen Sie Falllösungstechnik üben. Vielleicht gibt es darüber hinaus verborgene Schätze zu heben? Es ist unmodern geworden, Vorlesungen zu konsumieren. Viele Studierende begnügen sich mit ihren Lehrbüchern oder Skripten und dem Besuch von Pflichtveranstaltungen. Dabei kann es dem Verständnis des Stoffes sehr gut tun, ihn erzählt, erläutert, aufgelockert, anschaulich mit Beispielen angereichert – kurzum, lebendig und „live" dargeboten zu bekommen … Zumal Sie in einer Vorlesung oder im Anschluss daran auch Gelegenheit haben, Fragen zu stellen. Vielleicht werden Veranstaltungen angeboten, deren Besuch nicht Pflicht ist, sondern Kür – die aber viel bewirken? Konversatorien, Seminare, oft mit wohltuend kleinem Teilnehmerkreis und daher möglicherweise ansprechender und lehrreicher als so manche Massen-Pflichtveranstaltung?

Repetitorien, in denen der Stoff meist recht knapp vor der Prüfung noch einmal wiederholt wird, machen Sie in der Zielgeraden „prüfungsfit", sind aber nicht sehr sinnvoll, wenn Sie noch eher am Anfang Ihrer Lernbemühungen um ein neues Fach stehen. Wiederholen kann man nur, wovon man schon einmal gehört hat. Trifft dies allerdings auf Sie zu, sind Repetitorien nicht nur reine Wiederholung, sondern auch Vertiefung, und Sie werden überdies manche verbliebene Zweifelsfrage in einer derartigen Veranstaltung klären können.

2. Vorbereiten

Sie werden von der ausgewählten Lehrveranstaltung weit mehr profitieren, wenn Sie sich darauf vorbereiten. Gibt es Übungsfälle, die Sie jeweils bereits vorher lösen können? Was wird in der nächsten Vorlesung behandelt werden? Wenn Sie bereits eine Idee davon haben, was Ihnen vorgetragen wird, gelingt es Ihnen viel leichter, zu vernetzen. Das verbessert Verständnis und Merkfähigkeit gleichermaßen. Sie stoßen dadurch auch auf Fragen, die Sie am Ort des Geschehens spontan und rasch nicht ausreichend durchdenken könnten. Sie haben, wenn Sie bereits wissen, worum es geht, wesentlich weniger mitzuschreiben, was nicht nur Ihre Schreibhand entlastet, sondern vor allem auch Ihre geistigen Kapazitäten. Ein zu Hause gelöster und dann in der Übung besprochener Rechtsfall zeigt Ihnen, wie weit Sie in der Falllösungstechnik fortgeschritten sind, sorgt also für Feedback.

---

[92]) 2. Kapitel I.4.h.

3. Nacharbeiten

Setzen Sie sich nach der Lehrveranstaltung (und einer verdienten Pause!) hin und gehen Sie noch einmal durch, was Sie gehört haben. Vielleicht ergibt sich auch ein Gedankenaustausch mit einem Kollegen?

Schreiben Sie Ihre möglicherweise schlecht leserliche und chaotische Mitschrift ins Reine. Achten Sie hier vor allem auf die Struktur: Sie geht bei Notizen, die Sie sich während der Veranstaltung machen, am ehesten verloren.

Fragen Sie sich: Was genau habe ich heute in der Veranstaltung gelernt und verstanden? Heben Sie diese wesentlichen Lernelemente farbig unterstrichen hervor, zeichnen Sie, unterteilen Sie, gliedern Sie, fassen Sie zusammen … Fügen Sie sie, wenn es passt, in Ihre selbst gefertigten Lernunterlagen, Ihre Exzerpte ein[93]).

4. Nach vorne setzen!

Bemühen Sie sich um einen Sitzplatz möglichst im vorderen Drittel des Hörsaals! Das hat nichts mit Streberei zu tun, sondern mit effizienter Nutzung der Ressourcen (wenn Sie ohnedies schon mal da sind). Je weiter hinten Sie sitzen, desto weiter sind Sie vom Vortragenden entfernt. Daher hören Sie wahrscheinlich nicht so gut, was er von sich gibt. Überdies wird im hinteren Teil jedes Hörsaals der durch Ihre Kollegen verursachte Geräuschpegel stets höher sein als vorne – selbst, wenn sich das Thema als spannend und der Vortragende als mitreißend erweist.

Vorne zu sitzen schärft Ihre Aufmerksamkeit. Sitzen Sie „Aug in Aug mit der Schlange" werden Sie weniger leicht Gelegenheit haben, mit den Gedanken abzuschweifen. Sie werden nicht so stark abgelenkt durch das, was die in Ihrem Umfeld sitzenden Kollegen Unterhaltsames (wenn auch vielleicht nicht eben Zielführendes) tun.

Im vorderen Drittel zu sitzen sorgt im Übrigen dafür, dass Sie auch der Vortragende sicher registriert. Sie besuchen die Lehrveranstaltung zwar (hoffentlich) nicht vornehmlich zum Zwecke des „Gesichtsbades", es hat aber noch niemandem geschadet, wenn der Lehrveranstaltungsleiter, den Sie bei Ihrer mündlichen Prüfung wiedersehen, sich denkt: *„Die oder den kenne ich! War regelmäßig in meiner Vorlesung, hat immer sehr interessiert gewirkt!"*. Das kann Sie möglicherweise sogar retten, falls Sie das Pech haben sollten, in Ihre mündliche Prüfung beim Vortragenden „mit dem linken Fuß einzusteigen"[94]). Vielleicht ist Ihnen nicht bewusst, dass auch ein aufmerksamer Referent im vorderen Drittel seines Auditoriums einzelne Gesichter sieht, die weiter Entfernten aber eher als diffuse Gruppe wahrnimmt.

Übrigens: Das Sitzen in der allervordersten Reihe ist nicht unbedingt zu empfehlen, weil so mancher Vortragende in einem engen, kleinen, oft überfüllten Hörsaal notgedrungen unmittelbar vor dieser Reihe steht. Direkter Blickkontakt ist daher oft erst ab Reihe zwei nach hinten möglich!

---

[93]) Unten V. 3.b. und VI.
[94]) 5. Kapitel III.4.d.

5. Nur Ausgewähltes mitschreiben

Natürlich werden Sie sich Notizen machen. Tun Sie das, aber wohlüberlegt. Selbst als geübter Stenograph werden Sie vom Sprechtempo überholt. Während Sie schreiben, sind Sie im Kopf beim Geschriebenen, unterdessen ereignet sich aber manch Wissenswertes, das Ihnen zwangsläufig entgehen wird. Bleiben Sie also bei kurzen Schlagworten. Mehr werden Sie auch nicht brauchen, wenn Sie sich vorbereitet haben[95]). Auch die Ästhetik zählt vorerst nicht, wenn Sie dies oder jenes schriftlich festhalten, es braucht nur gerade für Sie persönlich leserlich zu sein. Wesentlich ist aber, dass Sie Ihre Notizen nach der Veranstaltung überarbeiten und allenfalls ins Reine schreiben[96]).

6. Nutzen Sie die Gelegenheit zum Mittun!

Nutzen Sie die Gelegenheit, in einer Lehrveranstaltung Fragen zu stellen! Melden Sie sich zu Wort! Reden Sie mit! Wie Sie schon oben unter II.3. und II.5. gesehen haben, steigert sich der Lerneffekt durchs Selbsttun ganz gewaltig. Es liegt ein großer Unterschied zwischen dem aufmerksamen und zustimmenden Hören, was die eine Reihe weiter sitzende Studienkollegin eben gesagt hat, und dem eigenständigen Formulieren eines Gedankens. Erst was Sie selbst ausdrücken, wird Ihnen richtig klar. Und bei der Prüfung müssen Sie ja auch selbst formulieren …

Außerdem ist es in einer durchschnittlich 90minütigen Lehrveranstaltung gar nicht so einfach, durchwegs wach und aufmerksam zu bleiben. Viel leichter geht's, wenn Sie sich laufend aktiv beteiligen.

Zu Ihrer Wortmeldung erhalten Sie Feedback vom Vortragenden und Kollegen. Das hilft Ihnen, sich und Ihren Wissensstand, Ihre Stärken und vielleicht auch kleine Schwächen besser einzuschätzen.

Dass positive Mitarbeit zum Beispiel Übungsnoten verbessern kann, liegt auf der Hand. Dass sich der Vortragende über aktiv Mitarbeitende freut (und sie sich besser merkt als die passiveren Studierenden) ebenfalls. Das fördert unter Umständen auch die Atmosphäre bei mündlichen Prüfungen[97]).

Viele Studierende arbeiten nicht gern mit, weil sie sich sorgen, etwas Falsches zu sagen und sich vor dem Vortragenden und den anderen Lehrveranstaltungsteilnehmern zu blamieren. Werfen Sie diese Bedenken schleunigst über Bord! Was ist schon wirklich völlig absurd (gerade bei Jus!)? Und falls Ihre Wortmeldung tatsächlich indiskutabel unzutreffend war: Sie lernen aus dem Fehler und begehen ihn nicht wieder. Im Übrigen: Wer sagt, dass es die Kollegen besser können als Sie? Und wenn, dann sollen sie es doch gefälligst selbst zeigen! Häufig mitzureden senkt auch die bei vielen vorhandene Hemmschwelle, öffentlich zu sprechen. Da Ihnen dies schon bei mündlichen Prüfungen (bei denen Sie Zuhörer haben werden) und noch viel weniger später im Arbeitsleben erspart bleiben wird, üben Sie es lieber gleich. In einer Gruppe zu sitzen und etwas zu sagen ist allemal leichter, als vor einer Gruppe zu sitzen und ein Prüfungsgespräch zu führen – oder gar ein Referat

---

[95]) Siehe oben IX.2. „Vorbereiten"
[96]) Siehe oben IX.3. „Nacharbeiten".
[97]) Oben IX. 4. und 5. Kapitel III.4.d.

zu halten. Nützen Sie also die Übungsmöglichkeit im „minder gefährlichen" Umfeld. Das desensibilisiert Sie auch, wenn Sie unter Prüfungsängsten leiden[98]).

 MERKE: Wer etwas wagt, kann scheitern. Wer nichts wagt, scheitert sicher!

7. Der „böse" Vortragende

Sollte Ihr Vortragender der zwar seltenen, bedauerlicherweise aber doch vereinzelt existenten Gattung derer angehören, die Ihre Wortmeldungen auf Ihre Kosten in unangenehmer Weise in einen Spaß verwandeln oder gar zynisch werden, ist das für Sie ärgerlich, entmutigend und kränkend. Für Studierende mit Zivilcourage: Was halten Sie davon, den Vortragenden darauf anzusprechen? So mancher Lehrende ist weit davon entfernt, unangenehm sein zu wollen und ist sich vielleicht der Wirkung seines Auftretens gar nicht bewusst. Sie könnten ihn sogar unterstützen, wenn Sie ihn darauf aufmerksam machen. Allerdings werden Sie damit nur erfolgreich sein, wenn Sie die Grundregeln erfolgreicher Kommunikation in heiklen Gesprächssituationen befolgen:

→ Lassen Sie Ihre Empörung und Kränkung erst abkühlen (aktuelle Emotion macht blind, schwach, angreifbar).

→ Überlegen Sie vorher, was Sie sagen wollen.

→ Fassen Sie sich kurz und klar.

→ Führen Sie das Gespräch nicht coram publico in der Lehrveranstaltung, sondern in der Sprechstunde des Vortragenden. Öffentliches gerät leicht zur Anklage, wie vor einem Gericht. Jedermann soll sein Gesicht wahren können, selbst, wenn er einen Fehler macht. Das fällt im kleinen Kreis leichter.

→ Generalisieren Sie nicht, sondern schildern Sie den konkreten Anlassfall. Nur dann weiß der Betroffene, wovon die Rede ist.

→ Sprechen Sie darüber, was das Verhalten in Ihnen ausgelöst hat (und *das* darf ohne weiteres emotional sein!).

→ Legen Sie offen, warum Sie diese Botschaft loswerden wollen (*„Vielleicht ist Ihnen gar nicht bewusst, dass … Ich möchte Sie darauf aufmerksam machen, damit … Ich kann mir nicht vorstellen, dass Sie …, um jemanden zu kränken, aber ich habe mir das sehr zu Herzen genommen, und mir ist wohler, wenn ich Ihnen das sage …"*).

→ Bleiben Sie sachlich und höflich, was auch immer geschieht.

Welche Reaktion haben Sie zu erwarten, was riskieren Sie? Wenig. Möglicherweise wird sich der Betreffende für die Information bedanken, vielleicht Ihren Auftritt einfach nur zur Kenntnis nehmen. So oder so hinterlassen Sie Eindruck. Begegnet man Ihnen aber tatsächlich und wider Erwarten rüde, gibt es nur eines: Boykottieren Sie diese Veranstaltung, suchen Sie sich eine andere mit erfreulicherer Arbeitsatmosphäre – und erzählen Sie Ihre Erfahrungen auch Kollegen. Sie werden sich herumsprechen!

---

[98]) 4. Kapitel III.2.b.

4. Kapitel: Mentalmanagement

Sie lernen lustlos?
Sie seufzen: „Das schaffe ich nie"?
Sie leiden unter überdimensionaler
Prüfungsangst?

Für Sie ganz persönlich!

Was motiviert Sie zum Lernen?

....

Wodurch motivieren Sie sich?

....

Sehen Sie den Unterschied zwischen der ersten und der zweiten
Frage in diesem Kästchen ...?

....

Ihr Mentalmanagement – Ihre Motivation, Ihre innere Haltung zum Lernen – hat großen Einfluss auf Lernergebnis und Prüfungserfolg. Dabei ist wesentlich, zu erkennen, dass es nicht reicht, auf Motivation von außen zu warten. Die kann erfolgen oder aber nicht. Schaffen Sie es hingegen, sich selbst aktiv zu motivieren, und zwar gerade auch auf Durststrecken und bei Rückschlägen, dann steuern Sie selbst Ihren eigenen Erfolg[1]).

In diesem Kapitel finden Sie Anleitungen, wie Sie sich positiv motivieren, wie Sie mit Motivationsfallen umgehen und was Sie gegen Prüfungsängste unternehmen können.

---

[1]) Dazu passt eine Anekdote aus dem Leben meines damals neunjährigen Sohnes. Wir hatten ein schwieriges Thema miteinander zu besprechen, er hat lang gefragt, kritisiert, geschimpft, mit mir diskutiert, mit mir gestritten – und ist plötzlich verstummt. Auf meine Frage, was denn nun sei, sagte er: *„Es reicht. Es ist jetzt Zeit, dass ich mich besser auflege"*. Er hat also völlig richtig erkannt, dass man nicht „schlecht aufgelegt ist", sondern dass man „sich schlecht auflegt" – und sich daher auch „besser auflegen kann". Ein kluges Kind.

I. Motivationsfaktoren

Sie können sich selbst motivieren:

→ durch klare, für Sie „richtige" Ziele

→ durch Erfolgserlebnisse

→ durch Anwendung der Lern- und Planungstechniken, von denen Sie im 2. und 3. Kapitel dieses Buchs lesen

→ durch positive innere Haltung

→ durch positive Sprache

→ durch die richtige Belohnung.

1. Motivationsfaktor: Ziele

 MERKE: Wer den Hafen nicht kennt, dem wird kein Wind günstig sein!

(Seneca)

Ohne Ziel kein Erfolg. Erfolg heißt, um in Senecas Metapher zu bleiben: In den Hafen segeln.

Ziele legt man fest. Arbeitet an ihnen. Und prüft, ob man sein Ziel erreicht hat.

Ihre Ziele legen *Sie* fest! Arbeiten an ihnen! Und prüfen, ob *Sie Ihr* Ziel erreicht haben!

 MERKE: „Würdest du mir bitte sagen, wie ich von hier aus weiter gehen soll?"

„Das hängt zum großen Teil davon ab, wohin du möchtest."

(Lewis Carroll, Alice im Wunderland)

Sie brauchen das „Große Ziel". Und Etappenziele.

 MERKE: Ohne Ziel kein Erfolg.

a. Das „Große Ziel"

Für Sie ganz persönlich!

Ein berühmtes Zitat von Antoine de St.Exupery für Lehrende lautet:

„Wenn du Kinder lehren willst, über das Meer zu fahren, dann belehre sie nicht über Geometrie und Schiffsbau, sondern wecke in ihnen die Sehnsucht nach der Weite des Meeres."

Was bedeutet das für's Lernen? Und für das Setzen von Zielen?

....

Ist es Ihr Ziel, das Studium erfolgreich zu beenden? Selbstverständlich, sonst hätten Sie damit wohl gar nicht begonnen. Suchen Sie also „die Weite des Meeres"! Wenn Sie danach Sehnsucht spüren, werden Sie „Geometrie und Schiffsbau" gern erlernen. Wenn Sie Ihr „Großes Ziel" sehen, sind Verfassungsrecht, Strafrecht, Unternehmensrecht ... leichter zu bewältigen. Sie wissen, wozu Sie lernen.

Überlegen Sie: Warum studieren Sie gerade Jus? Medizin, Sprachwissenschaften oder Buddhismuskunde sind auch etwas sehr Schönes ... Je klarer Ihr Bild[2]), desto stärker seine motivierende Kraft.

„Großes Ziel" kann vieles sein: *„Ich werde stolz sein, wenn ich mein Studium abschließe, weil ich der erste bin, der in meiner Familie Jus studiert hat".* *„Ich gehe als Juristin nach Brüssel und reformiere das Europarecht".* *„Ich will später beim Verein für Konsumentenschutz arbeiten, um benachteiligten Verbrauchern zu helfen".* *„Ich werde erfolgreiche Rechtsanwältin und leiste mir einen Porsche".* Ihr „Großes Ziel" ist immer ganz persönlich und muss weder „politisch korrekt" noch „moralisch über jeden Zweifel erhaben" sein. Wenn wirtschaftlicher Erfolg für Sie verlockender ist als der Gemeinnutzen Ihrer Tätigkeit – nur zu! Das geht ausschließlich Sie selbst etwas an. Wesentlich ist, was für Sie zählt, denn das ist Ihre Triebfeder.

MERKE: Keine Zensur für Ihr „Großes Ziel"!

---

[2]) Leider stößt man speziell unter Studienanfängern immer wieder auf die Idee, man brauche zum Betreiben der Juristerei nicht mehr als ein wenig Fleiß und ein gutes Gedächtnis. Auch Jus verlangt aber Begabung – sprachliches Talent, die Fähigkeit zum logischen Denken und zur Abstraktion. Das Gespür für die ausgleichende Lösung einander widersprechender Interessen. Und auch empathische Fähigkeiten sollten Sie haben, also freundliches Verständnis für Menschen und ihre Anliegen ... Das Recht ist für Menschen gemacht, es ist nicht Selbstzweck!

Malen Sie sich Ihr „Großes Ziel" in allen Einzelheiten aus, mit allen Bildern, Geräuschen, Gefühlen …, die dazugehören. Stellen Sie sich den angestrebten Porsche (rot natürlich! Oder doch schwarz? Oder blitzblau? Jedenfalls cremefarbene Ledersitze!) in Gedanken vor Ihre Haustür. Erleben Sie die Begeisterung Ihres künftigen Mandanten über den glanzvollen Prozessgewinn, den Sie für ihn erstritten haben. Versetzen Sie sich in die Szene, in denen Ihnen die von Freudentränen überströmte Witwe, die Sie per Juristenkunst vor der Obdachlosigkeit bewahrt haben, schluchzend um den Hals fällt … Tragen Sie ruhig dick auf. Im Hinblick auf das „Große Ziel" ist Träumen nicht nur erlaubt, sondern notwendig. Und sehr wirkungsvoll! Holen Sie sich Ihr Wunschbild immer wieder her. Rufen Sie es immer wieder wach, genießen Sie es! Sie können sich auch „von außen" daran erinnern lassen, etwa, indem Sie (um beim Porsche zu bleiben) ein Foto vom Objekt Ihrer Begierde als Desktop-Hintergrund Ihres Computers installieren oder im Lehrbuch als Lesezeichen verwenden. Ihrer Phantasie sind dabei keine Grenzen gesetzt.

Das „Große Ziel" wirkt wie ein starker Motor, der Sie auch auf Durststrecken und nach Rückschlägen vorantreibt. Sie wissen, was Sie tun und wozu Sie es tun. Das „Große Ziel" ist all Ihre Anstrengungen wert.

b. Die Etappenziele

 MERKE: „Selbst eine Reise von 1000 Meilen beginnt mit einem Schritt."

(Chinesische Weisheit)

Eine chinesische Weisheit sagt: *„Selbst eine Reise von 1000 Meilen beginnt mit einem Schritt."*

Ihr „Großes Ziel" zieht Sie an. Es liegt aber 1000 Meilen weit entfernt. Klar, dass Sie 1000 Meilen nicht mit einem einzigen Riesenschritt überwinden können und auch nicht mit einigen wenigen Einzelschritten. Sie werden die Reise in Ihren Hafen in viele realistisch umsetzbare Etappen unterteilen. Und bewältigen eine nach der anderen. Sie fahren von einem kleineren Hafen zum nächsten. Von Seite zu Seite, Kapitel zu Kapitel, Lerntag zu Lerntag, Lehrveranstaltung zu Lehrveranstaltung, Prüfung zu Prüfung.

c. Kurskontrolle

„Nachdem wir unser Ziel endgültig aus den Augen verloren hatten, verdoppelten wir unsere Anstrengungen" (Mark Twain). Sinnvoll …? Fragen Sie sich laufend, ob Sie sich bei dem, was Sie gerade tun, noch auf Ihrem Weg zum nächsten Etappenziel – und auf dem Weg zum „Großen Ziel"! – befinden oder ob Sie abirren. Oder ob sich vielleicht gar das Ziel geändert hat – dazu gleich unten.

d. Kursänderung ... anderer Hafen?

Ziele können sich ändern, manchmal sogar grundlegend. Das gilt für Etappenziele ebenso wie für das „große Ziel". Prüfen Sie also nicht nur immer wieder, ob Sie noch auf Kurs sind, sondern auch, ob Sie nach wie vor denselben Hafen ansegeln! Aus so manchem „Porsche-Saulus" ist bereits ein „Konsumentenschützer-Paulus" geworden. Und umgekehrt. Sie allein bestimmen den Hafen. Soll es ein anderer werden als ursprünglich geplant, greifen Sie zu einer anderen Segelkarte und orientieren sich neu.

2. Motivationsfaktor: Erfolgserlebnisse

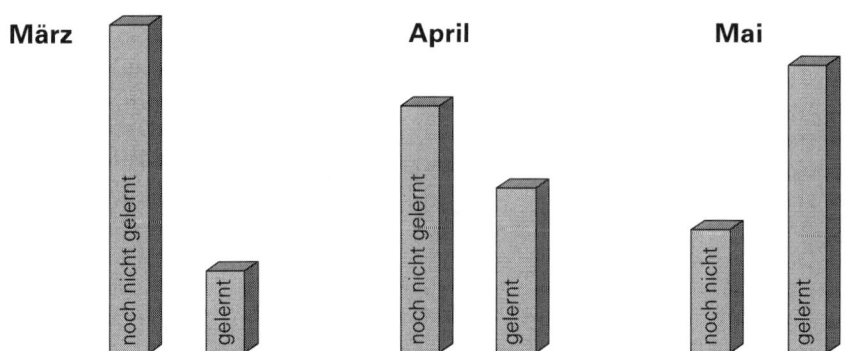

Die beste Motivation ist das Erfolgserlebnis. Maximalen Erfolg erleben Sie jedenfalls, wenn Sie die letzte Prüfung Ihres Studiums positiv absolviert haben, womit die Tür nach Brüssel oder zu Ihrer künftigen Kanzlei aufgeht. Das alles liegt aber einstweilen noch in weiter Ferne. Auf dem Weg dorthin soll Ihnen nicht die Luft ausgehen.

Erfolg heißt, in den Hafen segeln. Von Etappe zu Etappe. Erfolg*erlebnis* heißt, zu registrieren: Hurra, ich bin angekommen!

Machen Sie Erfolgserlebnisse möglich. Machen Sie Erfolgserlebnisse sichtbar.

Was macht Erfolgserlebnisse *möglich*? Das bestimmen Sie! Es kann für Sie „Erfolg" sein, Kapitel Nummer vier des Strafrechtsskriptums gelernt und verstanden zu haben. Es kann für Sie Erfolg bedeuten, den Gleichheitssatz richtig auf einen Rechtsfall angewendet zu haben. Erfolg mag für Sie heißen, Ihren Lernplan lückenlos umzusetzen. Oder vielleicht auch, einen zivilrechtlichen Fall in angemessener Zeit zu lösen. Oder sich in einer Lehrveranstaltung zu Wort gemeldet zu haben ...

 MERKE: Sie allein definieren Ihren persönlichen Erfolg!

Definieren Sie Ihren persönlichen Erfolg realistisch. Sie beginnen mit kleineren Schritten, steigern sich laufend[3]). Sie überfordern sich nicht: Wer sich dauerhaft mehr auferlegt, als er bei allem Einsatz bewältigen kann, läuft sich selbst hinterher, ohne jemals anzukommen[4]). Frustrierend! Sie unterfordern sich aber auch nicht: Selbstbetrug schwächt[5])!

Was macht Erfolgserlebnisse *sichtbar*? Sie überprüfen regelmäßig, ob Sie Ihre Pläne einhalten. Sie haken Erledigtes in ihrem Zeit- und Lernplan ab[6]). Sie richten damit den Scheinwerfer auf das, was Sie bereits erreicht haben. Führen Sie Ihren Zeitplan als Ringordner, zeigen die im Ordner nach hinten wandernden Blätter Ihren Fortschritt[7]). Denselben Effekt bringt Ihre Lernkartei[8]). Sie können auch, wenn Sie gerne am Computer „spielen", ein Balkendiagramm zeichnen, das Ihren Erfolg graphisch verdeutlicht.

Sie *erleben* den Erfolg, wenn Sie ihn auf diese Weise *sichtbar* machen. Es wird augenfällig, dass Schritt für Schritt etwas vorangeht. Besonders empfehlenswert ist das für Lernende, die auf „von außen erkennbares Feedback" Wert legen[9]).

3. Motivationsfaktor: Richtige Lerntechnik

Ohne Plan kein Ziel. Ohne Ziel kein Erfolgserlebnis (siehe oben 1. und 2.). Wenn Sie darüber hinaus die Grundgesetze des Lernens[10]) beherzigen, wenn Sie für Sie passende Lerntechniken verwenden und auch mit neuen Lernmethoden experimentieren[11]), wenn Sie abwechslungsreich und aktiv lernen[12]), motivieren Sie sich auch auf diese Weise. Lesen Sie dazu im 3. Kapitel dieses Buchs nach.

Legen Sie zwischendurch immer wieder einen „strategischen Zwischenstopp" ein und fragen Sie sich:

→ Was funktioniert gut an meiner Taktik für …?
→ Was funktioniert daran nicht?
→ Wie oft funktioniert es nicht?
→ Welche Lerntechniken habe ich bisher erfolgreich angewandt?
→ Welche könnte ich noch ausprobieren?
→ Was brauche ich, um es (noch) besser zu machen?
→ Woher bekomme ich, was ich dazu brauche?
→ Wie macht es Kollege X, der erfolgreich lernt?

Die Zeit und Energie, die Sie in einen solchen „Taktik-Check" stecken, ist gut investiert.

---

[3]) Vgl 2. Kapitel I.4.b. und d.; 3. Kapitel II.8. und 9.
[4]) 2. Kapitel I.4.c.
[5]) 2. Kapitel I.4.c.
[6]) 2. Kapitel I.5.
[7]) 2. Kapitel I.2.; 3. Kapitel II.2.b.
[8]) 3. Kapitel II.2.b.; IV.1.a.
[9]) Vgl im 3. Kapitel III.2.b.; IV.2.c. und unten I.5.: Sie erhalten dieses Feedback zwar nicht von einer anderen Person, Sie erteilen es sich vielmehr selbst – aber so, dass Sie es plausibel nachvollziehen können.
[10]) 3. Kapitel II.
[11]) 3. Kapitel IV.
[12]) 3. Kapitel II.3., V. und VI.

4. Motivationsfaktor: Innere Haltung

a. Das ist so fad … Erfolgreich lernt, wer mit Freude lernt!

Wenn Sie mit der Einstellung *„Das interessiert mich über-haupt nicht, womit habe ich es bloß verdient, mich mit diesem Stoffgebiet herumschlagen zu müssen!"* ans Lernen herangehen, werden Sie sich selbst bremsen. Ihr Gehirn wird sich gegen alles stemmen, was Sie ihm lustlos aufdrängen. Sie werden schlecht auffassen, das Gelernte wird – trotz Wiederholung[13] – schwer im Gedächtnis bleiben. Am besten lernt, wer mit Freude lernt[14]. Neugier und Interesse machen Freude, öffnen und treiben voran.

Eine Binsenweisheit? Ja. Unrealistisch? Nein! Zugegeben, man lernt nicht alles gleich gern … Haben Sie es mit einem Fach zu tun, das Sie nicht von vornherein begeistert, dann fragen Sie sich: Wie könnten Sie das heikle Thema sehen und bearbeiten, dass es Sie neugierig macht?

→ Neugier erweckt es, wenn Sie ein Thema persönlich anspricht. Vielleicht hilft es, sich in die Lage der Personen zu versetzen, die ein bestimmtes Rechtsproblem haben[15]?

→ Vielleicht unterstützt es, Beispiele und Fälle zu suchen, die das Abstrakte greifbar machen[16]?

→ Vielleicht reizt es, den Lehrbuch-Stoff auszuarbeiten, in Ihre eigene persönliche Sprache zu übersetzen[17]?

→ Vielleicht gewinnen Sie Gefallen an dem Thema, wenn Sie es den Kollegen in Ihrem Lernteam[18] schmackhaft machen sollen?

→ Auf welche Weise könnten Sie das Thema jemandem nahe bringen, der davon überhaupt nichts versteht, es aber außerordentlich spannend findet[19]?

→ Wie würden Sie „als Rechtsanwalt" einen juristischen Laien darüber beraten?

→ Was würde jemand, der sich selbst brennend für das Thema interessiert, wohl dazu zu sagen haben[20]?

b. Das ist so schwer … Erfolgreich lernt, wer „die Luft rauslässt"

Gehen Sie mit Respekt an Ihre Lernthemen heran. Aber furchtlos. Entmystifizieren Sie die Materie.

Ein lieber Freund von mir hat im „Greisenalter" von 60 Jahren damit begonnen, Klarinette zu lernen. Vorher nie ein Instrument gespielt. Nur passiver Kontakt mit Musik, als Konsument. Begonnen hat er damit, der Klarinette nach Gehör und

---

[13] 3. Kapitel II.2.
[14] 3. Kapitel II.10.
[15] 3. Kapitel IV.1.c.
[16] 3. Kapitel V.3.a.
[17] 3. Kapitel V.3.b. und VI.
[18] 3. Kapitel VIII.
[19] „Lern- und Wiederholungs-Dummy", 3. Kapitel II.2.c.; IV.1.b. und V.3.a.
[20] Diese Technik bezeichnet man als „zirkuläre Frage": Man wechselt die eigene Perspektive gegen eine fremde, dadurch sieht man mehr.

mit Hilfe von Büchern und Videos aus dem Internet verschiedene Töne zu entlocken (versuchen Sie das einmal als Laie, viel Glück dabei!). Bald war das „Hänschen klein-Stadium" erreicht. Und dann hat er mich mit der Ankündigung verblüfft, er werde jetzt den 2. Satz von Mozarts Klarinettenkonzert in Angriff nehmen (ja, das aus dem Film „Jenseits von Afrika"). Ich war verblüfft! Da traut er sich drüber? Für ihn aber war alles klar und einfach: „Wieso denn nicht? Das ist mein Lieblingsstück, das wollte ich immer spielen. Und es sind ja auch nur Töne, nicht anders als in ‚Hänschen klein'!". Recht hat er. Und geklappt hat es. Bislang mit dem Beginn des 2. Satzes, mit dessen erstem Thema.

Ein gutes Beispiel für das, was ich meine. Alles Nötige war da. Ein „Großes Ziel": Lieblingstück spielen. Etappenziele: Töne zuerst, „Hänschen klein" dann, darauf Mozart 2. Satz die ersten zehn Takte. Fortsetzung folgt. Realistische Etappenziele, aufbauend. Erfolgserlebnisse. Die richtige Technik. Übung. Und die kerngesunde mangelnde Scheu, etwas anzugreifen, was schwer klingt, nur weil es „Mozart" heißt. Sind ja auch nur Töne. Gut so.

Machen Sie es wie mein Freund: Warum sollte Zivilrecht schwerer sein als Strafrecht? Sind ja auch nur Paragraphen …

Übrigens: Bis mein Freund den gesamten 2. Satz des Klarinettenkonzerts spielt, wird es noch lange dauern. Wahrscheinlich wird er Stunden nehmen, wenn das Selbststudium an seine Grenzen stößt. Er wird üben, üben, üben, Ton für Ton. Und – aber das bleibt unter uns, ich sag's ihm nicht! – den 3. Satz des Mozartschen Werkes wird er im wahrsten Sinn der Wortes eher nicht „derblasen" (hören Sie sich den an, dann wissen Sie, warum). Hm. Andererseits: Wer kann das schon sagen? Vielleicht verblüfft er mich wieder? Ich trau's ihm zu! Denn er weiß, wie man die Luft rauslässt!

 MERKE: Entmystifizieren Sie Ihr Lernthema. Alles nur Paragrafen.

c. Das schaffe ich nicht … Erfolgreich lernt, wer sich selbst Gutes prophezeit

Wenn Sie davon überzeugt sind, das Fach, das Sie gerade lernen, sei *„sooo schwer, das schwierigste Fach des ganzen Studiums!"* und Sie *„würden es sicher nicht beim ersten Prüfungsantritt schaffen"*, untergraben Sie Ihre Lernmoral[21]). Abwehr und Angst blockieren. Überdies führt negative Erwartungshaltung geradewegs zum unerwünschten Ergebnis: Man spricht in diesem Zusammenhang von selbsterfüllender Prophezeiung, self fulfilling prophecy[22]): Die Erwartungshaltung wird zur Tatsache, automatisch und im Handumdrehen.

---

[21]) Vgl *Melzig/Schuster* Lernen zu lernen[8] (2010) 169 ff.
[22]) 5. Kapitel II.2.b.

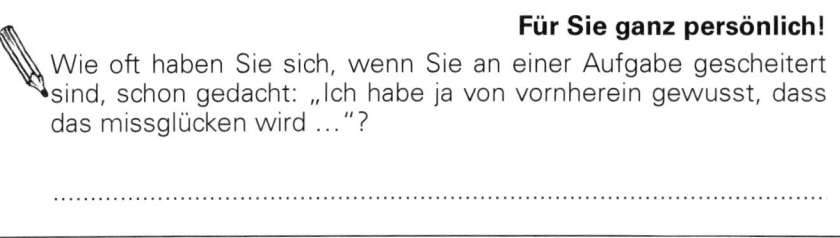

Für Sie ganz persönlich!
Wie oft haben Sie sich, wenn Sie an einer Aufgabe gescheitert sind, schon gedacht: „Ich habe ja von vornherein gewusst, dass das missglücken wird …"?

....

 MERKE: Die Dinge werden so, wie wir sie sehen.

Also fort mit finsteren Gedanken! Kehren Sie das Prinzip der self fulfilling prophecy ins Positive. Prophezeien Sie sich, dass Sie das Fach und die Prüfung schaffen, dass Sie gute Arbeit leisten, dass Sie erfolgreich sind[23]). Dabei geht es nicht um die berühmte rosarote Brille, auch nicht um naives Gottvertrauen (*„irgendwie wird es schon klappen"*). Sondern ausschließlich um den richtigen inneren Zugang zur Lernarbeit, die Ihnen ohnehin niemand abnimmt …

Schotten Sie sich übrigens auch ab von negativen Einflüsterungen von außen. Die kommen oft recht subtil daher. Der nette Kollege: *„Meinst du wirklich, dass sich das für dich zur Prüfung noch ausgeht?"* Die reizende Freundin, der Sie stolz von Ihren Lernfortschritten erzählen: *„Eine Schwalbe macht noch keinen Sommer! Reden wir, wenn du fertig bist"*. Gehen Sie solchen Energievampiren entweder ganz aus dem Weg oder vermeiden Sie wenigstens möglichst das Gesprächsthema „Lernen und Prüfung". Letzteres auch, wenn es sich bei den Vampiren um Ihre zwar liebenden, aber doch immerhin unterhaltspflichtigen Eltern handelt.

d. Positiv Denken = positiv Sprechen = positiv Denken

Die positive innere Haltung fördert den Erfolg. Da sich jede innere Haltung in der Sprache widerspiegelt, ist es notwendig, auch Ihre Sprache von Negativem zu befreien. Kennen Sie den klugen Satz: *„Jede Aussage ist auch eine Einsage"*…?

 MERKE: Sprache steuert – sorgen Sie für Sprachhygiene!

Lassen Sie sich nicht zu demoralisierenden Äußerungen hinreißen wie: *„Ist das langweilig!"* oder *„ich werde das nie verstehen, ich bin zu dumm dafür."*

Falls Ihnen nach Stoßseufzern zumute sein sollte, dann seufzen Sie. Aber nur kurz. Und seufzen Sie richtig! Statt *„ich kann das nicht"*, formulieren Sie: *„Ich kann*

---

[23]) Dazu auch unten III.2.c.

den Verfahrensablauf in Baurechtssachen, ich kann den Gleichheitssatz, ich kann die rechtsgeschäftliche Stellvertretung ... noch (!) nicht. Es fehlen mir nämlich ein gründliches Exzerpt, mehrere Wiederholungen und ein Rechtsfall". Statt *„jetzt habe ich mir das schon wieder nicht gemerkt, ich merke mir das nie"* sagen Sie: *„Ich wiederhole das jetzt noch einmal und suche mir außerdem ein konkretes Beispiel zur Illustration. Daran erinnere ich mich gut!"*

Sie sehen: Es geht darum, den Stoßseufzer wahrheitsgemäß auf das derzeitige Stadium zu reduzieren (es ist *noch* schwer), zu konkretisieren, was genau derzeit noch so schwerfällt und aktiv eine Lösung zu suchen[24]).

 MERKE: Seufzen Sie richtig!

5. Motivationsfaktor: Richtige Belohnung

Belohnung motiviert, wenn Sie sich richtig belohnen.

a. Durch „äußere Vergünstigungen"

Natürlich können Sie sich durch „äußere Vergünstigungen" belohnen. Etwa dadurch, dass Sie nach erfolgreichem Lernen ins Kino oder Schuhe kaufen gehen oder sich über eine Tafel Schokolade hermachen. Solche Belohnungen sind aber nicht ungefährlich.

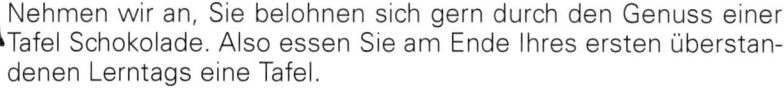

Für Sie ganz persönlich!

Nehmen wir an, Sie belohnen sich gern durch den Genuss einer Tafel Schokolade. Also essen Sie am Ende Ihres ersten überstandenen Lerntags eine Tafel.

Womit belohnen Sie sich am nächsten Tag? Mit einer weiteren Tafel? Oder mit zweien? Und am Tag darauf ...? Wie wird es Ihnen damit gehen?

Die steigende Menge der Vergünstigungen verhält sich umgekehrt proportional zu Ihrem Genuss. Zwei Tafeln Schokolade machen nicht doppelt so glücklich wie eine. Sondern halb so glücklich. Und am Folgetag sind Sie mit Ihrem Schokoladen-Latein am Ende ...

---

[24]) Mitunter hört man statt des *„Ich kann nicht"* auch ein *„Ich will nicht"*. Das *„Ich will nicht"* ist allerdings meist ein gut getarntes *„Ich kann nicht"*. Kennen Sie die Fabel vom Fuchs und den sauren Trauben? Der Fuchs will Trauben pflücken, scheitert aber, weil sie höher hängen, als er springt. Also behauptet er: *„Ich will sie nicht, sie sind mir ohnedies zu sauer"* und schleicht hungrig davon ...

Begnügen Sie sich mit äußeren Vergünstigungen als einzigem Anreiz, werden Sie rasch abhängig. Sie verwässern den Belohnungseffekt und sind nur mehr zu motivieren, wenn es für die Arbeit auch ein „Zuckerl" gibt. Sie reagieren wie ein Süchtiger, der von seinem Suchtmittel immer höhere Dosen braucht. Und das kostet, oder macht dick, oder beides.

Belohnung über äußere Vergünstigungen wirkt daher nur dann nachhaltig, wenn Sie sie nur hier und da einsetzen und darauf ansparen. Vergeben Sie vorweg Bonuspunkte für erfolgreich absolvierte Lerneinheiten und bestimmen Sie die Punkteanzahl, bei deren Erreichung die Vergünstigung fällig wird. Gönnen Sie sich Ihren Kinobesuch also nicht schon für einen „unfallfrei" absolvierten Lerntag, sondern sammeln Sie an: Pro Kapitel ein Punkt; wenn Sie dann fünf, sieben (acht, zehn ...?) Kapitel gelernt und verstanden haben und den Stoff auch auf Anhieb reproduzieren können (fünf, sieben, acht, zehn Punkte) – dann erst ist Ihr Konto voll. Und ab ins Kino!

b. Durch Beifall von außen

Motivierende Belohnung kann weiters die Anerkennung durch andere sein. Auch das hat einen Haken: Diese Anerkennung müssen Sie sich holen, das bedeutet Einsatz. Zum Beispiel in einer Lehrveranstaltung, auf die Sie sich eingehend vorbereiten, um aktiv mitarbeiten zu können und positives Feedback des Lehrveranstaltungsleiters zu erhalten. Hoffentlich klappt das auch. Denn vielleicht kommen Sie in dieser Veranstaltung mit zahllosen Teilnehmern nicht zu Wort. Oder die Rückmeldung war nicht so ermutigend, wie gewünscht. Ihr eigener Einfluss auf das Verhalten anderer ist begrenzt. Auf Lob von dritter Seite zu warten, bedeutet Abhängigkeit[25]! Außerdem gewöhnen Sie sich am besten gleich daran, sich nicht an der Anerkennung von außen festzuklammern: Beifall von anderen werden Sie auch später, im Arbeitsleben, eher selten bekommen. Machen Sie Ihre Sache nicht gut, wird man Sie das spüren lassen. Erledigen Sie Ihre Arbeit aber einwandfrei, gilt das als selbstverständlich und wird meist nicht besonders hervorgehoben.

Beifall von außen ist für Sie aber ganz besonders wichtig? Na gut. Dann sorgen Sie dafür, dass Sie ihn bekommen. Wenn Sie regelmäßig mit Kollegen oder in einem Lernteam[26] arbeiten, kann einer dem anderen auf die Schulter klopfen. Versichern Sie einander wechselseitig, Sie alle seien Helden der Arbeit und des Verwaltungsverfahrensrechts! Noch besser wirkt die „Beifallkette": Am Ende der aktuellen Lernrunde sagt eine aus dem Kreis einen Satz darüber, was ihr an ihrer eigenen Leistung heute konkret (!) besonders gefallen hat (lobt sich also selbst). Hernach wendet sie sich an einen anderen aus der Runde, und teilt dem mit, was ihr an dessen Leistung heute konkret (!) besonders gefallen hat. Die Lobspenderin spricht den Beglückten dabei direkt und persönlich an. Der Beglückte übernimmt das Staffelholz, lobt sich zunächst konkret (!) selbst und gibt den Beifall seinerseits an die nächste Kandidatin weiter. Die setzt fort. Bis alle gelobt haben und gelobt wurden. Ein wunderbares Abschlussritual!

---

[25]) Vgl auch 3. Kapitel III.2.b. und IV.2.c.
[26]) Dazu 3. Kapitel VIII.

c. Durch das Beste vom Besten: Applaudieren Sie sich selbst!

Machen Sie sich unabhängig und holen Sie sich Beifall von der wichtigsten Person im ganzen Lernumfeld: Von Ihnen selbst! Stellen Sie sich vor, Sie sind in einem Lernwettbewerb mit sich – und haben gewonnen! Wenn Sie lernen um des Lernens willen, um Ihrer Ziele willen, wenn Sie sich daran freuen, etwas verstanden, etwas geschafft, etwas abgeschlossen, Ihr Lernplansoll erreicht zu haben[27]), wenn Sie Ihre verdiente Freizeit nach getaner Arbeit genießen – dann motivieren Sie sich aus der Sache heraus! Besser, nachhaltiger (billiger und gesünder) geht's nicht.

Definieren Sie vorweg, wofür Sie sich jeweils Ihr Eigenlob verdienen[28]) und dann bejubeln Sie sich großzügig. Am Ende jeder Lerneinheit. Vor allem am Ende des Tages vor dem Schlafengehen. Und auch dann, wenn Sie den Eindruck hatten, am bewussten Tag nicht allzu gut vorangekommen zu sein. Etwas Beifallswürdiges gibt es immer: Vielleicht „sitzt" zwar Kapitel drei des Skriptums noch nicht wirklich, das ändert sich aber, wenn Sie es wiederholen – und Sie haben zu Kapitel zwei eine hervorragende MindMap® gestaltet[29]) sowie einen Rechtsfall richtig und rasch gelöst! Schließen Sie jede Lernphase immer mit einem positiven Gefühl ab. Das beflügelt Sie für die nächste[30]).

 MERKE: Die beste Belohnung ist, innere Befriedigung aus dem Lernen selbst zu schöpfen.

---

[27]) Das setzt natürlich voraus, dass Sie die Einhaltung Ihres Plans kontrollieren, 2. Kapitel I.5. Abhaken ist Belohnung!

[28]) Verdient muss es sehr wohl sein: Legen Sie sich die Latte nicht zu niedrig (und freilich auch nicht zu hoch).

[29]) 3. Kapitel V.3.b.; VI.7. und 8.

[30]) Wer versucht, ein Tier abzurichten, weiß das. Bello soll apportieren lernen? Egal, wie er sich bei dieser Lerneinheit angestellt hat, an deren Ende gibt es immer Streicheleinheiten und Hundekeks. In Anerkennung seiner Kooperation. Bello merkt sich den positiven Abschluss, umso mehr ist er bereit, nächstes Mal wieder mitzutun. Ob Tier, ob Mensch – der Motivationsfaktor wirkt hier wie dort.

II. Motivationsfallen

1. Motivationsfalle: Fehler und Rückschläge

a. Fehler und Rückschläge als Niederlage?

Ob Sie mit dem Verständnis für Thema x ringen, mit Ihrem Merkvermögen kämpfen, oder gar bei Ihrer Prüfung mit einem Nicht Genügend abgeschnitten haben: Fehler, Hindernisse, Rückschritte oder gar Rückschläge nagen an Ihrer Lernmoral, sofern Sie sie als Niederlage empfinden[31]).

Erlauben Sie sich selbst, „zu scheitern". *Jean-Jaques Rousseau* hat gesagt: *„Die einzige Möglichkeit, einen Irrtum zu vermeiden, ist die Unwissenheit."* Es hilft, wenn Sie sich bewusst machen, dass Fehler, Hindernisse und Rückschläge notwendige, selbstverständliche Bestandteile jedes Lernprozesses sind.

> **MERKE: Kein Lernen ohne Fehler!**

Ein klassisches, dem amerikanischen Anthropologen, Sozialwissenschaftler und Philosophen *Gregory Bateson* zugeschriebenes Lernmodell zeigt bei jedem Lernvorgang vier Stadien: Zunächst befindet man sich im Zustand unbewusster Inkompetenz, gefolgt vom Zustand bewusster Inkompetenz, daran reiht sich der Zustand bewusster Kompetenz, der in jenen unbewusster Kompetenz übergeht.

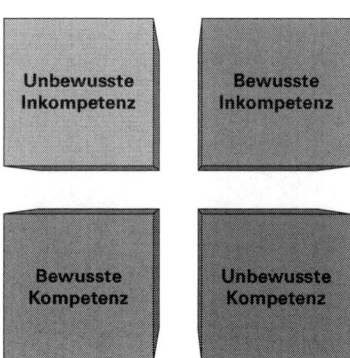

An einem Beispiel ist schnell erklärt, was damit gemeint ist. Stadium eins, unbewusste Inkompetenz: Sie wissen als Studienanfänger nicht, was „Pfand-

---

[31]) Die „Rückschlagsschwelle" wird individuell unterschiedlich hoch sein: Erscheint dem einen nur ein negatives Prüfungsergebnis als Rückschlag, empfindet der andere bereits „nur ein Gut" als schwere Störung. Die folgenden Hinweise gelten unabhängig von Ihrer persönlichen Wertung des Rückschlags.

recht"[32]) ist. Stadium zwei, bewusste Inkompetenz: Sie erkennen beim Erstellen Ihres Lernplans für das Fach Zivilrecht, dass Sie in diesem Fach etwas lernen müssen, das „Pfandrecht" heißt und worüber Sie derzeit noch nicht Bescheid wissen. Stadium drei, bewusste Kompetenz: Sie befassen sich mit den Eigenschaften des Pfandrechts, und versetzen sich in die Lage, mit viel Denkeinsatz etwa Folgendes zu reproduzieren: *„Wirksame Begründung eines Pfandrechts an beweglichen Sachen setzt Recht des Vormanns, gültigen Titel und Modus voraus; als Modus für die Verpfändung von Mobilien kommt die Übergabe von Hand zu Hand in Frage; sofern die untunlich ist, auch die Übergabe durch Zeichen, die Übergabe kurzer Hand ... und noch etwas ..., das habe ich aber gerade vergessen ... was war das nur? Und was bedeutet eigentlich ‚Faustpfandprinzip'?"* In dieser Phase haben Sie also bereits etwas erarbeitet, aber noch nicht wirklich integriert. Stadium vier, unbewusste Kompetenz: Sie sollen bei Ihrer Prüfung die Frage beantworten, ob es möglich sei, ein Kraftfahrzeug durch Übergabe der Autoschlüssel zu verpfänden und wissen sofort: *„Natürlich nicht, das widerspricht dem Faustpfandprinzip!".* Die richtige Lösung kommt automatisch und wie aus der Pistole geschossen.

Zwischen den Lernstadien bewusster und unbewusster Kompetenz liegen stets Fehler! Bis Sie das Pfandrecht wirklich erlernt haben, werden Sie mehrere Schleifen ziehen müssen. Das liegt nicht an Ihren mangelnden Fähigkeiten, sondern gehört zum Lernen. Mit jedem Fehler festigen Sie das Gelernte. Mit jedem Fehler lernen Sie dazu.

 MERKE: Ohne Fehler kein Lernen!

Denken Sie also um. Sehen Sie Fehler nicht als Niederlage, sondern als Rückmeldung. Vielleicht müssen Sie das Fehlerhafte noch einmal lernen, vielleicht müssen Sie es wiederholen, möglicherweise aber auch einen anderen Zugang dazu finden, einen Umweg einschlagen, der Sie letztlich zum Ziel führt, möglicherweise benötigen Sie Hilfe (wobei, wodurch, durch wen, wie ...?).

 MERKE: Fehler sagen: „Mach es noch mal!" Oder: „Mach es anders!"

Seien Sie gnädig mit sich selbst! Es funktioniert nicht alles gleich. Schrauben Sie unrealistisch hohe Ansprüche an sich selbst herunter. Legen Sie die Latte tiefer. Es wird schon!

---

[32]) Fachlich zum Folgenden *Iro*, Sachenrecht[4] Rz 9/1 ff; *Koziol/Welser*, Bürgerliches Recht I[13] 377 ff.

MERKE: „Nobody ist perfect!"

(Osgood Fielding in „Some like it hot")

b. Fehleranalyse

Um die Rückmeldung durch den Fehler zu erfassen, müssen Sie ihn analysieren. Schauen Sie nicht hilflos weg. Werden Sie aktiv, nehmen Sie Ihren Fehler ins Visier und beantworten Sie sich selbst (am wirksamsten in Schriftform) folgende Fragen – so genau und konkret wie nur möglich:

→ Was ist nicht geglückt? (*„Ich habe die Definition des Superädifikats*[33]*) noch nicht verstanden. Das Pfandrecht hab ich noch nicht genug wiederholt, es sitzt nicht. Ich kann die Theorie noch nicht praktisch anwenden. Mir fallen im Moment noch keine Beispiele ein. Ich kann, was ich weiß, noch nicht formulieren*[34]*). Ich weiß nicht, wen aller man unter den ‚Vertrauensmann' nach § 367 ABGB subsumiert. Von den Anspruchsgrundlagen im Bereicherungsrecht kenne ich nur § 1431 ABGB, aber es gibt noch andere. Ich bin beim Lösen von Fällen noch um 20% zu langsam."* ...)

→ Was tun Sie, um diesen Fehler nicht noch einmal zu begehen? (*Mehr wiederholen, andere, zusätzliche Lermethoden, Fälle üben, mit dem Prüfer sprechen, in die Klausur Einsicht nehmen, Lehrbuch xy durcharbeiten ...")*

→ Welche Mittel brauchen Sie, um Ihr Verhalten so zu ändern, dass Ihnen dieser Fehler nicht mehr unterlaufen kann? (*„Lehrbuch xy, einen Fall und einen Wecker ..."*). Welche Mittel dazu haben Sie schon? (*Palten, Lern- und Prüfungsmanager, 3. Kapitel zur Lerntechnik nach neuen Lerntechniken durchforsten ...*)

→ Welche „unerwünschten Nebenwirkungen" könnte es haben, wenn Sie sich so verhalten, wie Sie es jetzt tun wollen, um neuerliche gleichartige Fehler zu vermeiden? Wie werden Sie mit diesen Nebenwirkungen umgehen? (*„Ich brauche eine Woche länger zur Prüfungsvorbereitung als geplant. Egal, ich habe ausreichend Zeitpuffer vorgesehen."*)

→ Was unternehmen Sie als ersten Schritt zur Umsetzung dieses Verhaltens, und wann konkret tun Sie es? (*„Buch xy in der Fakultätsbibliothek ausleihen ... und zwar gleich morgen Vormittag um 11.00 nach der Vorlesung."*)

Wichtig: Fehleranalyse ist die wichtigste Tätigkeit, wenn Sie weitere Fehler derselben Art vermeiden wollen – und Ihre eigene, höchstpersönliche Sache! Sie haben die schriftliche Prüfung bei Professor X nicht geschafft? Ersuchen Sie nun Professorin Y in ihrer Sprechstunde darum, sich doch bitte die negativ beurteilte Prüfungsarbeit anzusehen und Ihnen zu sagen, woran es gelegen haben könnte, haben Sie das Prinzip der Fehleranalyse nicht verstanden. Tipps können Sie sich

---

[33]) *Iro*, Sachenrecht[4] Rz 1/33 ff; *Koziol/Welser*, Bürgerliches Recht[13] I 250 ff.
[34]) Glauben Sie mir: Wenn Sie es noch nicht formulieren können, wissen Sie es in Wirklichkeit auch noch nicht. *„Ist erst der Geist Herr des Gedankens, folgen die Worte von selbst"*. Wenn ich mich nicht irre, stammt dieses Zitat von *Montesquieu*.

von Professorin Y gern geben lassen – aber als Antworten auf konkrete Fragen, die Sie nach der Durchsicht Ihrer Arbeit, der Besprechung des Falles, vielleicht auch einer Unterredung mit Professor X selbst formulieren!

c. Selbstmitleid und Resignation durch den verschobenen Blick

Schriftliche Klausur verhaut! Sie sind sich auf's erste keiner Schuld daran bewusst, baden im Selbstmitleid und resignieren: *„Ich schaffe einfach schriftliche Prüfungen nicht!"* Da hat sich Ihr Blick verschoben! Woher die Vorannahme? Wie viele schriftliche Klausuren haben Sie schon geschafft? Kleinere und große? Eine Prüfung ist daneben gegangen, fünf davor aber waren in Ordnung? Na also! Man neigt dazu, bei Rückschlägen nur das gerade aktuelle Negative zu sehen und zu vergessen, wie viel auf der anderen Seite bereits funktioniert hat. Stellen Sie Ihren Fokus um! Zeichnen Sie auf einen Zettel zwei Spalten „geklappt" und „nicht geklappt" und tragen Sie ein, was hier und dorthin gehört. Dabei zählen aber nicht nur große, sondern auch kleinere Erfolge (also nicht: *„Ach, das war nicht der Rede wert, das war ja so einfach"*). Und das machen Sie so lange, bis in der Spalte „geklappt" mindestens doppelt so viel steht wie in der anderen. Diesen Zettel nehmen Sie regelmäßig und so oft zur Hand, wie notwendig, um Ihre verschobene Perspektive wieder gerade zu richten. Siehe dazu auch oben unter 4. c., d. und 5.

2. Motivationsfalle: Lernstörungen und der „innere Schweinehund"

Lernstörungen – es läuft nicht so, wie Sie es sich wünschen – können viele Ursachen haben. Ziellosigkeit[35]), negative innere Haltung[36]), mangelnde oder unrealistische Planung[37]), unpassende oder fehlerhafte Lerntechnik[38]), mangelnde Selbstkontrolle[39]) wirken demotivierend. Wenn Sie dieses Buch gelesen haben, werden Sie wissen, wie Sie es auf all diesen Ebenen besser machen können. Demotivierend wirkt es nun aber auch, nachzugeben, wenn Ihr innerer Schweinehund bellt … Meist ist dieses Untier verantwortlich für die schlechten Angewohnheiten Aufschieben, Ausweichen und Verzetteln[40]).

Sind Sie ein Aufschieber? Ein Aufschieber beginnt zum Beispiel in der Stunde am Morgen, die vor dem Besuch der Vorlesung noch für das Lernen zur Verfügung stünde, gar nicht erst zu arbeiten, weil es sich ohnedies „nicht mehr auszahlt"; oder er weiß viel Wichtiges zu tun, bevor er sich zum Lernen hinsetzt, und dann ist plötzlich der Tag vorüber, ohne dass er Nennenswertes gelernt hat …

---

[35]) Zum Setzen und Erreichen von Zielen oben I.1.
[36]) Vgl oben I.4.
[37]) Oben I.2. und im 2. Kapitel I.4.
[38]) Oben I.2. und 3. Kapitel.
[39]) 2. Kapitel I.5.
[40]) Dazu auch 2. Kapitel II.3. und 4.

Sind Sie ein Ausweicher? Ein Ausweicher beginnt zwar zu lernen, unterbricht jedoch gleich darauf, weil er etwas dringend Notwendiges holen muss oder weil das Telefon läutet; oder er befasst sich viel zu lange mit einem leichteren Stoffkapitel, sodass er nicht mehr zum für heute als Lernstoff geplanten Schwierigeren gelangt.

Verzetteln Sie sich? Der Verzettler setzt seine Zeit und Energie unökonomisch ein, kommt auch bei schlichtem Lernstoff vom Hundertsten ins Tausendste oder wiederholt zum Beispiel öfter und intensiver als empfohlen, obwohl der Stoff erkennbar schon integriert ist.

Wer aufschiebt, ausweicht, sich verzettelt, tritt auf der Stelle und kann das, was er statt des Lernens tut, nicht genießen, weil er sich permanent mit seinem schlechten Gewissen herumschlägt. Wenn Sie regelmäßig und in großem Umfang aufschieben, ausweichen oder sich verzetteln, und zwar wider besseres Wissen, quasi von einem inneren unwiderstehlichen Bedürfnis getrieben, dann werden Sie sich mit Ihrem Schweinehund auseinandersetzen müssen.

a. Selbstkontrolle

Sie beginnen am besten mit einer genauen Lageanalyse durch Erstellen eines Lernprotokolls. Übergewichtigen, die Diät machen sollen, wird oft geraten, ein Essprotokoll anzufertigen – was gegessen, wann, wie viel, aus Hunger, Langeweile, Frustration? Wäre der Bissen gerade eben auch verzichtbar gewesen …? Sie legen nach diesem Muster ein Lernprotokoll an: Was und wie viel gelernt, von wann bis wann, wann aufgeschoben, ausgewichen? Was während des Aufschiebens, Ausweichens getan? Grund für die Störung? Wie viel Zeit ist durch das Aufschieben, Ausweichen unwiederbringlich verloren gegangen? Unter welchen Umständen, wann, wie verzetteln Sie sich? Wie viel Zeit verschwenden Sie dabei? Zeigen sich Muster (*„immer, wenn ich …, dann …"*)? Bitte wahrheitsgemäß! Und sezieren Sie nicht nur einen einzigen, sondern mehrere aufeinander folgende Lerntage, zumindest zwei Wochen lang[41]).

Anhand des Protokolls kontrollieren Sie sich selbst, Sie erkennen möglicherweise, dass Sie in Ihrem Verhalten immer wieder dieselben Schleifen ziehen und es wird Ihnen vor allem auch bewusst, wie viel Zeit und Kraft Sie vergeuden.

b. Das richtige Futter für Ihren inneren Schweinehund

Am Beispiel des Aufschiebens und des Verzettelns soll im Folgenden gezeigt werden, wie man den inneren Schweinehund richtig füttert. Füttern Sie ihn nämlich mit Zeit, verschwendeter Energie und Ihrem schlechten Gewissen, will er immer mehr davon und pariert nicht. Bekommt er gutes und richtiges Futter, wird er satt, streichelweich und gehorcht. Treten Sie daher mit Ihrem Schweinehund in Vertragsverhandlungen über das für ihn passende Futter[42]).

---

[41]) Vgl auch 2. Kapitel II.4.
[42]) Vielleicht möchten Sie Ihrem persönlichen Schweinehund zu diesem Zweck auch einen Namen und eine Gestalt geben? Experimentieren Sie!

„Warum schiebst du denn auf, wo du doch weißt, wie viel Zeit das kostet und wie sehr das schwächt? Du bist nur faul und bequem! Warum verzettelst du dich? Das ist doch unnotwendig! Mach es doch einfach anders und lerne konzentriert, was du unbedingt lernen musst!" Leicht gesagt. Viel schwerer getan, wenn Ihr innerer Schweinehund nicht für Faulheit oder Bequemlichkeit steht, sondern ein für Sie persönlich wichtiges Bedürfnis bewacht. Meist schützen uns unsere inneren Schweinehunde vor massiven Unlustgefühlen. Wer aufschiebt, muss zum Beispiel nicht befürchten, etwas nicht zu begreifen und sich für unfähig zu halten, entmutigt zu werden, zu scheitern. Wer aufschiebt, hat sich zum Beispiel bei seiner Planung überfordert oder verschafft sich notwendige Ruhepausen oder will sich Lernfrust ersparen. Wer sich verzettelt, will wiederum oft einfach Sicherheit erzielen: Je mehr Details er weiß, desto weniger verwundbar fühlt er sich. Es geht also um den Typus des „Misserfolgsvermeidungsoptimierers"!

Sie werden Ihren Schweinehund nur erziehen, wenn Sie das Bedürfnis, das er bewacht, erkennen und anerkennen, und wenn Sie danach bewusst entscheiden können, Ihr Bedürfnis entweder ganz oder teilweise aufzugeben oder aber auf andere, vernünftigere Weise zu befriedigen. Sonst wird Ihr Kampf gegen den Schweinehund ein ähnliches Schicksal erleiden wie die meisten der üblichen guten Vorsätze zum Jahreswechsel. Ein einmal eingeprägtes Verhalten lässt sich nur dann dauerhaft ändern, wenn sein Vorteil gewahrt bleibt oder sich – wohlüberlegt! – letztlich doch als entbehrlich zeigt.

Nehmen Sie, nachdem Sie mit Hilfe Ihres Lernprotokolls (oben II.2.a.) die Lage analysiert haben und daher auch wissen, wie viel Zeit und Kraft Sie bisher an Ihren Schweinehund verfüttert haben, Zettel und Schreibwerkzeug zur Hand, adaptieren Sie die folgenden Fragen für Ihren persönlichen Schweinehund und beantworten Sie sie schriftlich. Das ist Ihr Schweinehund-Verhandlungsprotokoll.

Die Frage:	Ihre Antwort könnte zum Beispiel lauten:
A. Welchen Vorteil bringt Ihnen das Aufschieben (das Verzetteln ...)?	*Aufschieben: Das Aufschieben erspart mir, mich mit einem Stoff zu befassen, der mich überhaupt nicht interessiert und den ich daher nur schwer begreife. Ich komme mir dumm vor, weil ich den Stoff so mühsam erarbeite und bin außerdem furchtbar müde und nicht konzentriert bei der Sache. (Verzetteln: Je umfassender ich den Stoff bearbeite, je mehr Details ich weiß, desto besser stehen meine Chancen bei der Prüfung. Der Verzettel-Schweinehund gibt mir Sicherheit!)*
B. Was geschieht, wenn Sie so weitermachen wie bisher?	*Aufschieben: Ich werde immer unsicherer, weil meine Studienkollegen erfolgreicher und schneller vorankommen als ich, mein schlechtes Gewissen drückt mich, ich werde den geplanten Prüfungstermin nicht einhalten können, ich halte mich erst recht für un-*

fähig, weil ich nicht einmal versuche, mein Problem zu lösen, sondern ihm aus dem Weg gehe. (Verzetteln: Ich werde, wenn ich so weitermache, die Prüfung erst nach frühestens einem Jahr ablegen und werde noch unsicherer, weil ich das Gefühl habe, umso weniger zu wissen und mir zu merken, je mehr ich ins Detail gehe).

C. Unter welchen Umständen geben Sie den Vorteil, den Ihnen das Aufschieben (das Verzetteln …) bringt, auf?

Aufschieben: Den Vorteil des Aufschiebens gebe ich gerne völlig auf, wenn ich eine Möglichkeit finde, den Stoff für mich interessanter und ansprechender zu gestalten; wenn ich damit vorankomme und mich daher fähig fühle; und wenn ich Wege finde, mich mehr auszuruhen. (Verzetteln: Den Vorteil der Sicherheit kann ich nicht zur Gänze aufgeben, das ist zu wichtig für mich. Ich kann aber mein Verzetteln um 70% reduzieren, wenn ich andere Möglichkeiten finde, um mich sicherer zu fühlen).

D. Was konkret tun Sie statt des Aufschiebens (des Verzettelns)[43]?

Aufschieben: Ich finde einen neuen Zugang zum Stoff, indem ich ihn nach dem Muster Palten, Lern- und Prüfungsmanager, 3. Kapitel V.3.b. und VI. 7.8. in Form von MindMaps® erarbeite. Ich variiere meine Lerntechniken, um für Abwechslung zu sorgen, wobei ich folgende Lernmethoden verwende … Ich halte Arbeits- und Pausenzeiten ein wie der sprichwörtliche Maurer, was ich in meinem Lernprotokoll dokumentiere und kontrolliere: Um Punkt 9.00 fängt ab jetzt mein Lerntag an, um 17.00 endet er im Idealfall. Wenn ich aber wieder aufschiebe, befehle ich mir selbst, die verschwendete Zeit nach 17.00 nachzuholen, gnadenlos. Ich achte während des Lernens darauf, ausreichend Pausen zu machen und lasse mich durch einen Wecker an die Pausenzeiten erinnern. (Verzetteln: Ich setze mir für jedes Lernkapitel ein Zeitlimit von x, in dem ich die Arbeit komplett erledige. Ich schreibe gehirngerechte Exzerpte (3. Kapitel V.3.b.), die ich auf das

---

[43]) Bitte positiv formulieren (also nicht: „*nicht aufschieben*“) und konkretisieren („*Ich werde effizienter lernen*“ wäre zu vage).

Wesentlichste beschränke. Nur wenn ich etwas wirklich nicht verstanden habe und wenn das zudem wichtig ist (woran erkenne ich das?) greife ich zu einem weiteren Buch. Aber jedenfalls nur zu einem einzigen weiteren. Wenn ich unsicher werde, ob ich etwas ausreichend verstanden habe, besuche ich die Sprechstunde von Prof. Y und frage nach. Außerdem arbeite ich in der Lehrveranstaltung regelmäßig aktiv mit und bekomme dadurch Feedback, das mir zeigt, wo ich stehe und woran es vielleicht noch fehlt).

E. Wie sehr steht das, was Sie zu tun beabsichtigen, unter Ihrem eigenen Einfluss?

Aufschieben: Das alles steht völlig unter meinem Einfluss. (Verzetteln: Das meiste steht unter meinem Einfluss. Allerdings muss ich mich noch informieren, wann und wo Prof. Y seine Sprechstunde hält und mich dafür anmelden. Falls Prof. Y gerade nicht zur Verfügung stehen sollte, worauf ich keinen Einfluss nehmen kann, wende ich mich an Prof. Z., der dann und dann Sprechstunde hält).

F. Was haben Sie schon, um Ihren Vorsatz in die Tat umzusetzen? Was brauchen Sie noch dazu? Woher bekommen Sie es?

Aufschieben: Ich studiere den Aufbau von MindMaps® sowie die neue Lerntechnik … im „Lern- und Prüfungsmanager". Ich besorge mir einen roten und einen blauen Farbstift sowie unlinierte Din-A4-Blätter im Papiergeschäft um die Ecke. Den Wecker habe ich. (Verzetteln: Ich informiere mich über die Sprechstundenzeiten und den Ort, bereite mich auf die Lehrveranstaltung vor und lege mir meine Uhr zurecht, um das selbst gesetzte Zeitlimit zu kontrollieren. Außerdem werde ich mich durch einen Kinobesuch am Samstag belohnen, wenn ich eine Woche lang gelernt habe, ohne mich auch nur ein einziges Mal zu verzetteln. Ich überprüfe das durch mein Lernprotokoll. Ich sage mir immer wieder im Geist einen passenden Satz, der mir Sicherheit gibt, eine Affirmation[44])).

G. Welche unerwünschten Nebenwirkungen könnte Ihr neues Verhalten nach sich ziehen?

Aufschieben: Ich brauche Zeit, um mich mit der Technik der MindMap®-Gestaltung auseinanderzusetzen, zu Beginn dauert auch si-

---

[44]) Vgl unten III.2.c.bb.

*cher das Erstellen der Maps länger, bis ich da-
rin Übung habe. (Verzetteln: Vielleicht über-
sehe ich Details, die tatsächlich wichtig und
für mein Verständnis und die Prüfung rele-
vant sind).*

H. Was tun Sie, um sich mit allfälligen unerwünschten Nebenwirkungen zu arrangieren?

*Aufschieben: Ich gebe mir drei Tage lang Zeit,
in die neue Lerntechnik hineinzufinden und
adaptiere meinen Zeit- und Lernplan entsprechend. (Verzetteln: Ich lerne den Stoff
parallel zur Lehrveranstaltung, nur das, was
dort diskutiert wird, ist für mich wichtig. Außerdem denke ich immer an das Pareto-
Prinzip[45]) und hänge mir eine Skizze davon
über den Schreibtisch).*

I. Was tun Sie nun als ersten konkreten Schritt zur Umsetzung Ihres Vorhabens, und wann?

*Aufschieben: Ich stelle jetzt gleich den Pau-
senwecker, beginne dann im „Lern- und Prüfungsmanager" mit dem Lesen der betreffen-
den Abschnitte und zeichne im Anschluss
meine erste MindMap® zum Stoff. Jetzt ist es
zehn Uhr, ich bin damit um 11.30 Uhr fertig.
(Verzetteln: Ich bereite mich jetzt gleich auf
die Lehrveranstaltung vor, indem ich den
dort zu erarbeitenden Fall innerhalb der
nächsten 60 Minuten löse. Am Abend nach
dem Lernen [17.00] informiere ich mich im
Internet über die Sprechstundenzeiten und
trage sie in meinem Kalender ein. Danach
dichte ich eine passende Affirmation, die ich
mir heute vor dem Schlafengehen zehn Mal
vorspreche und ab morgen täglich drei Mal –
morgens, mittags abends – in je zehn Wiederholungen).*

Es kann sein, dass Sie diese Fragen in mehreren Durchgängen bearbeiten
müssen, weil Sie etwa bei der Beantwortung von Frage F etwas entdecken, das Sie
bei Frage B zuvor noch übersehen hatten.

---

[45]) 2. Kapitel II.3.

c. Schließen Sie einen Vertrag mit Ihrem inneren Schweinehund

Sind Ihre Vertragsverhandlungen mit Ihrem inneren Schweinehund bis hierher gelangt, so ist die Phase „in contrahendo[46])" abgeschlossen und die Zeit reif, einen Vertrag mit ihm zu schließen. Bedanken Sie sich bei Ihrem Schweinehund feierlich dafür, dass er Ihre Bedürfnisse so wachsam hütet. Bedanken Sie sich auch für seine Kooperation bei der Suche nach einem anderen Verhalten, das Ihre Bedürfnisse genauso gut oder gar besser berücksichtigt. Sichern Sie Ihrem Schweinehund zu, dass er sich melden darf, wenn sich in Hinkunft zeigen sollte, dass Sie einen Punkt im Verhandlungsprotokoll doch noch nicht ausreichend geklärt haben. Sichern Sie ihm zu, dass Sie ihn hören werden. Und dann lassen Sie sich von ihm versprechen, dass er Sie in Ihren Lernzeiten (beispielsweise von 9.00 bis 17.00) mit seinen Aufschub-, Ausweich- und Verzettelbestrebungen gefälligst in Frieden lässt. Und kusch!

Das alles klingt vielleicht ein bisschen sonderbar. Aber bedenken Sie: Ein Vertrag zwischen zwei Personen wird sich dann als haltbar erweisen und die wechselseitigen Pflichten werden gerne und freiwillig befolgt, wenn beide Parteien den Eindruck haben, ihre Anliegen und Interessen seien in der Vereinbarung ausreichend und ausgewogen berücksichtigt. Bei einem Vertrag, den man mit seinem inneren Schweinehund, und damit mit sich selbst schließt, ist das um kein Haar anders!

Es bleibt nun nur noch, die Einhaltung des Vertrags laufend zu kontrollieren und hellhörig zu werden, wenn sich Ihr Schweinehund Ihnen wieder einmal knurrend in den Weg stellen sollte. In diesem Fall werden Sie das Verhandlungsprotokoll neuerlich zur Hand nehmen und allenfalls nachverhandeln. Eines müssen Sie aber im Auge behalten: Ihre Vereinbarung mit dem inneren Schweinehund ist nur durch Sie selbst vollstreckbar, Sie sind Ihr eigener Gerichtsvollzieher!

III. Ich bin so nervös …!

1. Wie „nervös" sind Sie? Und was tun Sie dagegen?

Prüfungsnervosität tritt in verschiedenen Phasen auf, unterschiedlich schwer und mit unterschiedlichen Auswirkungen. Kaum jemand, der nicht im „Akutstadium", bei der Prüfung oder knapp davor, nervös sein wird. So manchen packt die Nervosität aber bereits weit früher. Der eine wird ein leichtes Kribbeln verspüren, der andere blanke Angst. Diesem kommt die Nervosität zugute, weil

---

[46]) Zum vorvertraglichen Schuldverhältnis *Dullinger*, Schuldrecht Allgemeiner Teil[4] Rz 1/18 ff; *Koziol/Welser*, Bürgerliches Recht II[13] 16 ff. Dort wird auch das Rechtsinstitut der culpa in contrahendo behandelt: Verhalten Sie sich Ihrem Verhandlungspartner Schweinehund gegenüber stets sorgfältig …

ihn der Adrenalinstoß beflügelt, jene schlägt sich bei Prüfungen unter seinem tatsächlichen Wert, weil die Nervosität ihr Denkvermögen lähmt.

Was Sie gegen Prüfungsnervosität im „Akutstadium" bei der Prüfung oder knapp davor unternehmen können, finden Sie im 5. Kapitel II.2., III.5., IV.4. Unabhängig davon, zu welchem Zeitpunkt und in welcher Stärke Ihre Nervosität einsetzt und wie sie sich bei der Prüfung auswirkt, tun Sie gut daran, eine oder mehrere der hier nun folgenden Taktiken anzuwenden; je länger vor der Prüfung und je regelmäßiger, desto wirksamer. Sehr wichtig ist das vor allem auch dann, wenn Sie vor einer bestimmten Prüfung besonders angespannt sind, etwa, weil Sie dabei bereits einmal oder gar wiederholt negativ abgeschnitten haben. In solchen Fällen wird aus Nervosität vor der Prüfung leicht Angst vor der Prüfung, und die geht über in Angst vor der Angst – es entsteht ein quälender Teufelskreis.

Sollten die hier vorgeschlagenen Strategien nicht ausreichen, um Sie gegen übermäßige Befürchtungen zu wappnen, ziehen Sie bitte auch in Betracht, professionelle Hilfe in Anspruch zu nehmen[47]). Unterdrücken Sie psychosomatische Erscheinungen wie etwa Schlafstörungen nicht einfach durch Medikamente, sondern fassen Sie das Problem unter Anleitung des Experten an der Wurzel.

2. Kampf der Prüfungsnervosität!

a. „Den Feind fassen und bekämpfen"

„Ich fürchte mich so vor der xy-Prüfung …!" Diffuse Ängste lähmen, machen Sie hilflos. Erlauben Sie der Angst nicht, Sie nach Partisanenmanier aus dem Hinterhalt zu überfallen. Enttarnen Sie Ihre Angst, machen Sie den Feind sichtbar – damit können Sie ihn am Kragen packen und sich gegen seine Attacken wehren.

Setzen Sie sich am besten mit einem Zettel und Schreibwerkzeug hin und beantworten Sie schriftlich folgende Fragen:

Die Frage:	Ihre Antwort könnte zum Beispiel lauten:
A. Welche Vorteile bietet Ihnen Ihre Prüfungsangst?	*Das freigesetzte Adrenalin macht mich konzentriert, hellwach, kampfbereit und kreativ. Oder: Meine nach außen erkennbare Angst entwaffnet das Gegenüber. Oder: Meine Angst rechtfertigt es, wenn mein Prüfungsergebnis nicht so gut ausfällt, wie ich es gerne hätte. Oder: Meine Angst verschafft mir Aufmerksamkeit, Zuwendung, Bedauern anderer. Oder: …*
B. Unter welchen Voraussetzungen sind Sie bereit, sich von diesem Vorteil Ihrer Prüfungsangst zu trennen? Wie viel davon wollen Sie loslassen?	*Es ist mir zwar unangenehm, wenn ich nervös bin, aber es hält mich bei der Prüfung so sehr „auf Trab", dass ich letztlich gar nicht darauf verzichten möchte. Oder: Die Zuwen-*

---

[47]) Dazu auch 5. Kapitel II.2.a.cc.; III.5. und IV.4.

dung und Aufmerksamkeit, die ich gerne hätte, erhalte ich auf andere Weise auch, zum Beispiel, wenn ich die Prüfung besonders gut absolviere. Oder durch xyz. 40% von meiner Prüfungsangst lege ich damit ab.

C. Was befürchten Sie konkret? Wie äußert sich das, was Sie befürchten?

Ich bleibe stecken, weil ich einen bestimmten Begriff suche und nicht finde. Oder: Ich habe ein Blackout und bringe kein Wort mehr heraus. Oder: Ich werde rot. Oder: Meine Stimme zittert und klingt belegt, mein Mund ist trocken, damit wirke ich unsicher. Oder: Der Prüfer treibt mich an und sieht verfinstert aus, das verwirrt mich, ich kann nicht mehr klar denken. Oder: Ich kann bereits die erste gestellte Frage nicht beantworten und gebe vorschnell alle Hoffnung auf. Oder: Ich spreche zu schnell und verhasple mich. Oder: ...

D. Bei mehreren Befürchtungen nummerieren: Wovor ängstigen Sie sich am stärksten, wovor weniger?

Am meisten (1.) fürchte ich, bereits die erste Frage nicht beantworten zu können; gefolgt von (2.) der Prüfer treibt mich an und (3.) trockener Mund. Oder: ...

E. Auf einer Skala von 1 (wenig) – 10 (sehr): Wie stark fürchten Sie sich vor xy?

Davor, vom Prüfer angetrieben zu werden: 3,5 Punkte auf der zehnteiligen Schreckensskala ... – oh, nur!? Das ist ja gar nicht so schlimm, ich dachte, es wäre viel ärger. Mit 3,5 Punkten kann ich leben. Oder: 9 Punkte? Ich unternehme etwas dagegen und zwar (...siehe dazu unten Fragen G-L).

F. Wann, wie oft ist Ihnen das Befürchtete schon tatsächlich passiert?

Damals bei der x-Prüfung (was konkret ist damals geschehen? Wie haben Sie reagiert? Wie der Prüfer?). Oder: Eigentlich noch nie, aber ich fürchte mich davor, dass es passieren könnte (Gratulation! Sie haben offenbar bereits eine erfolgreiche Taktik entwickelt – welche?) Oder: ...

G. Was tun Sie, wenn Ihnen xy tatsächlich zustößt (bitte aktiv, positiv[48]) und konkret formulieren)?

Ich nehme mir eine Flasche Wasser zur Prüfung mit, um meinen trockenen Mund regelmäßig zu befeuchten. Oder: Ich ersuche den Prüfer um Geduld und verweise auf meine Nervosität. Oder: Ich klebe ein Post-it mit ei-

---

[48]) Passiv, negativ und abstrakt wäre: „Es wäre gut, wenn man irgendetwas tun könnte, um keinen trockenen Mund zu bekommen."

ner selbst gezeichneten Schnecke auf mein Gesetzbuch, um mich ans Bremsen zu erinnern. Oder: Ich atme vor jeder Antwort einmal tief durch. Oder: …

H. Wie sehr steht das, was Sie zu tun beabsichtigen, unter Ihrem eigenen Einfluss?

Ich kann das finstere Gesicht des Prüfers nicht ändern, aber ich kann ihn um mehr Geduld ersuchen. Oder: …

I. Welche unerwünschten Nebenwirkungen könnte Ihr neues Verhalten nach sich ziehen?

Der Prüfer spricht mich bei meiner mündlichen Prüfung möglicherweise auf meine Flasche Wasser an, das wäre mir unangenehm. Oder: …

J. Unter welchen Umständen sind Sie bereit, sich mit diesen unerwünschten Nebenwirkungen zu arrangieren? Was tun Sie, um sich damit zu arrangieren?

Funktionierende Sprechwerkzeuge sind mir die erstaunte Reaktion des Prüfers auf die Flasche gerne wert. Ich sage ihm in diesem Fall, dass ich aus Nervosität leicht einen trockenen Mund bekomme und mir das Wasser dagegen hilft. Oder: …

K. Was haben Sie schon, um Ihr Vorhaben in die Tat umzusetzen? Was brauchen Sie noch dazu? Woher bekommen Sie es?

Ich brauche eine Flasche Wasser in geeigneter Größe (0,5 Liter). Die finde ich gerade im Kühlschrank. Oder: Die Flasche muss ich besorgen. Oder: …

L. Was tun Sie nun als ersten konkreten Schritt zur Umsetzung Ihres Vorhabens, und wann?

Ich formuliere heute Abend um 18.00 nach dem Lernen einen kurzen und bestimmten Satz, mit dem ich den Prüfer um mehr Geduld ersuche, spreche diesen Satz mehrmals laut aus und höre mir an, wie er klingt. Morgen nach der Vorlesung um 14.30 frage ich außerdem Kollegin X, wie sich der Satz für sie anhört. Oder: Ich kaufe eine Flasche Mineralwasser, und zwar jetzt sofort. Oder: …

b. Desensibilisierung

Allergiepatienten hilft Desensibilisierung: Die Substanz, auf die der Patient allergisch reagiert, wird ihm zunächst in ganz kleinen und dann immer höheren Dosen regelmäßig verabreicht. So gewöhnt sich der Körper allmählich an das Allergen, die allergische Reaktion nimmt ab. Dasselbe Verfahren kann auch ein Psychotherapeut als Form der Verhaltenstherapie bei Angstpatienten anwenden: Der Patient wird schrittweise und immer stärker an die ihm gefährlich erscheinende Situation heran- und letztlich in diese Situation hineingeführt. Das beseitigt den Schrecken zwar meist nicht ganz, aber der Patient lernt, flexibler damit umzugehen, er wird dagegen weniger empfindlich.

Desensibilisieren Sie sich selbst gegen Prüfungsangst, indem Sie sich Schritt für Schritt daran heranführen und Ihre Anforderungen nach jedem erfolgreichen Schritt steigern. Als Desensibilisierungs-Stufen kommen zum Beispiel in Frage:

→ Hören Sie bei mündlichen Prüfungen Ihres Prüfers zu (das ist freilich von der eigenen Prüfungssituation noch weit entfernt, aber: Sie nehmen wahr, wie sich die Prüfung abspielt und wie es anderen dabei ergeht).

→ Lassen Sie sich von Kollegen abfragen, simulieren Sie dabei den Ernstfall (schon etwas näher: Sie müssen selbst eine Antwort finden und formulieren, Sie werden bewertet, wenn auch natürlich nicht vom Prüfer, sondern vom Kollegen).

→ Schreiben Sie Übungsklausuren, absolvieren Sie Klausurenkurse (ziemlich nah: Sie lösen Klausuren und werden benotet).

→ Beteiligen Sie sich aktiv und mit Wortmeldungen in Übungen und Vorlesungen Ihres Prüfers (auch nah dran: Sie melden sich, Sie wagen also, vor den Kollegen im Hörsaal und zum Prüfer „öffentlich" zu sprechen, Sie finden und formulieren Ihre eigene Antwort, Sie erhalten bewertendes Feedback).

→ Besuchen Sie auch kleinere Speziallehrveranstaltungen Ihres Prüfers mit geringer Teilnehmerzahl und beteiligen Sie sich daran aktiv. Damit sind Sie sehr nahe an der Prüfungssituation, Sie werden bewertet, bekommen Rückmeldungen, sind unter den wenigen Teilnehmern exponiert, haben Zuhörer (und fallen dem Prüfer überdies angenehm auf).

c. Mentaltechniken

Der mentale, also geistig-seelische Zugang zu einer Aufgabe beeinflusst das Resultat ganz wesentlich. Keine Spitzensportart heutzutage ohne Einsatz von Mentaltechniken schon im Training und natürlich auch während des Wettbewerbs!

Folgende Geschichte[49] beschreibt, was mit „mentalem Zugang" gemeint ist.

Stellen Sie sich vor, vor Ihnen auf dem Boden läge ein 30 cm breites Brett und Sie hätten die Aufgabe, darüber zu gehen, ohne zu schwanken oder auf die Seite zu treten. Kein Problem? Ganz klar, das schaffen Sie leicht. Nun aber stellen Sie sich vor, dasselbe Brett, über das Sie gerade fehlerfrei gegangen sind, sei zwischen den Fenstern zweier gegenüberstehender Hochhäuser befestigt, auf Höhe des zehnten Stockwerks. Und wieder sollen Sie darüber gehen, ohne zu schwanken oder gar zu stürzen. Vermutlich würde Ihnen diese Übung wesentlich schwerer fallen als die erste, und zwar selbst dann, wenn man Sie zum Trost vorher darüber informiert, dass die Feuerwehr am Boden ohnehin ein Sprungtuch für Sie bereithält, sodass die Unternehmung selbst im schlimmsten Fall nicht tödlich endet.

Warum aber fühlen Sie sich unwohl, schwanken Sie oder stürzen sogar, wenn Sie sich in der Höhe über das Brett bewegen, während Sie doch bereits bewiesen haben, dass Sie die Aufgabe am Boden mühelos bewältigen …? Die Balanceübung

---

[49] Sie stammt von *Neil Fiore*, gelesen habe ich sie bei *Küstenmacher/Seiwert*, Simplify your life (2001) 154 f. Im Original ist sie ein Stück mit vier Akten und dient eigentlich dazu, Muster der Arbeitsorganisation sichtbar zu machen. Ich verwende hier zweckentfremdet nur ein einziges Bild daraus, um das Wesen des „mentalen Zugangs" zu illustrieren.

verlangt doch hier wie dort dieselben Fähigkeiten! Der einzige (aber gewaltige) Unterschied besteht also auf mentaler Ebene – darin, mit welcher inneren Haltung Sie die beiden Aufgaben anpacken.

Bei den folgenden einfach anzuwendenden Strategien gegen Prüfungsnervosität geht es bildlich gesprochen darum, durch laufend wiederholte und lebhafte Selbstbeeinflussung (Autosuggestion) in Ihnen die Vorstellung zu wecken, Sie seien in jedem Fall und daher auch auf Höhe des zehnten Stockwerks leicht imstande, über das Brett zu gehen. Mentaltechniken ersparen Ihnen natürlich nicht, richtig zu lernen (an Ihrer Fähigkeit zu balancieren müssen Sie trotzdem arbeiten), aber Ihr Zugang ändert sich (das „Hilfe, so hoch!" wird gedämpft).

Beide Strategien wirken besonders gut, wenn Sie sie mit Entspannungsübungen kombinieren, also etwa mit progressiver Muskelentspannung nach *Jacobson*[50]) oder mit autogenem Training[51]): Zunächst die Entspannung, dann „daraufgesetzt" die Autosuggestion.

aa. Kopfkino

Ein Schirennfahrer fährt die Abfahrtsstrecke nicht nur zwei-, dreimal im Training. Er fährt sie *im Geist* immer wieder von neuem, viele, viele Male. Er sieht dabei den Verlauf der Strecke vor sich, sieht, wie er ihre heiklen Schlüsselstellen bravourös meistert, hört das Rauschen der Ski über den Schnee, hört die begeisterten Zuhörer, fühlt den Fahrtwind, fühlt, wie sich seine Oberschenkelmuskeln kraftvoll anspannen, wenn er die Haarnadelkurve in der Ideallinie nimmt … und Bestzeit!

Folgen Sie diesem Vorbild. Drehen Sie im Kopf Ihren eigenen Film über Ihren erfolgreichen Prüfungsauftritt. Ihren Film, in dem Sie die Hauptrolle spielen. Wobei Sie nicht nur sehen und hören: Sie versetzen sich auch in ein „Gefühls-, Geruchs-, Geschmackskino im Kopf". Je intensiver und kompletter die Sequenz, je detailreicher, je mehr Sie alle Sinneskanäle einbeziehen, desto wirksamer. Sie wünschen sich, bei der Prüfung ruhig, besonnen und gelassen zu reagieren? Sie wünschen sich, Ihr Wissen umfassend und souverän anzubringen? Erleben Sie sich selbst in Ihrer idealen Prüfungssituation (wie sehen Sie aus, was haben Sie an, welche Körperhaltung, welcher Gesichtsausdruck? Wie klingt Ihre Stimme, wenn Sie leicht, gelassen und in fließender Rede auf die gestellte Frage antworten? Was fühlen Sie dabei? Ihr Prüfer folgt Ihnen aufmerksam, entspannt und mit freundlicher Miene, die Zuhörer ebenso … und so weiter). Wünschen ist nicht nur erlaubt, sondern notwendig, damit die Sache gelingt! Malen Sie sich Ihre Szene aus. Lassen Sie sie immer wieder ablaufen, als letzte Handlung vor dem Einschlafen, morgens früh beim Aufwachen, und zwischendurch. Es genügt mit wachsender Übung, nur eine kurze, besonders starke Sequenz in Ihrer Szene „anzutippen", schon ist der gesamte Film vom Gefühl her da, Sie brauchen ihn dann nicht mehr immer ganz ablaufen zu lassen.

---

[50]) Spezialliteratur dazu in den Literaturhinweisen.
[51]) Spezialliteratur dazu in den Literaturhinweisen.

Was, wenn in Ihrer Filmvorführung ein Kritiker sitzt? Ein Kritiker in Ihrem Kopf, der flüstert: *„Du glaubst doch wohl selbst nicht, dass das so einfach funktioniert, das ist doch eine Illusion ...".* Hören Sie nicht auf den Kritiker, lassen Sie sich nicht beirren. Ihr Gehirn lernt durch die Wiederholung der Wunschvorstellung, die Grenzen zwischen Wunsch und Wirklichkeit verschwimmen. Die selbst produzierte „Gehirnwäsche" wirkt positiv auf Ihr Unbewusstes und prägt damit Ihren positiven Zugang zur Prüfung. Aus Wiederholung entsteht Überzeugung: „Fake it, 'til you make it[52])". Wenn Spitzensportler das erfolgreich anwenden, dann auch „Spitzenlerner".

bb. Autosuggestion durch ermutigende Sätze

Diese Methode[53]) ähnelt der unter aa. beschriebenen in Ansatz und Wirkung, nur wird ein anderes Mittel gewählt. Sie umschreiben den bei Ihrer Prüfung angestrebten Idealzustand verbal und wiederholen diesen Satz immer wieder im selben Wortlaut (Affirmationen)[54]).

Dabei ist ausschlaggebend, den für Sie „richtigen" Satz zu finden. Achten Sie vor allem darauf, ihn positiv zu formulieren, also den Idealzustand herbeizubeschwören und nicht dessen Gegenteil. Probe aufs Exempel: Denken Sie nicht, niemals, unter keinen Umständen, an ein blaues Nilpferd mit gelben Tupfen! Vor Ihrem inneren Auge baut sich unweigerlich ein blaues Nilpferd auf. Die eindringliche Aufforderung, *nicht* daran zu denken, geht unter ... Sagen Sie sich selbst: *„Ich bin bei der Prüfung nicht nervös"*, versteht Ihr Gehirn „nervös!" – und folgt prompt dem Kommando. Daher also stattdessen: *„Ich bin bei der Prüfung ruhig und gelassen"*.

Sie folgen am besten diesem Modell:

→ Idealzustand, positiv formuliert (*„ruhig und gelassen"*).

→ Kurz und klar (*„ruhig und gelassen"* statt *„ruhig, gelassen, souverän, selbstsicher, mutig, konzentriert und locker"*. Suchen Sie sich das für Sie Wesentlichste heraus, weniger ist mehr).

---

[52]) „Schwindle solange, bis es wahr wird". Auch der tatsächlich objektiv messbare Placebo-Effekt beruht auf einem ähnlichen Effekt. Der Patient glaubt, dass das „Medikament" wirkt. Also wirkt es. Je öfter und intensiver Sie sich in Ihrem Kopfkino eingeben, dass Sie an Ihren Erfolg glauben, desto eher glauben Sie daran. Und es wirkt!

[53]) Sie wurde von *Emile Coué* bereits im 19. Jahrhundert entdeckt. *Coué*, ein Apotheker, stellte fest, dass seine Kunden unterschiedlich gut auf Medikamente reagierten, je nachdem, ob es ihnen ohne Kommentar oder aber mit der Zusicherung, sie würden sicher bestens helfen, aushändigte. *Coués* Suggestion, seine unterschwellige Beeinflussung, wirkte also auf das Gegenüber. Aus dieser Erkenntnis entwickelte er die Methode der Autosuggestion, der Selbstbeeinflussung durch positive Sätze. Vgl dazu auch die Literaturhinweise.

[54]) Die wirksame Entspannungstechnik Autogenes Training beruht ebenfalls auf der Vorgabe und Wiederholung solcher Sätze. Zum Beispiel: *„Mein rechter Arm ist schwer und warm"*. Spricht man sich diesen Satz innerlich und in Ruhe immer wieder vor, fühlt man deutlich, dass der Arm tut wie „befohlen". Das ist physiologisch erklärbar: Durch die Entspannung der Muskulatur wird das Körperglied schwer (haben Sie schon einmal versucht, eine am Boden liegende Person aufzuheben, wenn diese Person keine Muskelspannung hat und nicht „mithilft"? Das fällt im unmittelbaren Sinn des Wortes schwer ...). Durch die Entspannung der Muskulatur verstärkt sich außerdem die Durchblutung, dadurch fühlt sich der Arm warm an.

→ In Ihren eigenen Worten (Sie selbst wissen am besten, wie das, was Sie wollen, zu benennen ist. Heißt Ihr Idealzustand für Sie *„locker vom Hocker"* oder *„super drauf"*, dann lautet Ihre Affirmation ebenso).

→ Eigenschaftsworte, nicht Hauptworte (*„In mir sind Ruhe und Gelassenheit"*. Nein, sondern: *„Ich bin ruhig und gelassen"*).

→ In der Gegenwart formuliert, nicht in der Zukunft (auch wenn die Prüfung noch vor Ihnen liegt: *„Ich bin …"* statt *„ich werde … sein"*).

→ Keine Steigerungsstufen (*„Ich bin ruhig und gelassen"* statt: *„Ich bin ruhiger als das letzte Mal"*).

→ Absolut statt schaumgebremst (*„Ich bin ruhig und gelassen, außer wenn ich schon die erste Frage nicht beantworten kann"*. Nein, sondern: *„Ich bin ruhig und gelassen."* Punkt.).

→ Kein *„müsste"*, kein *„sollte"* (*„Ich sollte bei der Prüfung ruhig und gelassen sein"*. Freilich sollten Sie das, das wissen Sie ohnehin. Druck erzeugt Gegendruck[55]). Daher *sind* Sie bei der Prüfung ruhig und gelassen).

Für Sie ganz persönlich!

Wie lautet Ihre persönliche Affirmation?

....

---

cc. Stopp!

„Es wird sicher nicht klappen, der Prüfer ist so streng, der Fall so schwer!". Wenn Sie dazu neigen, über Ihren Auftritt bei der bevorstehenden Prüfung zu grübeln und über mögliche Misserfolge zu sinnieren, wenn Sie sich also bei (sachlich ungerechtfertigten!) schwächenden Gedanken ertappen: Drücken Sie sofort auf die „Stopp"-Taste Ihres Gedankenkarussells. Sagen Sie sich in diesem Fall sofort: *„Stopp! So ein Blödsinn!"* und unterbrechen Sie so den Grübelkreisel. Gedanken erzeugen, wie Sie mittlerweile wissen, Sogwirkung, sowohl im Positiven als auch im Negativen[56]). Entziehen Sie sich daher dem verhängnisvollen Sog, indem Sie ihn nicht zulassen! Nach dem „Stopp" folgt Ihre persönliche Autosuggestion (oben bb.) und/oder Ihr individuelles stärkendes Kopfkino (oben aa.). Dadurch drehen Sie das Gedankenkarussell in die andere, positive, wohltuende, richtige Richtung – in die Richtung des Erfolgs. Auch dieser mentale Vorgang verlangt etwas Übung und vor allem Konsequenz. Bleiben Sie dran!

---

55) Vgl 5. Kapitel II.2.a.cc. und II.2.b.
56) Vgl oben I.4. sowie 5. Kapitel II.2.b.

5. Kapitel: Prüfungsmanagement

Die Stunde der Wahrheit steht bevor …

… und so schnell! Wie geht es Ihnen? Eine Woche, nur noch eine Woche, ein Königreich für nur noch eine weitere Woche? Für wenigstens noch drei Tage? Für wenigstens noch einen einzigen Lerntag? Trösten Sie sich: Sie würden trotz dieses Aufschubs kaum mehr wissen als jetzt! Und würden sich wahrscheinlich verzetteln und noch nervöser werden, als Sie es ohnehin schon sind. Sollte es aber tatsächlich auf eine Woche mehr ankommen, weil Sie etwas noch „gar nicht" können – tja, dann haben Sie nicht gut geplant, Ihren Kenntnisstand nicht laufend überprüft, vielleicht auch zu wenig oder zu spät wiederholt. Das alles kann aber unmöglich sein, weil Sie die Kapitel über Zeit- und Lernmanagement in diesem Buch gelesen und umgesetzt haben. Na also!

In diesem 5. Kapitel finden Sie Tipps zur Prüfungsplanung im Vorfeld, die richtige Taktik für Ihren gelungenen Auftritt bei schriftlichen und mündlichen Prüfungen, Mittel gegen Ihre Nervosität knapp vor und während der Prüfung sowie Hinweise, wie Sie typische Prüfungspannen vermeiden.

I. Schriftlich? Mündlich? Jedes Ding hat zwei Seiten

Schriftliche Prüfungen haben Nachteile: Da sitzen Sie, mutterseelenallein vor Ihrem Text, keine Hilfe von außen zu erwarten. Der Sitznachbar ist so weit entfernt, dass Sie nicht Kontakt aufnehmen können, außerdem werden Sie streng bewacht. Der Prüfer ist nur in Gestalt seines Prüfungstextes vorhanden, also auch mit ihm kein persönlicher Kontakt. Der Text ist soooo lang, für die Prüfung sind zweieinhalb Stunden veranschlagt. Die Uhr tickt unerbittlich. Und anschließend das folternde Warten auf das Ergebnis. Anstrengend!

Schriftliche Prüfungen haben Vorteile: Sie arbeiten in Ihrer Fasson, in Ihrem Tempo, in Ihrem Rhythmus. Können auf Ihrem Schmierzettel herumprobieren. Können zwischendurch eine – wenn auch kleine – Pause einlegen. Keiner hört zu, bohrt nach, treibt Sie an, hetzt Sie, schaut komisch drein. Sie können mit der Bearbeitung des Prüfungstextes an der Stelle anfangen, die Ihnen am meisten sympathisch ist[1]). Angenehm!

Mündliche Prüfungen haben Nachteile: Sie mussten vor dem Seminarraum unter zitternden Leidensgenossen auf Ihren Termin warten, weil sich die vorangegangene Prüfungsrunde länger zieht als angenommen. Der Prüfer wirkt auf Sie verfinstert und ungeduldig. Sie sitzen als dritter in einer Reihe mit zwei Kollegen. Diese bekommen Fragen, die Sie liebend gern beantworten würden – aber leider sind es nicht Ihre Fragen. Ihre Frage kommt jetzt, und es durchfährt Sie eisiger

---

[1]) Vgl aber die aus arbeitsökonomischen Gründen gebotene Abfolge bei der Lösung zivilrechtlicher Fälle, dazu ausführlich im 6. Kapitel unter IV.

Schreck: Wo sollen Sie diese Frage einordnen? Sie merken, dass Sie rot anlaufen, Ihre Gedanken werden zum Knäuel. Sie suchen nach einem Einstieg in das Problem, ringen um die Antwort. Der Prüfer wirkt noch verfinsterter und sagt sinngemäß: „*Na, das ist ja nicht so schwer – wissen Sie das oder wissen Sie es nicht?*" In Ihrem Rücken fühlen Sie die stechenden Blicke der Zuhörer. Es entstehen Pausen im Prüfungsgespräch, gefühlte Ewigkeiten lang. Hinter Ihnen raschelt etwas, ansonsten könnte man die berühmte Stecknadel fallen hören. Anstrengend!

Mündliche Prüfungen haben Vorteile: Sie lesen aus der Reaktion des Prüfers ab, ob ihm das, was Sie sagen, gefällt. Er kann Sie durch weitere Fragen, durch Hinweise auf den richtigen Weg bringen. Sie erhalten unmittelbares Feedback. Wenn etwas passt, erfahren Sie das gleich und müssen nicht warten, bis Ihre Klausur endlich korrigiert ist. Wenn es nicht passt, wissen Sie es auch gleich und haben die Möglichkeit, nachzubessern. Im Idealfall entwickelt sich ein Fachgespräch unter Experten. Die Fragen und Fälle sind viel kürzer als das, was Sie bei schriftlichen Prüfungen bewältigen müssen. Die Prüfung ist rascher vorbei. In Ihrem Rücken spüren Sie die mitfühlenden, unterstützenden Blicke der Zuhörer. Angenehm!

Nach meinen Erfahrungen sind den meisten Studierenden mündliche Prüfungen lieber, eben weil sie überschaubarer sind und Interaktion bieten. Manch einer hätte es jedoch lieber schriftlich, vor allem, weil er dabei „ungestört" arbeiten kann. In dieser Gruppe spielt aber häufig auch ein weiteres Motiv eine Rolle: Mündliche Prüfungen stellen rhetorische Anforderungen. Man muss öffentlich reden, und das hört nicht nur der Prüfer, es hören auch die Studienkollegen. Überraschenderweise stört einige, die sich lieber schriftlich prüfen lassen, gerade dieser Aspekt am meisten: Man könnte sich vor den anderen blamieren, und zwar live!

Welches Prüfungsformat auch immer Ihnen persönlich angenehmer ist: Sie wissen, dass Sie sich die Prüfungsgestaltung in der Regel nicht aussuchen können, sondern sich mit dem arrangieren müssen, was Ihnen der Studienplan vorschreibt. Daher brauchen Sie Tipps für den Umgang mit beiden Prüfungsvarianten, dazu näher unter Abschnitt III zu mündlichen Prüfungen und Abschnitt IV zu schriftlichen Klausuren.

II. Vor der Prüfung

Um bei der Prüfung erfolgreich abzuschneiden, werden Sie nicht nur lernen, sondern sich auch auf anderen Ebenen vorbereiten: Taktisches zählt schon im Vorfeld, dazu gehört auch die Psychohygiene.

1. Taktisches vor der Prüfung

a. Mündliche Prüfungen

Fragenkataloge Ihres mündlichen Prüfers finden Sie vermutlich im Internet, bei Ihrer Fachschaft, auch Kollegen werden einiges gesammelt haben. Das zeigt Ih-

nen einige Vorlieben Ihres Prüfers. Achtung allerdings bei von Kollegen mitge-
schriebenen Antworten: Oft steht da, was der Zuhörer glaubt, verstanden zu haben.
Das kann sich ziemlich deutlich von der Wahrheit entfernen! Gehen Sie diese Fragen außerdem nicht wie ein Papagei, sondern mit Verstand durch. Und seien Sie
nicht vorschnell, wenn Sie bei Ihrer eigenen Prüfung glauben, Bekanntes wieder-
zufinden: Das Thema mag ja das gleiche sein wie damals, aber diesmal ist die Fragestellung völlig anders – und damit auch die Lösung, auf die Ihr Prüfer abzielt![2]

Hören Sie sich, auch wenn Sie Prüfungsfragen ergattert haben, jedenfalls
Prüfungen Ihres mündlichen Prüfers an. Es gibt beträchtliche Unterschiede im
Prüfungsverhalten, die werden Sie interessieren. Und Sie können sich auf das einstellen, was Sie mutmaßlich erwartet. Wird immer nur eine Person beim jeweiligen
Termin geprüft? Oder mehrere auf einmal? Wie viele Fragen pro Kopf? Kommen
auch kleine Fälle? Gibt diese Prüferin Fragen weiter? Gibt sie sie nur an Kandidat
zwei weiter, wenn Kandidat eins sie gar nicht beantworten konnte, oder erhält
Kandidat zwei auch von Kandidat eins bereits „Angenagtes"? Ist der Prüfer geduldig oder drängt er? Hilft er weiter oder bleibt er stumm? Ist Mimik und Gestik
feststellbar oder macht er ein Pokerface? Wie sieht diese Prüferin überhaupt
grundsätzlich drein? Was freut sie? Worauf kommt es ihr an? Was scheint sie zu
verärgern?[3]

 **MERKE: Sie können Ihren Prüfer nicht ändern. Wohl aber Ihr
Verhalten auf ihn einstellen!**

Wie sinnvoll ist es, den Prüfer vor der Prüfung in der Sprechstunde zu besuchen? Sinnvoll ist das, wenn Sie sich einen persönlichen Eindruck von Ihrem einstweilen noch unbekannten Prüfer verschaffen wollen, einfach um ihn einmal kurz
zu „beriechen". Kommen Sie, um sich selbst vor der Prüfung „vorzustellen", ist das
nett und höflich. Aber schauen Sie der nüchternen Wahrheit ins Auge: Sie haben
sich für ein Massenstudium entschieden, Ihr Prüfer wird Ihre Vorstellung zur
Kenntnis nehmen und Sie danach ziemlich schnell wieder vergessen, weil er im
Lauf des Semesters unzählige Gesichter sieht… Einen bleibenden Eindruck hinterlassen Sie eher durch die aktive Teilnahme an Lehrveranstaltungen oder durch
ein konkretes (!) Anliegen in der Sprechstunde. Eines ist klar: Von keinem Prüfer
erhalten Sie die ersehnte Stoffabgrenzung, sondern nur allgemeine Auskünfte
nach dem Motto: *„Frau Kollegin, alles ist wichtig!"* Oder: *„Prüfungsstoff ist das gesamte Lehrbuch, Bände I, II und III!"* Oder: *„Den größten Stellenwert haben die
Kernthemen"* (was ist das eigentlich genau?). Bevor Sie Ihr konkretes Anliegen an
den Prüfer herantragen, sollten Sie nachforschen, ob Sie Ihre Information nicht
aus anderen Quellen beziehen können. Manche Prüfer stellen FAQ's mit Antworten zu ihren Prüfungsmodalitäten ins Internet[4]. Achten Sie darauf, damit erspa-

---

[2] Vgl auch unten III.3.b.
[3] Lesen Sie dazu auch unten III.4.e.
[4] Ich zum Beispiel. www.univie.ac.at/zivilrecht unter „Mitarbeiter", FAQ'S zu Prüfungsmodalitäten.

ren Sie sich (und dem Prüfer) „leere Kilometer". Information über das Netz ist zwar unpersönlich. Aber zweckmäßig und rasch. Vorausgesetzt, man macht sich die Mühe, nachzusehen.

Schließlich: Üben Sie mit Kollegen mündliche Prüfungsgespräche. Am besten mit denen, die demselben Prüfer zugeteilt sind und anhand seiner bekannten Prüfungsfragen. Zwei Runden: Einer fragt, der andere antwortet, dann Rollenwechsel. Das eignet sich zum einen bestens zum Wiederholen[5]), zum zweiten zwingt es Sie, laut zu sprechen und eigenständig zu formulieren. Ein gutes Training!

b. Schriftliche Klausuren

Für schriftliche Klausuren werden häufig Prüfungsschwerpunkte angegeben (Internet). Der Gang zum Prüfer zwecks Auslotung seiner Vorlieben kann hier also jedenfalls entfallen, mehr als den Verweis auf diese Schwerpunkte werden Sie ihm kaum entlocken. Achtung: „Schwerpunkt" heißt „Schwerpunkt" – und nicht, dass Sie *ausschließlich* Themen erwarten dürfen, die in die angegebenen Bereiche fallen.

Üben Sie schriftliche Fälle und Klausurfragen schon beim Lernen in Echtzeit, angepasst an die jeweilige Prüfung (Übungsklausur, FÜM ...), mit der Uhr daneben[6]). Sie bekommen damit ein Gefühl dafür, wie schnell oder wie langsam Sie sind. Steigern Sie Ihre Geschwindigkeit (bei gleich bleibender oder verbesserter Qualität)? Halten Sie Ihre Entwicklung schriftlich fest, damit Sie sie überprüfen können. Was könnten Sie tun, wenn Sie trotz Übens nicht in dem Ausmaß schneller werden, das Sie sich erhoffen? Mut zur Lücke? Weniger feilen?

c. Und in jedem Fall ...

Planen Sie. Das betrifft zunächst ganz schlichte Dinge wie: *„Wann muss ich daheim wegfahren, um auch bei unvorhersehbaren Störfällen pünktlich zu sein? Wo ist dieser Seminarraum des Grauens, in dem die Prüfung stattfindet? Ich brauche eine Uhr! Ich brauche Schreibzeug, Schmierzettel."* Sorgen Sie dafür, dass Ihr Denkapparat bei einer langen schriftlichen Prüfung geschmiert wird, daher: *„Ich brauche etwas zu trinken[7]), wo ist meine Wasserflasche?"* Und: *„Ich muss meine Gesetzbücher einpacken. Sind die Merk-Post-it's im Gesetzbuch rückstandsfrei entfernt? Habe ich etwas in mein Gesetzbuch notiert, das mir bei der Prüfung Ärger macht, weil es als Schwindelversuch verstanden wird? Ich brauche meinen Studentenausweis ..."* Banale Ratschläge? Ja. Banal. Und gerade deshalb werden diese „selbstverständlichen" Punkte allzu leicht übersehen!

Planen Sie auch die Bearbeitungstaktik für schriftliche und mündliche Prüfungen. Und planen Sie schließlich Strategien für Notfälle und Pannen (dazu unten III.4. und IV.3.b.). Die Zeit dazu haben Sie jetzt, im Ernstfall müssen diese Strategien sofort verfügbar sein!

---

[5]) Vgl im 3. Kapitel II.2.c.
[6]) Dazu auch oben II.1.b.; 3. Kapitel V.3.a.; 6. Kapitel I.
[7]) Siehe unten IV.4.

2. Psychohygienisches vor der Prüfung

Im 4. Kapitel dieses Buchs finden Sie zahlreiche Tipps, wie Sie sich auf der langen Wegstrecke Ihrer Prüfungsvorbereitung motivieren, wie Sie durchhalten, wie Sie mit Freude und damit erfolgreicher lernen. Dort lesen Sie auch über den Umgang mit Prüfungsängsten nach, zum Beispiel über Mentaltechniken, die umso besser wirken, je länger vor dem Prüfungstermin Sie sie regelmäßig anwenden (4. Kapitel III.). Hier geht es nun um den „Akutfall", also um Ihre seelische Situation knapp vor der Prüfung (dazu gleich im Anschluss) und während der Prüfung (unten III.5. und IV.4.) – also um genau die Stadien, in denen Befürchtungen und Nervosität typischerweise ihren Höhepunkt erreichen.

a. Knapp davor ...

aa. Schluss jetzt!

Wissen Sie, obwohl Sie sich gründlich vorbereitet haben, heute, einen Tag vor Ihrer Prüfung, überhaupt nichts mehr? Alles vergessen? Völlige Ahnungslosigkeit? Können Sie nicht mehr klar denken? Brummt Ihr Kopf? Gratuliere! Das ist in diesem Stadium ganz normal und weit verbreitet. Und sachlich unbegründet. Morgen, wenn es soweit ist, erinnern Sie sich schlagartig wieder an das Gelernte. Sie haben ja ausreichend gelernt!

Lernen und wiederholen Sie am Tag, zumindest aber am Abend vor Ihrer Prüfung nichts mehr. Was machen Spitzensportler vor dem entscheidenden Weltmeisterschaftslauf? Sie wissen, dass sie genug trainiert haben und gönnen Körper und Geist eine Ruhepause. Sie brauchen Kraft, um die Höchstleistung dann zu bringen, wenn's darauf ankommt. Machen Sie Bewegung, tanken Sie Frischluft, gehen Sie ins Kino, lenken Sie sich ab. Schlafen Sie ausreichend. Essen Sie am Abend vor der Prüfung leicht. Lassen Sie die Hände von Alkohol, Sie werden schlechter schlafen, weil Ihr Körper das zugeführte Gift während der Nacht abbauen muss (*nach* der Prüfung feiern, *nachher* trinken!). Frühstücken Sie am Morgen der Prüfung, auch wenn Sie das Gefühl haben, nichts „hinunterzubringen". Körper und Geist brauchen nach der Nachtruhe Energiezufuhr, um zu funktionieren.

bb. Fama crescit eundo[8])

Kennen Sie das? Ein Leidensgenosse ruft an. Er hat gehört, dass Folgendes ganz sicher eine Rolle bei der Prüfung spielen werde ... ob Sie wüssten, wie es geht und wo man dazu etwas finden könne? Außerdem habe Prüferin X schrecklicherweise schon wieder ...

Hüten Sie sich vor Gerüchten! Es ist immer dasselbe: Vor jedem Prüfungstermin tauchen Vermutungen auf, was „garantiert kommen wird". Außergewöhnlich gut informierte Kreise wissen todsicher, dass beim Oktober-Prüfungstermin von Prüfer Y immer die meisten durchfallen. Auch ist ganz gewiss, dass man bei

---

[8]) „Das Gerücht wächst mit seiner Weitergabe" *(Vergil).*

Prüferin Z scheitert, wenn man blond ist und Brillenträger. Diese und andere Legenden sind ebenso unwahr wie schädlich, weil sie verunsichern und vor allem den Eindruck vermitteln, es seien Kräfte im Spiel, die Sie ohnedies nicht beeinflussen können. Meiden Sie „nette" Kollegen, die so etwas verbreiten. Streuen Sie selbst keine Gerüchte. Machen Sie Gerüchteliebhaber darauf aufmerksam, dass sie durch die Panik, die sie verbreiten, sich und anderen schaden.

 MERKE: Gerüchte führen zu „Weiterfresserschäden". Lassen Sie Gerüchte erbarmungslos verhungern!

cc. Psychosomatisches

Knapp vor Prüfungen häufen sich bei manchen Kandidaten psychosomatische Beschwerden. Schlafen Sie seit Tagen schlecht? Kein Appetit? Kopf-, Rücken-, Magenschmerzen? Verdauungsprobleme? Angstattacken, die Ihnen den Atem nehmen, weit über „normale Nervosität" hinaus? Schlagen Sie nach im 4. Kapitel dieses Buchs unter „Umgang mit Prüfungsangst"[9]). Sie finden dort einige stärkende Strategien und Mentaltechniken. Falls das aber nicht reicht und Sie wiederholt und dauerhaft unter derartigen starken Beschwerden leiden, suchen Sie bitte psychotherapeutische Hilfe beim Spezialisten, denn in diesem Fall sind Ihre Symptome absolut ernst zu nehmen und vergehen nicht von selbst. Nehmen Sie auch nicht wahllos Medikamente ein, die Ihnen irgendjemand zusteckt und als wirksam empfiehlt[10])! Wenn Sie regelmäßig zu solchen Mitteln greifen „müssen", um Prüfungsängste zu betäuben, suchen Sie ebenfalls professionelle Hilfe. Beruhigungs- und Schlafmittel können bei tiefen akuten Krisen eine wirkungsvolle Sofortmaßnahme sein, um vorübergehend wieder zu Kräften zu kommen und handlungsfähig zu werden. Bekämpfen der Symptome allein reicht aber nicht, Sie müssen das Übel an der Wurzel packen!

Psychosomatische Beschwerden haben viele Gestalten. Jeder Betroffene hat seine Achillesferse (seinen „Achillesmagen", seinen „Achillesrücken" …). Schlafschwierigkeiten gelten als besonders häufige unerfreuliche Begleiter der Anspannung vor schwierigen Aufgaben. Daher im Folgenden ein Tipp dazu.

Vielleicht kennen Sie den üblichen inneren Monolog zwischen ein und fünf Uhr früh, bei dem Sie sich sagen: „*Du musst schlafen, sonst bist du morgen nicht ausgeruht und leistungsfähig! Das sollst du aber sein, denn es geht in den Endspurt! Die Prüfung steht vor der Tür! Du solltest schlafen, damit du erfolgreich lernen kannst! Jetzt schlaf doch endlich!!!*" Der Effekt ist gleich Null, Sie werden immer wacher, obwohl Sie zugleich hundemüde sind …

Versuchen Sie gar nicht erst, sich zum Schlafen zu zwingen, das funktioniert nicht. Es funktioniert auch nicht, sich selbst vernünftig zuzureden, endlich einzuschlafen. Helfen kann aber das genaue Gegenteil. Sagen Sie sich: „*Ich bleibe unbedingt wach! Ich schlafe unter keinen Umständen ein!*"

---

[9]) Unter III.
[10]) Zu diesem Thema auch unten III.5. und IV.4.

MERKE: Druck erzeugt Gegendruck!

Diese Vorgangsweise nennt man in der Psychologie „paradoxe Intervention" oder „Symptomverschreibung": Sie verordnen sich genau das Gegenteil von dem, was Sie sich tatsächlich wünschen und reißen sich sehr zusammen, das auch unbedingt einzuhalten! Weil Druck stets Gegendruck erzeugt, haben Sie mit dieser Methode gute Chancen, einzuschlafen. Ich selbst habe die Symptomverschreibung für mich persönlich noch zusätzlich angereichert und damit beste Erfahrungen gemacht. Liege ich nachts unfreiwillig wach, weil mich etwas gedanklich beschäftigt, sage ich mir: *„Da ich nun mal wach bin, bleibe ich das auch und nutze die Zeit, um den Ablauf meiner Vorlesung nächsten Freitag oder den Übungsfall für morgen gedanklich durchzugehen. Und das mache ich ganz genau und detailliert und hüte mich, dabei einzuschlafen!"*. Dieselbe Tätigkeit, die mich tagsüber konzentriert und wach an der Arbeit hält, entfaltet mithilfe dieser Methode um drei Uhr früh in der Regel verlässlich narkotisierende Wirkung … Der Sinn dieses Vorgehens: Erstens nehme ich mir Druck. Wach bin ich ohnedies; schlafe ich über meinen Überlegungen ein, umso besser. Bleibe ich aber wider Erwarten weiterhin wach, habe ich die Zeit wenigstens sinnvoll genützt. Zweitens: Das Wiederholen grundsätzlich bekannter Abläufe im Kopf diszipliniert das Kreisen der Gedankengänge und lenkt sie in ruhige Bahnen. Schlafstörend wirken ja meist Sorgen, die werden wirksam verbannt, wenn ich Fachliches durchgehe. Im Grunde ist das nichts anderes als „gehobenes Schäfchenzählen"[11]).

Wenn Sie nicht schlafen können, versuchen Sie also nach dem geschilderten Muster Gelerntes im Kopf zu wiederholen, und lassen Sie sich vom Ergebnis überraschen. Und: Falls Sie am Abend vor Ihrer Prüfung dennoch nicht schlafen können, ist das halb so schlimm. Der Adrenalinschub wird in aller Regel dafür sorgen, dass Sie im entscheidenden Augenblick „voll da" sind.

dd. „Hoffentlich ist der Fall nicht zu schwer"

Oft hört man von Studenten, deren schriftliche Prüfung naht, den Stoßseufzer *„wenn der Fall nicht sehr schwer ist, sollte es klappen, hoffentlich ist der Fall nicht zu schwer …"*. Schlechter Zugang zur Materie! Sie sind mit dieser Einstellung voreingenommen und setzen sich Scheuklappen auf. Bewerten Sie den Prüfungsfall weder „präventiv" vor der Klausur, noch dann, wenn Sie den Angabezettel das erste Mal zu Gesicht bekommen. Die Dinge nehmen gerne gerade die Gestalt an, die wir ihnen in Gedanken geben. Selbsterfüllende Prophezeiung, self fulfilling prophecy[12]). Was wird wohl passieren, wenn Sie voreingenommen sind? Stufen Sie einen Fall vorweg als „schwer" ein – werden Sie dann unbefangen und mutig an die Arbeit gehen? Oder doch mehr oder weniger blockiert …? Die Kraft der

---

[11]) Mit den traditionellen Schafen hatte ich kein Glück, ich pflegte meiner Herde beim Wachsen zuzusehen und ertappte mich immer wieder beim Gedanken: *„Verflucht, schon das 347. Schaf und ich schlafe immer noch nicht!"*
[12]) Dazu auch schon im 4. Kapitel I.4.c., III.c.

Erwartungshaltung, die wir einnehmen, wird häufig unterschätzt. Hüten Sie sich also vor Scheuklappen, erwarten Sie keinen „schweren" und auch keinen „leichten" Fall, sondern einfach „den Fall". Und den werden Sie lösen, weil Sie sich gut vorbereitet haben! Das allein ist die richtige positive Programmierung. Günstig könnte es allerdings sein, und damit machen wir wieder einen Schwenk zum Strategischen, sich zu überlegen, was genau Ihnen einen Fall „schwer" erscheinen lässt. Ist es ein bestimmtes Teilgebiet, das noch nicht so gut sitzt? Liegt es an der Methodik der Falllösung? Was ist noch zu ergänzen, zu bearbeiten, wie können Sie Ihre Fähigkeiten noch nachbessern?

b. Und noch knapper davor …

Verzichten Sie auf dem Weg zur Prüfung auf Auto oder Fahrrad. Gehen Sie bewusst zu Fuß. Das beruhigt und Sie können sich mental auf das Kommende einstellen, ohne auf rote Ampeln achten zu müssen (außer auf Fußgängerampeln natürlich) und ohne sich von der Hektik des Straßenverkehrs anstecken zu lassen. Falls sich U-Bahn, Straßenbahn oder Bus nicht vermeiden lassen: Steigen Sie eine Station früher als gewöhnlich aus und legen Sie den Rest der Strecke per pedes zurück.

Wenn Sie auf Ihren mündlichen Prüfungstermin eine Weile warten müssen: Meiden Sie die demoralisierende Umgebung schwächelnder Mitprüflinge.

Achten Sie schon während des Wartens auf Ihre Körperhaltung und Ihre Atmung. Atmen Sie langsam und tief in den Bauch hinein. Stehen und sitzen Sie bewusst aufrecht, mit erhobenem Kopf und geradem Rücken. Sie werden in Abschnitt III.2.a. unten sehen, was das bewirkt und wie wichtig das ist.

Ziehen Sie sich an einen möglichst stillen Ort zurück (mangels gemütlicherer Alternative können Sie diese Empfehlung notfalls auch wörtlich nehmen). Dort, wo Sie niemand stört, sammeln Sie sich noch einmal in aller Ruhe. Rufen Sie noch einmal Ihre Suggestionen und Visualisierungen wach, lassen Sie die vertrauten Mentaltechniken noch einmal Revue passieren[13]). Spannen Sie der Reihe nach alle Muskeln Ihres Körpers an und lassen Sie sie bewusst wieder los, damit die Entspannung spürbar wird[14]).

Noch ein spezieller Hinweis. Viele Prüfungskandidaten fürchten sich davor, während der Prüfung rot zu werden, zu zittern, zu schwitzen, oder dass die Stimme versagt („Frosch im Hals"). Das sind Reaktionen des vegetativen, also unwillkürlich funktionierenden Nervensystems. Dagegen kommen Sie mit den Mitteln der paradoxen Intervention (Symptomverschreibung) an – oben unter II.2.a.cc. wurde diese Methode bereits als Mittel gegen prüfungsbedingte Schlafstörungen empfohlen. Sagen Sie sich zum Beispiel: „*Ich werde bei der Prüfung so rot wie noch nie zuvor in meinem Leben! Ich werde zittern wie Espenlaub! Der Schweiß wird mir in Strömen von der Stirn rinnen!*" Schreiben Sie sich also das jeweils für Sie passende Unerwünschte vor und verstärken Sie es! Nach der Regel „Druck erzeugt Gegen-

---

13) Näheres dazu im 4. Kapitel III.2.c.
14) Progressive Muskelentspannung nach *Jacobson*, vgl auch 4. Kapitel III.2.c.; siehe Literaturhinweise.

druck" wird das Ihre Beschwerden verhindern oder zumindest verringern. Aber Achtung, Segen und Schaden liegen auch hier nah beieinander: Geben Sie sich bitte keineswegs Dinge ein wie *„ich werde bei der Prüfung gar nichts wissen und mich entsetzlich blamieren."* Das wird zum Bumerang[15]). Beschränken Sie sich allein auf das *Symptom* (Erröten, Zittern, Schwitzen, Frosch im Hals …) – und allein *das* rufen Sie bewusst und mit Nachdruck her!

III. Verkaufen Sie Ihr Fell möglichst teuer – bei mündlichen Prüfungen

1. Zur Bewusstseinsbildung: Ihr Prüfer, das rätselhafte Wesen …

Für Sie ganz persönlich!

Ein kleiner Denkanstoß: Ihr mündlicher Prüfer wirkt einigermaßen unfroh, noch bevor Sie den Mund aufgemacht haben. Was denken Sie sich dabei?

....

Und was denken Sie, wie es ihm gerade geht?

....

Bei schriftlichen Prüfungen wird die Gemütsverfassung und Befindlichkeit Ihres Prüfers keine Rolle spielen, bei mündlichen sehr wohl. Bedenken Sie bitte: Prüfer sind Menschen! Sie haben also ihre guten und ihre weniger guten Tage, wie jeder Mensch. Das soll nun keineswegs ein Freibrief sein für unhöfliches oder gar grobes Verhalten, für unsachliche persönliche Bemerkungen und ein giftiges Prüfungsklima. Vielleicht hilft es aber, wenn Sie in Betracht ziehen, dass das, was Sie am Vorgehen Ihres Prüfers irritiert, in aller Regel nicht von böser Absicht getragen ist. Vieles ist dem Prüfer vielleicht auch nicht bewusst, Routine macht selbst den Engagiertesten leicht betriebsblind. Fühlen Sie sich „prüfungs-klimatisch" schlecht behandelt, suchen Sie nachher das Gespräch. Das kann Missverständnisse beheben, reinigen, und Sie wissen, dass Sie Ihre Flagge hochgehalten haben. Gebrauchsanweisung für ein solches Gespräch siehe 3. Kapitel IX.7.

---

[15]) Selbsterfüllende Prophezeiung!

Übrigens: Wenn Sie einen Prüfer nach dem Verlauf eines durchschnittlichen Prüfungstermins fragen, wird er Ihnen wahrscheinlich folgendes Klagelied singen:

„Das Dekanat hat mich um die Bekanntgabe von 50 mündlichen Prüfungsterminen ersucht. Ich habe diese Termine daraufhin in meinem Kalender reserviert. In der Zeit, die ich für Prüfungen verwende, komme ich natürlich nicht dazu, zu forschen. Das trifft mich aber, weil Forschung zu meinem Handwerk gehört, mir wichtig und außerordentlich aufwändig ist. Außerdem arbeite ich gerade an einem Werk, das das Verfassungsrecht, Zivilrecht, Strafrecht, die Rechtsgeschichte ... entscheidend beeinflussen wird. Und der Verlag drängt, der Abgabetermin für das Manuskript steht vor der Tür. Wie auch immer, ich habe also die Termine fixiert. Ich habe mich außerdem auf die Prüfungen vorbereitet. Ich will ja möglichst ausgewogene Prüfungen, die den Stoff breit und fair abdecken, zusammenstellen. Die Prüfungen sollen auch alle ungefähr gleich schwierig sein. Ich brauche mindestens drei Fragen pro Kandidat, macht wenigstens 150 Fragen. Da ist, selbst wenn ich Fragen aus meinem Katalog nehme, einiges auszuarbeiten, wie Sie sich vorstellen können.

Knapp vor der Prüfung hat sich mehr als die Hälfte der Kandidaten wieder abgemeldet. Die Zeit, die ich dadurch gewinne, ist leider nicht ernsthaft zum Forschen für mein Werk zu nützen, weil ich nicht in ausreichendem Maß dranbleiben kann: Was mache ich, wenn etwa zum Termin um 16.00 keiner der Prüflinge erscheint, weil sich alle abgemeldet haben, mit der lächerlichen Stunde bis 17.00, wo dann wieder zwei Kandidaten antreten wollen? Ich kann auch nicht vorher einkalkulieren, dass letztlich nur etwa die Hälfte der Angemeldeten erscheint: Was soll ich tun, wenn dann doch mehr Kandidaten erscheinen als erwartet?

Besonders übel ist, dass sich einige Prüflinge gar nicht abmelden, sondern einfach unentschuldigt fernbleiben und mich sitzen lassen wie bestellt und nicht abgeholt. Das ist unhöflich und ärgerlich[16]*).*

Die ursprünglich zum aktuellen Prüfungstermin vorgesehenen 50 Kandidaten haben sich einschließlich der Abgemeldeten und der kommentarlos nicht Erschienenen unter dem Strich letztlich auf 18 reduziert. Dem ersten dieser 18 stelle ich eine ganz einfache, ganz zentrale Prüfungsfrage, die ich sicher schon gute 100 Mal gestellt habe. Die Frage ist selbstverständlich mit „x" zu beantworten. Von den 100 Malen, die ich diese Frage schon gestellt habe, habe ich cirka 50 mal die völlig abstruse Antwort „y" erhalten, was ich nicht verstehen kann, denn: Das Thema zählt zum harten Kern des Fachs, ist ein Dauerbrenner, wird regelmäßig auch von anderen Prüfern gefragt; außerdem habe ich es nicht nur in meiner eigenen Übung ausführlich behandelt, sondern es kommt auch in Übungen und Vorlesungen meiner Kollegen immer wieder zur Sprache. Da stelle ich also nun diese bewusste Frage, und Sie glauben es nicht: Der Kandidat antwortet doch tatsächlich „y"! Und da soll man ganz entspannt bleiben?"

Nicht übertrieben! Glauben Sie diesem Klagelied ruhig.

---

[16]) Apropos: Wenn Sie absehen, dass sich Ihre Prüfung zum in Aussicht genommenen Termin einfach nicht mit gutem Gewissen ausgehen kann, dann melden Sie sich bitte fristgerecht ab. Darüber ist Ihnen niemand böse. Genauso wenig natürlich, wenn Sie durch ein unvorhersehbares, plötzliches Ereignis verhindert sind.

Es ist hier keineswegs beabsichtigt, Ihre heikle Prüfungssituation zu verharmlosen. Selbstverständlich sind Sie bei Ihrer Prüfung nervös, es geht um alles oder nichts. Mag Ihr Prüfer auch noch so „arm" sein – in jedem Fall sind Sie „ärmer" als er und das ist unbedingt zu berücksichtigen und zu respektieren. Und schließlich: *Sie* sind ja da und sind gut vorbereitet – was geht Sie also der Missmut Ihres Prüfers wegen der nicht Erschienenen, Fehlgeleiteten und wegen der universitären Zustände im Allgemeinen an? Noch einmal: Grobes Fehlverhalten eines Prüfers ist nicht zu entschuldigen. Wohl aber kann es die eigene Perspektive verbreitern, wenn man sich zur Abwechslung in die Schuhe des anderen begibt und sich überlegt, wie es diesem wohl ergehen mag (das ist übrigens eine Kunst, die ganz besonders jeder Jurist beherrschen sollte).

Und vor tatsächlich indiskutablem und unkorrektem Verhalten eines mündlichen Prüfers schützt Sie schließlich ein Umstand wirkungsvoll: Sie sind meist nicht allein, sondern haben zahlreiche Zuhörer als Zeugen – das stärkt den Rücken!

2. Rhetorisch empfehlenswertes Verhalten

a. Körperhaltung und Atmung

Da sitzen Sie nun also vor Ihrem mündlichen Prüfer. Zwar haben Sie im Vorfeld ganze Arbeit geleistet, sowohl in punkto Lernen als auch mental. Dennoch schlägt Ihr Puls höher, Sie sind nervös.

Achten Sie auf Ihre Körperhaltung. Was hat das mit Ihrer Angespanntheit zu tun? Eine ganze Menge!

Für Sie ganz persönlich!

Bevor Sie weiterlesen, machen Sie bitte folgendes Experiment:

Denken Sie an eine konkrete Situation, in der Sie sich schlecht gefühlt haben. Stellen Sie sich diese Situation möglichst in allen Details vor: Was sehen Sie? Was hören Sie? Was empfinden Sie?

Nehmen Sie nun bewusst Ihre Körperhaltung wahr. Was machen Ihre Beine? Wie fühlt sich Ihr Rücken an? Wie die Schultern? Der Nacken? Die Arme und Hände? Wie halten Sie den Kopf? Wie empfinden Sie Ihre Mimik, Ihren Gesichtsausdruck? ...

....

Jetzt kehren Sie das Ganze um. Vergegenwärtigen Sie sich eine angenehme Situation, in der Sie sich wohl und sicher gefühlt haben. Rufen Sie auch dies in allen Details wach und nehmen Sie wieder Ihre Körperhaltung und Mimik wahr.

....

Die Unterschiede sind, wie Sie gemerkt haben, beträchtlich: Wenn es Ihnen „schlecht" geht, nehmen Sie eine bestimmte Haltung ein: Runder Rücken, hochgezogene Schultern, verspannter Nacken, gesenkter Blick, schmaler Mund, „verkrochen". Wie anders das Bild, wenn es Ihnen „gut" geht: Sie halten den Kopf hoch, sehen nach vorne, sitzen aufrecht, in offener Haltung, mit geradem Rücken, entspanntem Nacken, gelockerten Schultern, entspannt sind auch Gesichtsausdruck und Mimik.

Es ist wichtig, zu erkennen, dass nicht nur Ihr Innenleben Einfluss auf Ihre Körperhaltung nimmt, sondern auch umgekehrt: Alles Körperliche wirkt unmittelbar auf Ihr Inneres. Nützen Sie diesen Effekt, indem Sie sich aufrichten! Sie tun sich damit seelisch Gutes. Darüber hinaus wirkt Ihre Haltung aber auch auf den Prüfer. Sie erscheinen sicherer und offener, überzeugter von dem, was Sie tun. Ihr Prüfer wird das spüren und Ihnen augenblicklich widerspiegeln – was wiederum im Reflex Sie stärkt. Das beeinflusst die Gesprächsatmosphäre bei der Prüfung.

Achten Sie vor allem auch auf Ihre Atmung.

Für Sie ganz persönlich!

Wie atmet jemand, der sehr aufgeregt ist?

....

Wie atmet jemand, der meditiert oder schläft?

....

Wer angespannt ist, atmet rasch, stoßweise, oberflächlich, kurz, hechelnd. Wer ruhig ist, atmet tief, in den Bauch hinein, langsam. Schlafende oder Meditierende atmen so und befinden sich zweifellos in einem Zustand äußerster Ruhe. Wie sagt man so schön zu jemandem, der aufgeregt ist? *„Jetzt atme erst mal durch."* Eben! Der hier im Sprachgebrauch beschriebene Effekt hat eine physiologische und psychologische Grundlage. Wer tief durchatmet, versorgt sich mit Sauerstoff, hält inne, wird ruhiger, denkt klarer, spricht besser … Was oben zur Körperhaltung gesagt wurde, gilt in besonderem Maß auch für die Atmung. Wenn Sie bewusst ruhig und tief atmen, glätten sich die aufgeregten Wogen. Sie werden selbst ruhiger, Sie wirken ruhiger – und der Prüfer nimmt das auf und gibt es atmosphärisch zurück. Achten Sie also gerade in der heiklen Prüfungssituation auf Ihren Atem und gönnen Sie sich vor der Beantwortung Ihrer Prüfungsfrage einen tiefen Atemzug – erst danach legen Sie los[17]).

 MERKE: „Was raus geht, geht auch rein" – und umgekehrt. Atmung und Körperhaltung sind keine Einbahnstraße!

b. Blickkontakt

Halten Sie aufmerksam Blickkontakt mit Ihrem Prüfer. Ein gutes Gespräch ohne Blickkontakt ist nicht möglich, das gilt auch für mündliche Prüfungen. Schauen Sie Ihrem Prüfer in die Augen, signalisieren Sie ihm erstens, *„ich bin ganz bei dir"*, zweitens wirken Sie sicher und selbstbewusst. Es geht nicht darum, den Prüfer anzustarren wie das sprichwörtliche Karnickel die Schlange, sondern um ein ungezwungenes *„in die Augen schauen können"*. Überdies: Wenn Sie den Blickkontakt meiden, entgeht Ihnen vielleicht Wertvolles in der Mimik, Gestik und Haltung Ihres Gegenübers. Sie könnten Hinweise darauf, ob Sie sich auf dem richtigen Weg befinden, übersehen[18]).

c. Sprachliches

Sprechen Sie klar, deutlich und vor allem bedacht und langsam. Wer nervös ist, neigt zu raschem Sprechen. Weder soll Ihre Zunge Ihrem Gehirn davonlaufen, noch wollen Sie einen verschreckten, „verhuschten" Eindruck bieten.

Meiden Sie Floskeln und Füllsel, die verbale Unsicherheit vermitteln: *„Irgendwie … eigentlich …, oder so … was auch immer …".* Das klassische *„ich glaube, dass …"* zieht unweigerlich das ebenso klassische *„glauben Sie oder wissen Sie …?"* nach sich.

Sprechen Sie in ganzen Sätzen. Hingeworfene Stichworte wirken unsicher und nicht kompetent.

Bemühen Sie sich bewusst um juristische Sprache. Immer wieder klagen Prüfer darüber, dass sich die Kandidaten unjuristisch ausdrückten. *„In einer Miteigentumsgemeinschaft beschließt die Anteilsmehrheit Maßnahmen der ordentlichen Verwaltung"* ist etwas ganz anderes als: *„Die Miteigentümer machen sich das aus."* Formulieren Sie so umgangssprachlich, wird der Prüfer schmerzhaft zusammenzucken, Ihnen zu Recht mangelnde juristische Ausdruckskraft unterstellen und ferner

---

[17]) Was meinen Sie: Wie viel Zeit nimmt wohl so ein tiefer bewusster Atemzug in Anspruch? Eine kleine Ewigkeit …? Testen Sie es!
[18]) Zum Thema Wahrnehmung und Interpretation allerdings gleich unten III.3.c.

ebenfalls zu Recht kritisieren, dass Sie sich unexakt ausdrücken (und daher auch unexakt denken – exaktes Denken zeigt sich in exakter Sprache!). Juristische Rhetorik im Sinne von genauem, aber auch gewandtem Umgang mit der Fachsprache sollten Sie schon während des Lernens ständig üben. Fragen Sie sich immer wieder: Wie könnten Sie „xy" zunächst umgangssprachlich formulieren, und wie klingt es, wenn Sie sich juristischer Diktion befleißigen? Das Hin- und Herspringen zwischen beiden Sprach- und Denkwelten schärft den Sinn für deren Unterschiede.

d. Klarheit und Struktur

Bemühen Sie sich um erkennbare Struktur im Aufbau Ihres Gedankengangs. Jeder Prüfer wird es begrüßen, wenn sich ein roter Faden durch Ihre Antwort zieht. Welchen Eindruck werden Sie auf den Prüfer machen, wenn Sie wie ein gehetzter Hase Haken schlagend durch das Prüfungsfeld springen? Wie wird es Ihnen selbst dabei ergehen? Fügen Sie hingegen einen zusammenhängenden Satz an den nächsten und hanteln Sie sich mit Ihren Gedankenschritten so an Ihrem roten Faden entlang, wird Ihr Prüfer Ihnen mühelos folgen können und auch Sie selbst tun sich wesentlich leichter, den Überblick zu behalten.

e. Verbalisieren Sie, was Sie tun!

Wenn Sie vor der Beantwortung einer Frage Zeit zum Nachdenken brauchen, sagen Sie: *„Ich möchte bitte kurz nachdenken."* Sie vermeiden damit, dass der Prüfer Ihr Zögern als Ratlosigkeit missversteht[19]) und fühlen sich weniger unter Zugzwang. Wenn Sie nicht sofort zum Kern einer Frage vorstoßen, sondern sich dem Thema schrittweise annähern möchten, sprechen Sie das aus. Sagen Sie: *„Ich möchte mich der Frage so und so annähern."* Damit laufen Sie weniger Gefahr, dass man Ihnen Herum- und Vorbeireden vorwirft (*„das habe ich Sie nicht gefragt!"*). Zum Unterschied zwischen empfehlenswertem schrittweisem Annähern und unerlaubtem „Schwafeln" gleich unten unter III.4.c.

f. Etwas scheinbar ganz Oberflächliches …

Auch Ihre „äußere Hülle", zum Beispiel wie Sie sich kleiden, spielt bei Prüfungen eine Rolle – und zwar eine größere, als Sie vielleicht annehmen. Das zu berücksichtigen hat nichts mit Oberflächlichkeit zu tun, nichts mit Verbohrtheit oder übertriebenem Konservativismus Ihres Prüfers, nichts mit einer Einmischung in Ihre persönlichen Angelegenheiten. Sie verstellen sich auch nicht oder verleugnen sich selbst, wenn Sie auf diesen Aspekt achten.

Überlegen Sie, welchen ersten Eindruck Sie mit Ihrer Aufmachung erwecken. Selbst wenn Ihr Prüfer sich bemüht, davon unabhängig und neutral zu sein: Er wird unweigerlich registrieren, dass Sie in Jeans, ausgeleiertem T-Shirt und Schlapfen erscheinen, oder bauchnabelfrei oder ungekämmt … und Sie ebenso unweigerlich in ein bestimmtes Schema einordnen – er kann gar nicht anders[20]).

---

[19]) Lesen Sie nach unten III.3.c: „Wahrnehmung und Interpretation".
[20]) Wiederum: Lesen Sie nach unten III.3.c: „Wahrnehmung und Interpretation".

Aus dieser Gasse wieder herauszukommen, könnte schwierig werden. Sie haben im Lauf einer kurzen mündlichen Prüfung nicht allzu viel Gelegenheit, einen vielleicht nicht so günstigen ersten Eindruck Ihres Prüfers auszubügeln. Prüfungen sind eine ernste Sache, Ihr Prüfer nimmt sie ernst und er nimmt auch Sie ernst. Erweisen Sie dem Anlass Respekt, indem Sie sich ihm auch äußerlich anpassen. Bei Ihrer eigenen Hochzeit würden Sie ja wohl auch nicht in Shorts auftreten. Überlegen Sie einfach, in welcher Aufmachung Sie beim Personalchef eines Unternehmens zu einem Vorstellungsgespräch erscheinen würden und halten Sie sich an das, was Ihnen dafür als richtig erscheint.

 MERKE: Äußerliche „Kleinigkeit" – große Wirkung. Hoffentlich die erwünschte.

3. Achtung, Falle!

a. Die „leichte" Frage

Sogenannte „leichte" Fragen sind gefährlich. Viele Prüfungskandidaten vermuten hinter „leichten" Fragen eine besondere Tücke des Prüfers – und verstummen verunsichert, nach dem Motto: *„Die Frage ist zu leicht, um wahr zu sein! Was steckt da bloß dahinter?"* Meist gar nichts. Oft werden „leichte" Fragen gestellt, um Ihnen die Möglichkeit zu geben, sich anzuwärmen, sich freizureden. Oft dienen „leichte" Fragen als Überleitung zu einer damit zusammenhängenden schwierigeren Frage oder zu einem kleinen Rechtsfall. Wirken Sie jedoch schon bei der Beantwortung einer solchen „leichten" Frage unsicher (und sei es auch nur, weil Sie über deren potentiell gefährlichen Hintergrund grübeln) oder können Sie sie tatsächlich nicht befriedigend beantworten, so beeinflussen Sie das Prüfungsklima negativ: Wenn Sie schon etwas so Leichtes nicht können – was soll man dann von Ihnen halten?

b. Die „bekannte" Frage

Sie haben sich ausführlich mit den gesammelten Prüfungsfragen Ihres Prüfers befasst. Sie haben seinen Fragenkatalog hinauf- und hinuntergelernt. Und tatsächlich stellt er Ihnen eine „bekannte" Frage! Grünes Licht – Sie sprudeln Ihre Antwort nur so heraus. Leider haben Sie übersehen, dass zwar das Thema wiedergekehrt ist, aber diesmal hat der Prüfer nach einem anderen Aspekt gefragt, oder den „bekannten" Rechtsfall ein klein wenig anders aufgebaut, als es Ihnen geläufig ist. Und schon ist die Antwort unrichtig! Daher bitte auch bei scheinbar Bekanntem zuhören, nachdenken, abwägen und nicht wie auf Knopfdruck auf's Stichwort reagieren[21].

---

[21] Dazu schon oben unter II.2.a.

c. Was nehme ich wahr – was mache ich daraus?

Ihr Prüfer fragt, Sie antworten. Sie nehmen wahr, dass er während Ihrer Antwort die Augen schließt, etwas Unverständliches murmelt und sich mehrfach die gerunzelte Stirn reibt. Heißt das, dass er mit Ihrer Antwort nicht zufrieden ist?

Für Sie ganz persönlich!

Was könnte dieses Verhalten Ihres Prüfers bedeuten?

....

....

....

Beobachten Sie den Prüfer! Sein Verhalten kann Ihnen Hinweise darüber geben, wie gut Sie auf Ihrer Spur laufen. Schauen Sie also hin und nehmen Sie wahr, was Sie sehen und hören. Beachten Sie aber auch, was Sie daraus machen! Wahrnehmung und Interpretation sind zweierlei.

Wahrgenommenes lässt sich objektiv beschreiben, jeder andere an Ihrer Stelle könnte dasselbe über den beobachteten Vorgang berichten. Im Gegensatz dazu trägt Ihre Interpretation des Wahrgenommenen den Stempel Ihrer eigenen persönlichen Erfahrung und Ihrer eigenen Wesensart. Wir sind nur schwer fähig, unseren Interpretationsmechanismus wegzuschalten[22] – und er hat auch seine vorteilhaften Seiten: Interpretation erlaubt eine rasche und durchaus häufig zutreffende erste Einschätzung der Lage. Allerdings nur das, und nicht mehr als das. Seien Sie sich also stets bewusst, dass Sie das Wahrgenommene als Indiz für Schlüsse werten, die Sie ziehen, und dass Sie das Wahrgenommene möglicherweise auch völlig missverstanden haben könnten. Daher: Natürlich kann das Verhalten des Prüfers – Augen schließen, murmeln, Stirn reiben – heißen, dass er mit Ihrer Antwort nicht zufrieden ist. Genauso gut ist aber auch anderes vorstellbar. Vielleicht denkt Ihr Prüfer nach. Vielleicht konzentriert er sich besonders auf Ihre Antwort. Vielleicht grübelt er über einer Formulierung. Vielleicht denkt er an die nächste Frage, die er Ihnen stellen will. Vielleicht ist er müde. Vielleicht hat er Kopfweh. Vielleicht ist er nervös. Vielleicht ist es heiß im Prüfungsraum. Vielleicht … vielleicht … vielleicht …

---

[22] Siehe oben III.2.f.

MERKE: Wahrnehmung ≠ Interpretation! Wahrnehmung ist objektiv („WAHRnehmung"). Interpretation ist Auslegung des Wahrgenommenen.

4. Pannen und Pannenhilfe

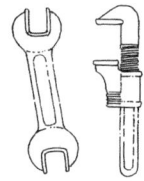

Wer sorgt in der Zeit, der hat in der Not, sagt das Sprichwort. Also: Legen Sie sich vor Ihrer Prüfung Notfallsstrategien zurecht, die Sie dann im Falle des Falles schnell verfügbar haben. Was werden Sie tun, wenn (unwahrscheinlicherweise) diese oder jene Panne eintreten sollte? Vorschläge zur Abwehr typischer Pannen finden Sie nach dem folgenden Kasten. Denken Sie dennoch selbst nach, bevor Sie weiterlesen. Wie Sie ja wissen, ist Ihr persönliches und selbst gefundenes Rezept für Sie am wirkungsvollsten.

Für Sie ganz persönlich!

Passieren könnte …   In diesem Fall werde ich …

....

....

....

---

a. Sie verstehen diese Frage nicht

Legen Sie offen, dass Sie die Frage nicht verstanden haben. Ersuchen Sie um Wiederholung der Frage. Fragen Sie zurück: *„Welchen Punkt sprechen Sie hier konkret an, worauf wollen Sie hinaus?"*. Ersuchen Sie um Umformulierung. Das alles aber bitte nur dort, wo es nicht offensichtlich auf reinen Zeitgewinn hinausläuft.

Lautet die Prüfungsfrage zum Beispiel: *„Was ist eine Servitut*[23]*)?"* und Sie fragen zurück, was genau denn nun gemeint sei und ob sich das auch anders ausdrücken lasse, machen Sie sich den Prüfer nicht zum Freund. An einer solchen Frage gibt es weder etwas zu ergänzen, noch umzuformulieren, noch zu konkretisieren.

b. Sie wissen im Moment keine Antwort auf diese Frage

Gewinnen Sie Zeit, indem Sie die Frage kurz selbst wiederholen. Gewinnen Sie Zeit, indem Sie um Wiederholung der Frage ersuchen. Verweisen Sie dabei auf Ihre Nervosität. Legen Sie offen, dass Sie im Moment den Einstieg in die Frage nicht finden. Sprechen Sie aus, dass Ihnen ein weiterführender Hinweis des Prüfers vom Fleck helfen könnte.

c. Sie wissen – leider! – nicht nur im Moment, sondern grundsätzlich keine Antwort auf diese Frage

Es kann in solchen Fällen gelingen, sich unter Einsatz des während des Studiums hoffentlich nicht zur Gänze eingebüßten Hausverstandes über unsicheres Terrain hinweg auf weniger schwankenden Boden zu retten. Es kann auch gelingen, aus vorhandenem, um das erfragte Problem herum angesiedeltem juristischem Wissen auf eine zutreffende Antwort zu kombinieren. Beides setzt einen kühlen Kopf und Unerschrockenheit voraus – und Verständnis für rechtliche Zusammenhänge. Tief durchatmen! Sie können auch zum Beispiel offen sagen, *„da muss ich jetzt Vermutungen anstellen, auf die ich so und so gekommen bin."* Auch wenn Ihr Gegenüber wahrnimmt, dass Sie gerade „schwimmen", wirkt das selbstbewusste, kampfesmutige Bemühen um eine Ableitung in der Regel entwaffnend – und vielleicht fördern Sie ja Brauchbares zu Tage.

Falls aber nicht: Vermeiden Sie offensichtliches „Schwafeln". Bewusstes schrittweises Annähern an eine Frage ist gut[24]), „Drumherumreden" nicht. Wenn Sie tatsächlich überhaupt nicht wissen, was Sie auf die gestellte Prüfungsfrage antworten sollen, sind Sie nicht gut beraten, mit irgendetwas zu beginnen, was gerade noch ganz entfernt und irgendwie mit dem Thema zu tun hat. Ebenso wenig sollten Sie versuchen, die gestellte Frage mit Ihrer Antwort in eine Richtung zu biegen, mit der Sie etwas anzufangen wissen. Der Prüfer wird Ihr Manöver sofort entlarven. In solchen Fällen ist der Schaden weit geringer, wenn Sie kundtun, „momentan" (!) nicht zu sehen, wie Sie die Frage aufrollen sollen. Wenn Sie Glück haben, hilft Ihnen der Prüfer weiter und die Nebel lichten sich doch noch.

Sollte es sich freilich um eine Frage handeln, wo Sie hinter dem Nebel Land nicht einmal vermuten, sondern in bestürzender Klarheit nur zu genau wissen, dass Sie nichts finden: Sprechen Sie es lieber aus! Das wird dem Prüfer keine Freude bereiten, doch fahren Sie mit Offenheit allemal noch besser, als wenn Sie Zuflucht zu hilflosen Verschleierungsversuchen nehmen. Nur wegen dieser Panne allein ist ja wohl noch nicht aller Tage Abend …

---

[23]) *Iro,* Sachenrecht[4] Rz 15/1 ff; *Koziol/Welser,* Bürgerliches Recht[13] I 319 ff.
[24]) Siehe oben III.2.d.

d. Sie verstehen ausgerechnet die erste Ihnen gestellte Frage nicht oder wissen darauf keine Antwort

Ein solcher „glorreicher" Einstieg in eine mündliche Prüfung ist besonders unangenehm. Kennt Sie der Prüfer aus Lehrveranstaltungen als engagierten Studierenden, so wird er geneigt sein, Ihr Problem der Nervosität zuzuschreiben. Kennt er Sie jedoch nicht, hinterlassen Sie einen schwachen ersten Eindruck. Gehen Sie trotzdem vor wie unter a.–c. beschrieben und bedenken Sie: Erstens, Sie können den schlechten Start nicht ungeschehen machen, aber durch Ihr weiteres Auftreten wettmachen. Zweitens, was schwach anfängt, kann sich nur noch steigern. Drittens, Sie haben nichts zu verlieren, aber alles zu gewinnen. Viertens, Sie bekommen nicht nur diese eine Frage, sondern mehrere voneinander unabhängige Fragen gestellt. Trotz schlechten Starts sind Ihre Chancen also vorerst intakt. Werfen Sie nicht gleich zu Beginn die Flinte ins Korn, sondern kämpfen Sie! Vielleicht kennen Sie ja sogar Präzedenzfälle, in denen sich solcher Kampfesmut bewährt hat – bei Ihnen selbst oder bei anderen?

e. Ihr Prüfer verhält sich soundso, und das ist Ihnen unangenehm

Wahrscheinlich haben Sie Ihren Prüfer bereits bei einer oder mehreren Prüfungen beobachtet[25]) und ahnen daher, was Sie erwartet. Dabei ist weniger das Fachliche gemeint, als die Art, wie gerade Ihr Prüfer zu prüfen pflegt. Möglicherweise verhält er sich in manchen Belangen für Sie unangenehm: Er verzieht zum Beispiel grundsätzlich keine Miene, was Sie verunsichert. Oder: Sie fühlen sich bei Prüfungen leicht gehetzt und Ihr Prüfer wirkt auf Sie ungeduldig. Und so weiter. Wie schon einmal gesagt[26]), gilt:

 MERKE: Sie können Ihren Prüfer nicht ändern. Wohl aber Ihr Verhalten auf ihn einstellen!

Überlegen Sie sich also auch in diesem Zusammenhang bereits im Vorfeld, wie Sie mit der unbewegten Miene oder der (vermeintlichen?) Ungeduld umgehen werden. Ihre Taktik wird natürlich je nach Störfaktor unterschiedlich sein. Befürchten Sie, gehetzt zu werden, nehmen Sie sich zum Beispiel vor, vor der Antwort tief durchzuatmen und bewusst langsam zu sprechen. Überlegen Sie auch, wie und mit welchen Worten Sie den Prüfer bei der Prüfung darauf ansprechen könnten, dass Sie Zeit brauchen, um sich in die Frage hineinzudenken. Gegen die versteinerte Miene Ihres Gegenübers können Sie sich innerlich wappnen, indem Sie sich darauf einstellen und immer, wenn Sie sich dabei ertappen, unsicher zu werden, an einen Pokerspieler denken, der sich nicht in seine Karten schauen lassen will (oder welches Bild Ihnen sonst hilft, vgl dazu auch gleich im folgenden

---

[25]) Oben II.1.a.
[26]) Oben II.1.a.

Abschnitt 5). Und denken Sie bei all dem auch stets an den Unterschied zwischen Wahrnehmung und Interpretation …[27]).

5. „Zauberei" als Hilfe gegen Nervosität bei mündlichen Prüfungen

Jeder ist bei seiner Prüfung nervös, der eine mehr, der andere weniger. Während mancher nur leises Kribbeln fühlt, kennt ein anderer die gefürchtete Denkblockade, die im schlimmsten Fall den Zugriff auf das Gelernte verhindert (*„vor der Prüfung habe ich genau das so gut gekonnt, in dem Moment war ich aber einfach wie vernagelt!"*). Schon während der Lernphase können Sie sich in dieser Hinsicht laufend mental stärken, dazu lesen Sie im 4. Kapitel III. Nützliches. Hier finden Sie Hinweise zum Umgang mit Ihrer Nervosität in der „Akutsituation".

Die Überschrift dieses Abschnitts wird Sie vielleicht verwundern. Sie sind nicht Magier, sondern Studierender und Prüfungskandidat – was heißt also „zaubern"? Und welche Art von „Zauberei" soll schon bei einer Prüfung helfen – entweder Sie sind gut vorbereitet und erhalten Fragen, mit denen Sie zurechtkommen, oder aber eben bedauerlicherweise nicht …? Tatsächlich geht es beim Folgenden um fundierte, ernsthafte und erprobte psychologische Maßnahmen, auch wenn sie Ihnen auf den ersten Blick als „Zauberei" erscheinen mögen. Wenden Sie sie an! Die Wirkung dieser Mittel ist viel handfester als Sie vermuten, ihr Erfolg wird Sie überraschen.

 MERKE: „Zaubern" ersetzt die Prüfungsvorbereitung nicht. Aber erleichtert es, das Vorbereitete wiederzugeben.

Schon Ihre mentale Einstellung zur Prüfung bewegt viel. Sehen Sie sie als Herausforderung und als willkommene Möglichkeit, Ihr Können zu beweisen, oder auch „nur" als eine von vielen Wegmarken auf dem Weg zum Ziel Studienabschluss! Sie werden anders in die Prüfung gehen, als wenn Sie sie als Schrecknis und Hürde begreifen. Sie kennen das berühmte Beispiel vom halb vollen oder halb leeren Glas Wasser: Die Wassermenge ist gleich, wer Durst hat, muss sich so oder so mit dem Inhalt des Glases begnügen. Der mentale Zugang aber ist ein ganz unterschiedlicher. Geht es Ihnen nicht viel besser, wenn Sie das Glas als „*hurra, halb voll!*" betrachten[28]) …?

Wesentliche „Zaubermittel" zur mentalen Stärkung sind weiters tiefe und ruhige Atmung, aufgerichtete entspannte Körperhaltung (dazu auch oben III.2.a.) und bewusstes sich Zeit nehmen, bewusstes Innehalten.

Auch jede Art von Ritual, jeder Glücksbringer kann helfen: Was Sie für wirkungsvoll halten, schenkt Ihnen subjektiv Kraft. Also her mit dem vielfach bewährten Talisman! Eine besonders phantasiebegabte Studentin hat mir übrigens

---

[27]) Oben III.3.c.
[28]) Siehe auch oben II.2.a.dd., und 4. Kapitel I.4. und III.2.c.

von einer in ihrer Gedankenwelt kreierten „Prüfungsfee" berichtet, die sie in entscheidenden Momenten unterstützt hat … warum auch nicht?

Eine hochwirksame, bewährte Methode der Abschirmung in negativen Stresssituationen ist auch die „Dissoziation". Dissoziation bedeutet ein innerliches Entfernen vom Geschehen, ein innerliches Abkoppeln, das Sie in die Lage versetzt, mit kühlerem Kopf zu handeln. Stellen Sie sich zum Beispiel während Ihrer Prüfung vor, der Raum, in dem sie stattfindet, hätte eine Galerie, wie ein Theater. Setzen Sie sich in Gedanken während Ihrer Prüfung auf diese Galerie und betrachten Sie aus der sicheren Entfernung, was passiert – so, als ob es auf einer Bühne stattfände. Sie sehen damit sich selbst, die Zuhörer, den Prüfer von außen, das nimmt Nervosität. Üben Sie dieses „Theaterzuschauer-Modell" zunächst in harmloseren Situationen (während einer Straßenbahnfahrt zum Beispiel), um sich daran heranzutasten und zu gewöhnen. Eine andere Methode der Dissoziation besteht darin, dass Sie die Entfernung zu Ihrem Prüfer oder den Zuhörern in Gedanken vergrößern. Rücken Sie alles Störende einfach weiter von Ihnen weg. Das schafft Abstand – und Abstand macht wehrhafter. Oder verkleinern Sie Prüfer und Zuhörer im Geist und lassen Sie sich selbst ins Riesenhafte wachsen. Oder legen Sie eine „virtuelle Rüstung" an. Oder setzen Sie zwischen sich und Prüfer oder Zuhörer eine gedankliche Lichtschranke, die nichts Negatives durchdringen kann. Ebenfalls in die Kategorie Dissoziation fällt auch Großmutters bekannter (schon aus der Schulzeit ihrer Urururgroßmutter …) stammender Rat: Stellen Sie sich Ihren „gefährlichen" Prüfer in Unterhosen vor, pflanzen Sie ihm im Geist eine rote Nase ins Gesicht, setzen Sie ihm eine blaue Zipfelmütze auf den Kopf, versehen Sie ihn mit Hörnern und Bocksfuß und so weiter. Machen Sie nach Herzenslust, was Sie wollen. Es weiß ja keiner (vor allem der Prüfer nicht). Sind Ihnen die Zuhörer in Ihrem Rücken unangenehm, hilft Vergleichbares: Verwandeln Sie sie in Ihrer Vorstellung in Gartenzwerge, oder in Steine, oder in Karnickel, oder in … Die Verfremdung lässt jedenfalls das Gefühl der Bedrohung schrumpfen und macht Spaß (hoffentlich bekommen Sie keinen Lachkrampf …).

Wie auch immer Sie „zaubern", ob Sie sich nun dissoziieren, ohne Ihren Glückshalbedelstein in der Tasche niemals zur Prüfung antreten würden oder eine „Prüfungsfee" bemühen: Alles ist möglich, Ihren Ideen sind keine Grenzen gesetzt. Experimentieren Sie. Aber behalten Sie „Ihren" Zauber für sich, er ist etwas ganz Persönliches und geht nur Sie etwas an.

 MERKE: Seien Sie beim „Zaubern" ruhig herzhaft albern! Der Zweck heiligt die Mittel. Und niemand erfährt's!

Zum Schluss dieses Abschnitts ein eindringlicher Appell: Keinesfalls unter „Zauberei" fallen „freihändig" eingenommene sedierende Medikamente! Sie werden davon psychisch, bei fortgesetztem Ge-(= *Miss*-)brauch auch körperlich abhängig. Gegen „vernünftiges Prüfungs-Doping" ist hingegen nichts einzuwenden: Ihre Apotheke stattet Sie gerne mit Baldrian-Dragees, Melissentee, auf pflanzlicher Basis beruhenden Passedan-Tropfen oder Bachblüten (Rescue-Tropfen) aus.

6. Und nach der mündlichen Prüfung …

Nach vollbrachter Tat sollten Sie die Prüfung, ihren Ablauf und ihr Ergebnis in einigen stillen Minuten und vielleicht dann noch nach ein paar Tagen ein zweites Mal Revue passieren lassen. Genaue Manöverkritik ist angesagt! Welche Taktik hat sich bewährt? Was haben Sie Neues ausprobiert? Womit waren Sie weniger zufrieden? Was könnten Sie noch weiter verbessern? Wie werden Sie das anstellen? Was konkret machen Sie nächstes Mal anders? Vielleicht möchten Sie sich die gefundenen Plus und Minus und die für die nächste Prüfung geplanten Schritte aufschreiben, damit Sie im nächsten Anlassfall auf Ihre Notizen zurückgreifen können?

Sind Sie mit Ihrer Benotung zufrieden? Entspricht sie Ihrer eigenen Einschätzung Ihres Könnens? Liegt sie darunter oder darüber? Ist Ihnen eigentlich bewusst, warum Sie gerade diese Note bekommen haben? Es wäre wünschenswert, wenn der Prüfer die Grundlagen seiner Bewertung offenlegt. Sind Sie unsicher, fragen Sie höflich, aber bestimmt nach, und zwar möglichst gleich, solange Ihr Auftritt noch frisch im Gedächtnis Ihres Prüfers lagert[29]). Manchmal sind Kandidaten mit ihrem Prüfungsergebnis unzufrieden, weil sie den Eindruck haben, sie hätten ohnedies alles gesagt, was es zum erfragten Thema zu sagen gebe. Das mag im Endeffekt auch zutreffen – doch zählt nicht nur das Was, sondern auch das Wie: War die letztlich zutreffende Antwort ein Produkt massiver Winke mit dem Zaunpfahl (oder gar „mit dem Brückenpfeiler") durch Ihre Prüferin oder haben Sie sich erst nach schweren Fehlern zu guter Letzt ans sichere Ufer gerettet, wird die Note das natürlich widerspiegeln. Es zählt immer der Gesamteindruck. Wenn Sie jeden „primitiven" Paragrafen aus dem Gesetzbuch vorlesen, haben Sie zwar gezeigt, dass Sie ihn finden. Immerhin. Aber nicht, dass Sie ihn anwenden und mit anderen Themen verbinden können. Daher ist der Eindruck des Prüfers von Ihren Künsten nicht so positiv, wie Sie vielleicht glauben. Auch gibt es keine „arithmetische Mehrheitsregel". Sie beantworten zwei von drei inhaltlich voneinander unabhängigen Fragen zwar nicht eben glanzvoll, doch eindeutig ausreichend. Danach aber zeigen Sie sich erschütternd unwissend, weil Sie zu einem grundlegenden Thema, das zum Kernbereich des Fachs zählt, eine Kette schwerer Fehler aneinanderreihen. Die Prüfung wird insgesamt negativ ausfallen. Der leidliche Start kann Sie in diesem Fall nicht retten.

---

[29]) Später wird es schwerer: Zwar ist der Prüfer verpflichtet, über Ihre Prüfung ein schriftliches Protokoll zu führen. Das enthält aber nur die gestellten Fragen, die Beurteilung der Antwort und Anmerkungen über allfällige Fehler. Es gibt also die „Gesamtperformance" nicht in allen Einzelheiten und nicht so „naturgetreu" wieder wie ein Tonband- oder gar ein Videoprotokoll.

IV. Verkaufen Sie Ihr Fell möglichst teuer ... bei schriftlichen Prüfungen

1. Unterschiedliche Formate: Klausur ist nicht gleich Klausur

Schriftliche Prüfungen können unterschiedlich aussehen. Vielleicht besteht Ihre Prüfung aus einer Reihe von „Lernfragen", die Sie schriftlich beantworten sollen. Möglicherweise haben Sie einen großen oder mehrere kleine Rechtsfälle zu lösen. Auch eine Kombination von Lernfragen und Rechtsfällen ist möglich. Ein umfangreicherer Fall wiederum kann durch vorgegebene Fragen, die sich darauf beziehen, aufgelockert sein. Die größte Herausforderung bieten sicher Fälle, die lang, komplex und mit zahlreichen handelnden Personen bestückt sind, und an die sich die Aufforderung knüpft: „Beurteilen Sie die Rechtslage umfassend". Multiple Choice Tests werden Ihnen im Jusstudium wahrscheinlich nicht unterkommen, weil sich die rechtliche Materie mit dieser Prüfungsvariante kaum verträgt. Bei Juristischem geht es typischerweise um Wertungen, um Ermessensspielräume, um den Umgang mit der Sprache des Gesetzes oder der Parteien, um das Finden des Gesetzeszwecks, um Parteiabsicht, um die Anwendung der Methodenlehre – das sind unterschiedliche und bewegliche „Schattierungen von Grau". Eine Testvariante, die nach einem „Schwarz – Weiß" fragt, passt nicht dazu: Sie könnte nur einen kleinen Ausschnitt abdecken und wird dem Wesen der Juristerei nicht gerecht, in keinem Fach.

Je nach Gestaltung Ihrer schriftlichen Prüfung werden Sie unterschiedliche Strategien anwenden. Im Folgenden finden Sie zahlreiche Hinweise auf Empfehlenswertes und auf vermeidbare Pannen, illustriert jeweils durch Beispiele aus dem Gebiet des Zivilrechts.

Zuvor aber noch ein kleiner, simpler Hinweis: Schreiben Sie trotz Zeitdrucks und Nervosität leserlich. Die Wirkung des äußeren Erscheinungsbilds ist bei Prüfungen, wie Sie wissen, nicht zu unterschätzen[30]). Bei schriftlichen Prüfungen fehlt der unmittelbare Kontakt zum Prüfer, hier vermittelt – neben dem Inhalt – das Aussehen Ihrer Arbeit einen bestimmten Eindruck, der beeinflussen kann. Davon ganz abgesehen werden Sie vermutlich Wert darauf legen, im Nachhinein mit Ihrem Korrektor darüber diskutieren zu müssen, ob der kühne Krakel auf Seite drei links oben in Ihrer Lösungsskizze tatsächlich objektiv als das erkennbar ist, was Sie subjektiv ganz leicht darin erkennen ... Und wenn Sie besonderes Pech haben, erklärt Ihnen der Prüfer kurzerhand, „das kann ich nicht lesen, also bewerte ich es nicht". Unbarmherzig. Aber berechtigt!

---

[30]) Oben III.2.f.

2. Schriftliche Prüfung mit kleinen Fall- und „Lernfragen" (die typische „Einführungs- und Anfängerprüfung")

a. Spezielle Tipps für die Bearbeitung von Lernfragen

Sogenannte „Lernfragen", wie sie etwa bei Einführungsprüfungen – also Studien- bzw Fachanfängern – gestellt werden, sind verhältnismäßig leicht zu bearbeiten. Vergleichbarer Denkaufwand wie bei Fällen ergibt sich hier nicht. Doch gibt es auch bei solchen leichteren Aufgaben einiges zu beachten.

Schauen Sie bei Ihrer Antwort darauf, dass sie tatsächlich die Frage trifft! Wird eine Definition erfragt, genügt es nicht, wenn Sie Beispiele anführen. Die Frage „*Was versteht man unter einem dinglichen Recht*[31]*?*" ist mit der Antwort „*Eigentum, Pfandrecht, Servitut*" nicht ausreichend behandelt. Sie müssen hier den gewünschten Begriff umschreiben (*„absolut, also gegenüber jedermann wirkende Rechte an Sachen*"). Ein Beispiel zusätzlich kann nicht schaden, ersetzt aber die Begriffsbestimmung nicht. Oder: Wird gefragt, was man unter Rechtsfähigkeit[32] versteht, und Sie antworten: „*Rechtssubjekte sind rechtsfähig*", dann ist das zwar richtig, sagt aber nicht, was erfragt war. Nämlich, worum es sich bei dieser Fähigkeit handelt. Das fällt also unter „knapp vorbei ist auch daneben".

Beantworten Sie die gestellte Lernfrage ferner gezielt, steuern Sie also genau auf das zu, was der Prüfer testen will und lassen Sie Überflüssiges und damit nur entfernt Verwandtes weg. Ist etwa gefragt, wann die wechselseitigen Leistungen aus einem Kaufvertrag fällig seien, will man nicht von Ihnen hören, dass es sich bei diesem Vertragstypus um einen Konsensualvertrag[33] handelt, der durch Angebot und Annahmeerklärung zustande kommt. Solche zwar sachlich richtigen, aber angesichts der Fragestellung überflüssigen Ausführungen werden nicht gewertet, kosten wertvolle Zeit – und zeigen dem Prüfer, dass Sie das Wesentliche nicht erkennen. Die Dinge auf den Punkt zu bringen und den Punkt auch zu sehen, ist aber bei juristischer Arbeit wichtig. Beschwert sich ein Studierender also darüber, dass er doch „*so viel geschrieben hätte*", was aber nicht honoriert worden sei, dann wird der Grund dafür meist darin liegen, dass er an der Frage vorbeigeantwortet und Überflüssiges geschrieben hat[34].

Setzen Sie umgekehrt auch nichts stillschweigend voraus, was tatsächlich zur Beantwortung der Frage dazugehört. Wird zum Beispiel nach den Voraussetzungen derivativen Eigentumserwerbs gefragt und Sie zählen zwar richtig Titel- und Moduserfordernis auf, nennen aber das Recht des Vormannes nicht[35], weil Sie das für ohnedies klar, selbstverständlich und daher nicht erwähnenswert halten – so verkaufen Sie sich schlecht.

Wie „genau" sollen Ihre Formulierungen sein, wie weit müssen sie mit der Formulierung in Ihrem Buch oder Skriptum wörtlich übereinstimmen? Wie sehr

---

[31]) *Iro*, Sachenrecht⁴ Rz 1/1, Rz 1/4; *P. Bydlinski*, Allgemeiner Teil⁵ Rz 3/4 ff; *Koziol/Welser*, Bürgerliches Recht I¹³ 238.

[32]) *P. Bydlinski*, Allgemeiner Teil⁵ Rz 2/2 ff; *Koziol/Welser*, Bürgerliches Recht I¹³ 50 ff.

[33]) *P. Bydlinski*, Allgemeiner Teil⁵ Rz 6/4; *Koziol/Welser*, Bürgerliches Recht I¹³ 185.

[34]) Zum richtigen Umfang der Antwort auch unten unter c.aa.

[35]) *Iro*, Sachenrecht⁴ Rz 6/1; *Koziol/Welser*, Bürgerliches Recht I¹³ 240, 310 f.

kommt es auf Fachvokabular an? Ist es zB zweckmäßig, Definitionen einfach auswendig zu lernen? Kommt es auf Paragraphenzahlen an? Auch das sind Fragen, die speziell Studienanfänger häufig stellen.

Zur Genauigkeit der Formulierung: Zum ersten müssen Sie sich darauf einstellen, in ganzen verständlichen Sätzen auszudrücken, was Sie sagen wollen. Hingeworfene Stichworte reichen bei Klausuren ebensowenig wie später im Berufsleben, wenn Sie etwa vor der Aufgabe stehen, eine Klage oder ein Urteil zu verfassen. Zum zweiten ist es für Ihre Formulierung wesentlich, dass Sie wissen, auf welche Elemente es im jeweiligen Zusammenhang zwingend ankommt. Ein Beispiel: Ob Sie formulieren *„Geschäftsfähigkeit ist die Fähigkeit, durch eigenes rechtsgeschäftliches Handeln Rechte und Pflichten zu erwerben"*, oder *„Geschäftsfähigkeit ist die Fähigkeit zum selbständigen Abschluss von Rechtsgeschäften ohne Mitwirkung eines gesetzlichen Vertreters oder Sachwalters"*[36]) läuft auf dasselbe hinaus. Die Punkte, die für die Begriffsbestimmung bedeutsam sind, finden sich in beiden Formulierungen; die notwendigen „Zauberworte" sind also vorhanden. Hingegen werden Sie Ihren Prüfer mit der Aussage *„Geschäftsfähig ist, wer selbst handeln kann"*, nicht befriedigen: „Handeln" allein ist zu weit, weil sich „Geschäftsfähigkeit" auf den Abschluss von Rechtsgeschäften beschränkt. Was jeweils zu den wesentlichen Elementen eines Themas zählt, lernen Sie in Lehrveranstaltungen, in denen Sie darauf hingewiesen werden. Worte und Satzteile, die in Skripten oder Büchern fett gedruckt und damit hervorgehoben werden, sind für Sie ebenfalls leicht erkennbar wichtig.

Zum Fachvokabular: Manches muss mit einem terminus technicus benannt werden. „Modus" ist eben „Modus" – und nichts anderes. Das ist ein juristischer Fachbegriff, der alles beinhaltet, was dazugehört und einen bestimmten rechtlichen Zusammenhang exakt und kurz in einem einzigen Vokabel codiert. Mit „sinnlosem Auswendiglernen" hat das also gar nichts zu tun! Legen Sie daher die Scheu vor der Fachsprache ab. Beachten Sie auch, dass mehrere Begriffe dasselbe rechtliche Phänomen beschreiben können: *Verpflichtungsgeschäft = Titel = causa*[37]); *Person = Rechtssubjekt*[38]); *Ernstlichkeit = Bindungswille*[39]). Halten Sie sich auch hier an Lehrveranstaltungen und fragen Sie, wenn Sie unsicher sind. Vielleicht möchten Sie sich auch Ihr persönliches Fachvokabular-Wörterbuch anlegen?[40])

Noch etwas zum Thema Auswendiglernen: Der Juristerei eilt in uninformierten Kreisen der Ruf voraus, dass es dabei ja bloß um das Auswendiglernen der Gesetze gehe. Bereits die ersten konkreten Begegnungen mit der Materie zeigen freilich das Ausmaß dieser fatalen Fehlvorstellung. Juristerei heißt alles andere als das Nachbeten von Texten, vielmehr geht es um das Verständnis sprachlich verpackter Regelungsanliegen. Damit beantwortet sich die Frage nach der Sinnhaftigkeit des Auswendiglernens von selbst. Studentin X mag brav herunterbeten,

---

[36]) *P. Bydlinski,* Allgemeiner Teil[5] Rz 2/15; *Koziol/Welser,* Bürgerliches Recht I[13] 54.
[37]) *P. Bydlinski,* Allgemeiner Teil[5] Rz 5/12; *Koziol/Welser,* Bürgerliches Recht I[13] 117.
[38]) *P. Bydlinski,* Allgemeiner Teil[5] Rz 2/2; *Koziol/Welser,* Bürgerliches Recht I[13] 50.
[39]) *P. Bydlinski,* Allgemeiner Teil[5] Rz 6/8; *Koziol/Welser,* Bürgerliches Recht I[13] 121 f.
[40]) Oder zum Beispiel *Welser* (Hrsg), Fachwörterbuch zum bürgerlichen Recht (2005) heranziehen oder das Glossar bei *Perner/Spitzer/Kodek,* Bürgerliches Recht (2012).

dass *„Rechtsfähigkeit die Fähigkeit ist, Träger von Rechten und Pflichten zu sein*[41]*)".* Fehlt ihr aber die Einsicht, dass ein Zweijähriger eben wegen seiner Rechtsfähigkeit Eigentümer eines Hauses im Wert von 3 Mio € sein kann, dann hat sie die Angelegenheit nicht verstanden und kann das auswendig Gelernte nicht anwenden.

Wird erwartet, dass Sie Paragraphen der angewendeten Gesetze anführen? Das richtet sich nach den Wünschen des Prüfers, manche legen mehr Wert darauf, manche weniger. Erkundigen Sie sich nach den konkreten Erwartungen. Allerdings gibt es besonders prominente Gesetzesstellen, die auch ein Anfänger bereits beim Namen nennen können sollte. Auch auf diese erhalten Sie Hinweise in Lehrveranstaltungen. So oder so: Je früher Sie sich angewöhnen, mit dem Gesetz zu arbeiten, desto besser. Sehen Sie schon beim Lernen regelmäßig im Gesetz nach, so wird das Merken, vor allem aber auch das Finden des Sitzes der Materie leichter.

b. Spezielle Tipps für die Bearbeitung kleiner Rechtsfälle

Kleine Fallbeispiele, wie sie für Einführungs- und Anfängerprüfungen typisch sind, sollten Sie methodisch richtig in folgenden Schritten lösen: Sie erkennen und benennen das Problem (1). Sie beschreiben die Rechtslage zum Thema (2.). Sie wenden das in der Theorie Gefundene auf den Fall an, subsumieren also (3.) Sie halten das Ergebnis fest (4.)

Ein Beispiel. *„Der 12-jährige A verkauft sein Fahrrad, dessen Wert € 200,– beträgt, um € 230,– an seinen volljährigen Bekannten B. A's Eltern wissen von diesem Geschäft nichts. Ist hier ein wirksamer Vertrag zustande gekommen?"* Ihre mustergültige Ideallösung könnte so lauten: *„Es handelt sich um ein Problem der Geschäftsfähigkeit*[42]*) (1., Benennen des Problems). Ein 12-Jähriger ist unmündiger Minderjähriger; Personen dieser Altersstufe können selbständig, also ohne Mitwirkung des gesetzlichen Vertreters, geringfügige Alltagsgeschäfte nach § 151 Abs 3 ABGB – „Taschengeldparagraph" abschließen; ferner Geschäfte, die zu ihrem Vorteil sind, § 865 ABGB (2., Beschreibung der Rechtslage). Hier handelt es sich schon allein wegen des hohen Werts des Rades nicht um ein Geschäft, das unter den Taschengeldparagraph fällt (3., Subsumtion). Überdies ist der Vertrag nicht nur von Vorteil für den Minderjährigen, weil er sich ja zur Leistung des Rades verpflichtet (3., Subsumtion). Dass die Gegenleistung des B den Wert des Rades sogar übersteigt, A also bei diesem Geschäft gut abgeschnitten hat, ändert daran nichts (3., Subsumtion). Dieser Vertrag ist daher ein hinkendes Rechtsgeschäft und vorerst schwebend unwirksam (4., Ergebnis). Genehmigt der gesetzliche Vertreter es nachträglich, gilt es von Anfang an; genehmigt er es hingegen nicht, ist es absolut unwirksam (4., Ergebnis)."*

---

[41]) *P. Bydlinski*, Allgemeiner Teil[5] Rz 2/2; *Koziol/Welser*, Bürgerliches Recht I[13] 50.

[42]) Testfrage: Woran haben Sie das erkannt? Zum Fachlichen *P. Bydlinski*, Allgemeiner Teil[5] Rz 2/15 ff *Koziol/Welser*, Bürgerliches Recht I[13] 54 ff.

Für Sie ganz persönlich!

Fehlt ein Teil dieser Antwort, ist sie unvollständig. Bevor Sie weiterlesen: Welche falllösungstechnischen (nicht sachlich/inhaltlichen!) Fehler könnten dem Bearbeiter in diesem Beispielsfall unterlaufen?

....

....

Typische Fehler wären etwa: Der Bearbeiter nennt zwar den Tatbestand des § 865 ABGB, vergisst aber auf den Taschengeldparagraphen, § 151 Abs 3. Oder er listet zwar sowohl § 151 Abs 3 als auch § 865 auf und umschreibt deren Inhalt, wendet dies dann aber nicht auf den Fall an. Es geht jedoch eben um die Lösung der konkreten Fallgestaltung! Oder der Bearbeiter stuft den Wurzelmangel richtig und umfassend ein und kommt auch zum richtigen Schluss, nämlich dass der Vertrag der Genehmigung durch den gesetzlichen Vertreter bedarf – doch schreibt er nichts mehr über die erfragte Konsequenz, nämlich darüber, dass dieses Geschäft vorerst schwebend unwirksam, aber durch den Vertreter zu retten ist, und was folgt, wenn diese Rettung unterbleibt. Oder ein Ergebnis wird zwar erzielt und trifft auch zu – ist aber nicht begründet, sodass der Prüfer nicht nachvollziehen kann, wie der Bearbeiter zu seinem Schluss gelangt ist.

Für Sie ganz persönlich!

Beachten Sie bitte auch bei kleinen Fällen genau, wonach gefragt wird. Bevor Sie weiterlesen: Wie wäre die Antwort zu gestalten, wenn im Sachverhalt weiters stünde, dass das Fahrrad dem B bereits übergeben wurde, der gesetzliche Vertreter das Geschäft endgültig nicht genehmigt und der Prüfer wissen möchte, wer denn nun Eigentümer des Rades sei?

....

....

Einzusteigen ist in die Antwort genau wie oben (1.–4.). Hinzuzufügen wäre allerdings:

„Es geht um Voraussetzungen der Übertragung dinglicher Rechte (1.)*. Hier gilt das Prinzip der kausalen Tradition (= Zweiaktigkeit des Eigentumserwerbs*[43]*)), was bedeutet, dass ein modus (= Verfügungsgeschäft) ohne Grundlage eines gültigen Titels (= Verpflichtungsgeschäft = causa) kein Eigentum übertragen kann* (2.)*. Da der Vertrag absolut unwirksam ist und es daher am Titel fehlt, wird B trotz erfolgter Übergabe nicht Eigentümer* (3.)*. A ist also nach wie vor Eigentümer des Rades* (4.)*)“*.

c. Und was es sonst noch zu beachten gilt ...

aa. Wie viel? Woraus ergibt sich der nötige Umfang Ihrer Antwort?

Oft fragen Studierende, wie ausführlich ihre Antwort sein sollte, um eine gute Note zu bekommen. Die in ihrer Formulierung höchst juristische Replik auf diese Frage lautet: Das kommt auf die Umstände des Einzelfalls an! Global lässt sich nur sagen, schreiben Sie alles, was zur Frage dazugehört und auf dem Weg zur Lösung liegt, und lassen Sie alles Überflüssige weg[44]. „Zu wenig“ ist zum Geschäftsfähigkeits-Fall oben alles, was als Beispiel unter b. („Typische Fehler wären etwa ...“) angeführt ist. „Zu viel“ wäre es, wenn die Lösung Ausführungen zur Geschäftsfähigkeit anderer Altersgruppen oder die Definition des gesetzlichen Vertreters enthält. Die praktische Erfahrung lehrt, dass eher zu wenig als zu viel geschrieben wird. Ein Gefühl für das „Zu viel“ entwickelt man also offenbar leichter als ein Gefühl für das „Zu wenig“. Die Grundregel lautet: „Selbstverständlich“ ist nichts, es ist alles ausdrücklich aufzugreifen, was zu den Tatbestandsmerkmalen der anzuwendenden Paragrafen zählt. Einfacheres genauso wie Schwierigeres. Würde es um ein Kochrezept zum Backen von Weihnachtskeksen gehen, legten Sie ja zu Recht Wert darauf, dass Ihnen nicht nur gesagt wird, Sie müssten die Zutaten a–f zusammenrühren. Sondern auch darauf, dass Sie erfahren, in welcher Reihenfolge was womit zusammengerührt wird und wie lange und bei wieviel Grad die Keks gebacken werden und ob das Backblech auf die Mittelschiene des Backrohrs geschoben wird oder ganz nach unten. Nur wenn alle diese Anweisungen vorhanden sind, wird es ein Keks. Mit der *vollständigen* Lösung von Rechtsfällen verhält es sich ähnlich.

Einen hilfreichen Maßstab für die Einschätzung, wie ausführlich Ihre Lösung sein soll, bietet ein Punkteschema (sofern es Ihnen bereits im Klausurtext offen gelegt wird). Es signalisiert Ihnen: Je mehr Punkte, desto gehaltvoller und umfangreicher Ihre Antwort. Für Lernfragen gilt dies übrigens genauso wie für kleine Fälle.

---

[43] *Iro*, Sachenrecht[4] Rz 1/7, 6/1; *Koziol/Welser*, Bürgerliches Recht I[13] 310.
[44] Siehe auch oben IV.2.a.

Für Sie ganz persönlich!

Für den oben b. beschriebenen Beispielsfall zur Geschäftsfähigkeit (Variante 1) könnte der Prüfer 6 Punkte ausloben. Wie verteilen sich diese Punkte wohl – was meinen Sie?

....

....

Nicht ganz einfach zuzuordnen? Verständlich! Wie der Prüfer die Punkte verteilt, bleibt natürlich letztlich ihm überlassen und ist für Sie möglicherweise nicht immer völlig nachvollziehbar[45]). Eine Richtlinie und Orientierungshilfe haben Sie damit aber, wie Sie merken, allemal.

bb. Worum geht es hier? Erkennen der erfragten Problematik

Oft enthalten Lernfragen, vor allem aber Fallbeispiele unübersehbare Indizien, die Ihnen auf den ersten Blick klar machen, in welche „Schublade" das erfragte Thema passt. Treten beispielsweise Minderjährige in Ihrem Fall auf, ist der Schluss naheliegend, dass es um Probleme der Geschäftsfähigkeit geht. Manchmal aber fällt es selbst bei wenig komplexen Anfängerklausuren nicht ganz leicht, zu erkennen, worauf der Prüfer respektive die Frage hinaus will. Nehmen wir an, in Ihrem Anfänger-Skriptum, aus dem sich die Stoffabgrenzung für die Klausur ergibt, wird die Wegehalterhaftung[46]) nach § 1319a ABGB mit keinem Wort erwähnt. Eine Klausurfrage lautet: *„§ 1319a ABGB regelt die Haftung des Halters eines Weges. Wie gehen Sie vor, um herauszufinden, was ein ‚Weg' im Sinne des Gesetzes ist?"* Sie schrecken sich vielleicht, weil Sie in Ihrem Gedächtnis vergeblich nach der Wegehalterhaftung kramen. Achtung, falsche Fährte! Nicht die Wegehalterhaftung interessiert, sondern die methodische Frage, wie Sie einen Gesetzesbegriff auslegen. Natürlich hätte der Prüfer auch fragen können, welche Methoden der Gesetzesinterpretation Sie kennen – allerdings wäre das doch weitaus anspruchsloser gewesen …

---

[45]) Prüfer X würde etwa verteilen wie folgt: Geschäftsfähigkeit erkannt und benannt (1 Punkt). Fähigkeiten eines unmündigen Minderjährigen zutreffend aufgezählt (1 Punkt). Kein Taschengeldparagraph in diesem Fall (1 Punkt). Kein Geschäft zum Vorteil in diesem Fall (1 Punkt). Daher hinkendes Rechtsgeschäft (1 Punkt). Weitere Folgen abhängig von Genehmigung (1 Punkt). Prüferin Y würde hingegen die Rechtsfolgen des hinkenden Rechtsgeschäfts insgesamt nur mit einem Punkt bedenken und daher einen Punkt weniger ausloben. Prüfer Z wiederum gäbe sogar einen Punkt mehr, weil er sich wünscht, dass das Auslegungsproblem „Vorteil im Sinne des § 865" eigens angesprochen wird. Und so weiter.

[46]) *Apathy/Riedler*, Bürgerliches Recht III[4] Schuldrecht Besonderer Teil (2010) Rz 14/22 ff; *Koziol/Welser*, Bürgerliches Recht II[13] 367 ff.

Ein solcher Aufbau des Prüfungsthemas gleicht dem Einwickeln eines Bonbons in buntes Papier. Bonbons kann man auf verschiedene Arten einwickeln. Wie auch immer das Papier bei der Klausur aussieht, Sie müssen in der Lage sein, es zu entfernen und zu erkennen, um welches Bonbon es sich handelt. Wenn Sie das etwa in Lehrveranstaltungen ausführlich üben, wird es Ihnen keine nennenswerten Schwierigkeiten bereiten: Je öfter Sie ein und dasselbe Bonbon aus immer wieder unterschiedlichen Verpackungen geschält haben, desto leichter wird es. Und: Als gute Juristin, als guter Jurist müssen Sie die Fähigkeit erwerben, hinter einem Rechtsfall, hinter einer Rechtsfrage die rechtlichen Strukturen zu erkennen. Das wird durch eine solche Prüfungsaufgabe trainiert. Um im Bild vom Bonbon zu bleiben: Da Sie nicht vorhersehen können, in welcher Verpackung Ihnen das Bonbon bei der Klausur (und später im „wirklichen Juristenleben") begegnet, sehen Sie bitte das Bonbon – und nicht das Papier. Vom Unsinn des Auswendiglernens war ja bereits oben[47]) die Rede.

cc. Hilfe, die Uhr tickt!

Bei jeder schriftlichen Prüfung kämpfen Sie gegen die unerbittlich voranschreitende Zeit. Diese beschränkten Ressourcen müssen Sie zwangsläufig überlegt einsetzen. Klausuren sind selbstverständlich so angelegt, dass sie ein Durchschnittsstudent in der vorgegebenen Zeit ohne Mühe absolvieren kann. Dennoch ist der Zeitfaktor schon bei „kleinformatigen" Prüfungen regelmäßig ein wesentlicher Stolperstein auf dem Weg zum Ziel.

Gehen wir davon aus, dass Sie zweckmäßigerweise bereits bei der Vorbereitung auf Ihre Klausur den Umgang mit der beschränkten Zeit geübt, also Probeklausuren geschrieben und die Zeit mit Hilfe eines Weckers bemessen haben[48]). Sie haben damit ein Gefühl für die Dauer der Klausur im Verhältnis zu Ihrem Arbeitstempo entwickelt. Sie haben gelernt, wo Sie Zeit verlieren und sich in diesem Punkt verbessert. Sie haben auch gelernt, dass das schriftliche Nacherzählen von Fall-Sachverhalten in Ihrer Klausur Zeit stiehlt. Gut. Noch eines aber sollten Sie für eine erfolgreiche Bewältigung Ihrer Anfängerklausur bereits im Vorfeld planen: Da kleine Fälle wegen ihrer Länge und Komplexität meist mehr Punkte bringen als Lernfragen, überlegen Sie rechtzeitig, in welcher Reihenfolge Sie die gestellten Aufgaben bearbeiten. Nehmen Sie sich zuerst die Lernfragen vor, die rascher zu beantworten sind und sammeln Sie so pro Frage zwar wenige, aber dafür kontinuierlich Punkte? Dann bleibt im Endeffekt vielleicht wenig Zeit für die anspruchsvollere Falllösung übrig. Oder beginnen Sie mit den „dicken Brocken", also den kleinen Rechtsfällen? Dort gibt es wiederum eine Menge Punkte zu ernten, andererseits verschlingt die Falllösung mehr Zeit und es könnte Ihnen passieren, dass Sie sich in einen Fall verbeißen und dann mit den Lernfragen ins Gedränge kommen. Oder lösen Sie die Fragen einfach der Reihe nach, wie sie auf dem Papier stehen? Auch da ist natürlich das Zeitbudget zu beachten, und Sie gelangen möglicherweise zu den letzten beiden Fragen nicht mehr, weil es heißt: „*Bitte abgeben!*" (wie schade, weil Sie gerade diese beiden letzten Fragen leicht hät-

---

[47]) Oben IV.2.a.
[48]) Vgl oben II.1.b.; ferner 3. Kapitel V.3.a.bb. und 6. Kapitel I.

ten beantworten können …). Oder bearbeiten Sie zuerst das, was Sie leicht und schnell bewerkstelligen können und dann das, was Ihnen aufwändiger erscheint?

Welche dieser Strategien auch immer Sie wählen, sie alle haben ihre Vor- und Nachteile und schaffen Ihnen die tickende Uhr nicht vom Hals. Doch kann es die Bearbeitung beschleunigen, wenn Sie sich beizeiten überlegen, welche Methode Ihnen am angenehmsten ist und auch nach dieser Methode üben.

3. Schriftliche Prüfung „für Fortgeschrittene": Ein umfangreicher Rechtsfall zur Klausur

Natürlich stellt Sie die Bearbeitung eines umfangreichen, komplexen Rechtsfalls mit mehreren Protagonisten, vielleicht auch mehreren zeitlichen Ebenen und zahlreichen zu bearbeitenden Rechtsproblemen vor anspruchsvollere Aufgaben als eine Anfängerklausur. Manchmal haben Sie Glück und es reihen sich an den Fall konkrete Einzelfragen, anhand derer Sie sich voran arbeiten und durch den Fall durchfressen können. Oft aber ist der Fall nicht in dieser Weise aufbereitet, sondern Sie werden lapidar gefragt *„Wie ist die Rechtslage?"*. Hier gibt es nichts zum Anlehnen, nichts zum Klettern. Das Gerüst müssen Sie selbst bauen. Dazu brauchen Sie solide falllösungstechnische Kenntnis, viel Übung und eine über die fachspezifische Methodik hinausgehende Arbeitsstrategie, die Pannen vermeidet. Die für zivilrechtliche Fälle maßgebliche Falllösungstechnik nach Anspruchsgrundlagen finden Sie im 6. Kapitel; Strategisches und Pannenhilfe gleich im Folgenden (a. und b.)

a. Arbeitsstrategisches

Sie sitzen also da und halten den Falltext in der Hand. Zweifellos werden Sie ihn zunächst einmal überfliegen, um sich ein ungefähres Bild davon zu machen, was auf Sie zukommt. Dann folgt eine zweite, eingehendere Lesung und der Griff zu Ihren Schmierzetteln.

Der nächste empfehlenswerte Schritt ist für die Lösung von Rechtsklausurfällen ebenso unkonventionell wie praktisch wirkungsvoll: Brainstorming[49]). Dabei handelt es sich um eine kreative Methode zum Sammeln von Ideen, die davon lebt, dass aus dem Bauch heraus in sehr kurzer Zeit, und vor allem ohne jegliche Struktur und Bewertung alles zusammengetragen und schriftlich festgehalten wird, was einem zu einem bestimmten Thema in den Sinn kommt. Diese Ideen tauchen üblicherweise in mehreren Wellen auf: Die erste Welle schwappt augenblicklich über Sie herein, dann kommt der Prozess ein wenig ins Stocken bis zur nächsten Welle. Lassen Sie drei, vier Wellen zu. Natürlich kann es beim Brainstorming allein nicht bleiben, die eigentliche Falllösung ist ja im Gegensatz dazu notwendigerweise eine im höchsten Maß strukturierte Tätigkeit. Ordnung gemacht und am roten Faden entlang gearbeitet wird aber später – am Beginn steht die Sammlung Ihrer ersten Eingebungen und Eindrücke. Dadurch wird Ihnen bewusst, wie viel Ihnen der Länge des Falles, der Menge der im Fall handelnden Per-

---

[49]) Literatur dazu Seiten XXI und XXII.

sonen und Ihrem klopfenden Herzen zum Trotz einfällt. Das nimmt Nervosität! Damit schaffen Sie sich aber auch zu einem Zeitpunkt, in dem Sie noch unverfälscht denken können, eine Schatzkiste voll mit Überlegungen, aus der Sie eineinhalb Stunden später, wenn Ihnen vielleicht bereits der Kopf zu brummen beginnt und Sie den Wald vor lauter Bäumen nicht mehr sehen, Nützliches herausziehen können. Möglicherweise verlieren Sie bei der systematischen Fallbearbeitung auch etwas aus den Augen, woran Sie Ihre Brainstorming-Liste später erinnern kann. Da Sie beim Brainstorming nicht werten und sich keine Zeit zum Nachgrübeln lassen, mag es sein, dass sich die eine oder andere Intuition als fehlerhaft entpuppt. Das macht nichts, weil es sich nur um ein vorläufiges Zusammentragen erster Ideen handelt, die dann später ohnedies auf ihre Brauchbarkeit geprüft werden.

Nach dem Brainstorming nehmen Sie die Gliederung des Falles in Angriff. Das ist nun bereits inhaltliche Arbeit, und zwar ein anspruchsvoller Teil davon. Während Ihnen an den Fall angefügte vorgegebene Fragen Struktur zeigen, besteht eine zentrale Schwierigkeit der weit gefassten Frage nach der Rechtslage gerade darin, sich diese Struktur selbst zu schaffen. Sie müssen die Riesenportion also filetieren. Je kleiner und mundgerechter die einzelnen Stücke, desto leichter tun Sie sich.

Zunächst werden Sie überlegen, ob sich aus dem Aufbau möglicherweise klar abgrenzbare Einzelblöcke ergeben. Oft sind Fälle erkennbar aus mehreren sachlich voneinander unabhängigen Themenkreisen zusammengestückelt, um Ihr Wissen möglichst breit abzutesten. Nach dieser Grobeinteilung – die Sie in Ihrer Lösung auch sichtbar machen sollten[50] – folgt die Gliederung in kleinere Einheiten und schließlich deren Ausarbeitung im Detail. Bei Zivilrechtsfällen sind das die berühmten Fragen nach Ansprüchen und Anspruchsgrundlagen und die dazugehörige Lösung; dazu Näheres im 6. Kapitel.

Noch immer arbeiten Sie vorzugsweise nur auf Ihrem Schmierzettel. Dort können sich Ihre Gedankengänge ungestört entwickeln und dahinranken. Dort spielt es keine Rolle, wenn Sie etwas durchstreichen oder einflicken müssen. Je länger Sie sich ausschließlich auf Ihren Schmierzettel beschränken, desto besser – der logischen Abfolge, dem systematischen Aufbau und damit der Nachvollziehbarkeit Ihrer Lösung in der abzugebenden Reinschrift kann das nur gut tun.

 MERKE: Zelebrieren Sie die Arbeit auf Ihrem Schmierzettel! Die Reinschrift Ihrer Klausur enthält nur das fertige Produkt.

---

[50] Zum Beispiel eines Zivilrechtsfalles: Der Fall gliedert sich in drei Abschnitte, nämlich Familienrecht, Schuldrecht, Schadenersatzrecht. Nach einer großen Überschrift „1. Teil, Familienrecht/Scheidung" bearbeiten Sie die hierher gehörenden einzelnen Ansprüche. Dann „2. Teil, Schuldrecht/Auto". Dann „3. Teil, Sachenrecht/Haus". Und so weiter. Zum Begriff des zivilrechtlichen Anspruchs und den verschiedenen Anspruchsgruppen im 6. Kapitel III.1. und IV.

Lesen Sie den Sachverhalt immer wieder aufmerksam durch. Man wird rasch betriebsblind und übersieht oft nur in einem Nebensatz untergebrachte wichtige Hinweise und Sachverhaltsmerkmale. Oder vergisst einen Aspekt. Oder verliebt sich in einen Sachverhalt, von dem man fest überzeugt ist – leider steht aber tatsächlich ganz anderes auf dem Papier[51]).

b. Pannen und Pannenhilfe

Pannen wünscht man sich nicht. Viele lassen sich vermeiden. Manche nicht. Sie tun sich allerdings mit jedem Malheur leichter und reagieren schneller, wenn Sie vorher darüber nachgedacht haben, was Sie unternehmen, wenn …[52]). Wie werden Sie vorgehen, wenn Sie zum Beispiel beim ersten Anblick des Falles in Panik geraten? Wenn Ihnen die Zeit davonläuft? Wenn Sie erkennen, dass Sie etwas übersehen haben? Es folgen einige Tipps zu typischen Pannen und zu deren Vermeidung und Bewältigung bei „großen Klausuren".

aa. Hilfe, die Uhr tickt!

Wie bereits mehrfach erwähnt liegt Panne Nummer eins für viele Kandidaten bei schriftlichen Klausuren in der dahingaloppierenden Zeit, bei umfangreichen Fällen oft noch mehr als bei Anfängerklausuren. Abhilfe schafft viel Üben mit der Uhr, um ein Gefühl für die Relationen zu erwerben, das Ihnen im Ernstfall zugute kommt. Verschwenden Sie überdies keine Zeit für Nacherzählungen des Sachverhalts oder für „Nebenschauplatz-Probleme". Das Wichtige zuerst, dann der Rest! Ihre Erfahrung durch das Fallüben sollte Sie rasch ausreichend erahnen lassen, wo die wesentliche Thematik des konkreten Falles liegt[53]).

bb. Kreatives Chaos als Lösungsansatz?

Blindes Drauflosschreiben ohne Systematik und Struktur, in der (garantiert vergeblichen!) Hoffnung, irgendetwas den Prüfer Befriedigendes werde sich im Chaos schon finden, geht schief. Abhilfe: Ausschließlich und streng nach den Regeln der Falllösungstechnik vorgehen.

cc. Haken schlagen

Systematische Haken schlagen, sachlich inkonsequent sein, sich inhaltlich widersprechen … Da liegt das Problem wahrscheinlich in der mangelnden Sattelfestigkeit im Stoff und der Falllösungstechnik. Rechtzeitig lernen und üben!

dd. Falsch gelesen …

Ungünstig ist es, den Sachverhalt ungenau zu lesen, in die gewünschte Richtung zu biegen, zu missdeuten, unvollständig zu arbeiten. Lesen Sie den Sachverhalt nicht nur zu Beginn, sondern immer wieder genau durch[54])!

---

[51]) Zum Umgang mit dem Sachverhalt bei zivilrechtlichen Fällen ausführlich im 6. Kapitel II.
[52]) Vgl oben III.4.
[53]) Vgl oben II.1.b. und im 6. Kapitel I.
[54]) Oben bereits IV.3.a. und im 6. Kapitel II.4.

ee. Falsch abgebogen!

Sie haben sich gleich zu Beginn in einen unrichtigen Ansatz verrannt und nun geht die Rechnung nicht auf. So etwas ist häufig letal. Mit Sicherheit ist es letal, wenn Ihre Zeit nicht reicht, den Fehler richtig zu stellen, weil Sie ihn zu spät bemerkt haben. Die Gefahr falschen Abbiegens kann durch ausreichendes Lernen und Fallüben verringert werden – und dadurch, dass Sie Ihren zunächst angefertigten Schmierzettel ernst nehmen und ihn nicht nur für ganz grobe, oberflächliche Skizzen einsetzen.

Eine verfeinerte, aber nicht minder unangenehme Variante des Falschabbiegens ist jene, wo Sie sich keineswegs in eine sachliche unzutreffende Richtung gewandt haben, sondern in eine durchaus prinzipiell diskutable, jedoch taktisch ungünstige. Nehmen wir an, Sie hätten sich zum Beispiel von zwei denkbaren Auslegungsmöglichkeiten a und b oder zwei strittigen Rechtsmeinungen[55]) a und b für a entschieden. Dagegen mag zwar inhaltlich nichts einzuwenden sein. Ein Problem bekommen Sie aber, wenn sich damit die Behandlung fünf weiterer Fragen erübrigt, die sich bei Wahl b ergäben hätten und die einen wesentlichen Aspekt des Falles bilden … Solche Pannen erkennen Sie daran, dass Sie im Vergleich zu Ihren Leidensgenossen auffallend früh mit Ihrer Arbeit fertig sind; vielleicht auch daran, dass sich ein notorisch prüfungsrelevanter Teil des Falles in Ihrer Lösung verblüffend kurz und einfach gestaltet. Haben Sie ausreichend Zeitreserven, ist der verhängnisvolle Zug zu korrigieren, wenn nicht, können Sie nur hoffen, mit dem Rest der Fallbearbeitung so viel an positivem Eindruck zu hinterlassen, dass es insgesamt gerade noch für eine positive Beurteilung reicht. Um Pannen dieser Art zu vermeiden, sollten Sie ebenfalls bereits in der Schmierzettelphase des Arbeitens abwägen, welche Konsequenzen die Entscheidung für a und für b in Bezug auf die weitere Falllösung nach sich zieht.

ff. Gesetz? Welches Gesetz?

Nützen Sie die Möglichkeit, den Gesetzestext zu verwenden, sofern Sie ihn bei der Klausur heranziehen dürfen. Oft scheint es, als würden Gesetzbücher mehr als eine Art Fetisch zur Prüfung mitgetragen, denn als Arbeitsbehelf. Wenn Sie bereits beim Lernen das Gesetz verwendet haben (was ich Ihnen sehr rate[56])), dient es Ihnen auch im Ernstfall als Richtschnur und Gedächtnishilfe. Es ist leichter, zu prüfende Tatbestandsmerkmale nachzuschlagen, als sie ausschließlich aus dem Gedächtnis abzurufen.

gg. Hilfe, ich kann diesen Fall hier und jetzt nicht lösen!

Lernen und vor allem Fallüben schützt. Aber auch wenn Sie sich im Hinblick auf Ihre Vorbereitung nichts vorzuwerfen haben: So etwas kann vorkommen! Zunächst ruhig Blut. Durchatmen. Positiv bestärken. Reden Sie sich selbst gut zu. Oft handelt es sich um eine vorübergehende Phase der Verwirrung. Falls aber leider nicht, so verzweifeln Sie nicht an Ihren Fähigkeiten! Noch ist nicht alles verloren, es gibt eine nächste Möglichkeit zum Prüfungsantritt. Und vielleicht zeigt das Mal-

---

[55]) Zum Umgang mit strittigen Zivilrechtsfragen im 6. Kapitel VII.
[56]) Vgl oben IV.II.a. und 3. Kapitel V.3.a.

heur ja, dass es doch noch etwas nachzuarbeiten gibt (was, wie, bis wann?). Dann hätte die Panne sogar etwas Gutes – das nächste Mal sind Sie gewappnet, das wird Ihnen in Hinkunft nicht mehr passieren. Näheres zum Umgang mit Fehlern und Rückschlägen im 4. Kapitel II.1.

4. „Zauberei" als Hilfe gegen Nervosität bei schriftlichen Prüfungen

Wie bei mündlichen Prüfungen hilft „Zaubern" auch bei schriftlichen Klausuren gegen Ihre Nervosität. Schlagen Sie dazu oben unter II.2. und III.5. nach und befassen Sie sich auch mit den Mentaltechniken und psychohygienischen Methoden im weiter entfernten Vorfeld der Prüfung (4. Kapitel III.).

Wie Sie mittlerweile wissen, wirkt Ihre positive Erwartungshaltung, Ihre Einstellung[57]). Spürbar ist weiters der mentale Effekt richtiger Atmung und Körperhaltung[58]) (auch wenn bei schriftlichen Klausuren die Dimension des „Erklärungswerts" Ihres Auftretens nach außen entfällt[59]), weil der Prüfer als unmittelbarer Empfänger fehlt). Atmen Sie tief durch, erstens, bevor Sie den Text in die Hand nehmen, zweitens, bevor Sie zu schreiben beginnen, und drittens zwischendurch – immer dann, wenn Sie merken, dass Sie Beklemmung überfällt. Halten Sie immer wieder kurz inne, um sich zu sammeln[60]). Gönnen Sie sich trotz der beschränkten Zeit mehrere ganz kleine Arbeitspausen, während derer Sie die Augen schließen, aus dem Fenster schauen, kurz hinausgehen (soweit es Ihr Bewegungsspielraum eben zulässt …).

Malen Sie sich stärkende innere Bilder, um sich gegen die Prüfungsnervosität abzuschirmen. Legen Sie sich hilfreiche Rituale zurecht. Dissoziieren Sie sich immer wieder von der heiklen Situation, schieben Sie sie vorübergehend weg, sehen Sie sie (und sich selbst) von außen[61]).

„Brainfood" (Traubenzucker, Äpfel, Birnen, Bananen, Trockenfrüchte, Nüsse, Mandeln) sorgt für einen ausgeglichenen Blutzuckerspiegel und spendet bei mehrstündigen schriftlichen Klausuren neue Energie. Trinken Sie regelmäßig einen Schluck Wasser, Ihr Gehirn braucht das, wenn es längere Zeit hindurch funktionieren soll[62]).

Und Sie wissen ja: Medikamente nur auf Anweisung des Spezialisten, nur ausnahmsweise und nur vorübergehend. Wenn Sie sich durch harmlose Substanzen wirkungsvoll beruhigen wollen, greifen Sie zu Baldrian, Melisse und Co[63]).

---

[57]) Oben II.2.a.dd., III.5.
[58]) Oben III.2.a.; III.5.
[59]) Oben III.2.a. und b.
[60]) Oben III.2., 5.
[61]) Zu all dem oben III.5.
[62]) Auch beim Lernen sollten Sie regelmäßig trinken, 3. Kapitel unter II.6.
[63]) Oben III.5.

5. Und nach der schriftlichen Prüfung …

Auch für schriftliche Prüfungen gilt das oben III.6. zu den mündlichen Prüfungen Gesagte: Bitte genaue Manöverkritik! Was ist geglückt? Was nicht? Was gewinnen Sie aus dieser Erkenntnis? Gerade bei schriftlichen Prüfungen kann es lehrreich sein, Ihre „Nachlese" in zwei Schritten anzulegen, nämlich zunächst unmittelbar nach der Prüfung, und dann noch einmal, nachdem Sie das Ergebnis erfahren, die Musterlösung studiert und Einsicht in Ihre korrigierte Arbeit genommen haben. Wie hatten Sie Ihr Abschneiden gleich nach der Prüfung eingeschätzt? Deckt sich dies mit der Bewertung durch den Prüfer? Können Sie die Beurteilung Ihrer Arbeit nachvollziehen? Wie nahe liegt das Ergebnis an der nächstbesseren und der nächstschlechteren Note? Informieren Sie sich, vor allem, wenn Sie negativ abgeschnitten haben. Fragen Sie den Korrektor – je konkreter, desto besser. Nur wenn Sie wissen, wo Sie nacharbeiten müssen, haben Sie beim folgenden Antritt gesteigerte Erfolgschancen.

Bedenken Sie, wenn Sie über Ihre Bewertung rätseln, auch, dass wie bei mündlichen Prüfungen nicht allein das Was, sondern der Gesamteindruck zählt. Kann sein, dass unter dem Strich das eine oder andere Richtige steht. Wie aber sind Sie zu diesem Resultat gelangt? Über eine Kette schwerer Fehler? Unstrukturiert? Inkonsequent? Nicht nach den Grundsätzen der Falllösungstechnik, sondern „per Zufall"? In die Beurteilung fließt ein, ob der Prüfer den Eindruck hat, hier habe das sprichwörtliche blinde Huhn mit etwas Glück ein Korn gefunden oder ob Sie durch Aufbau, Struktur, Konsequenz, Formulierungen überzeugend vermitteln, dass Sie genau wissen, was Sie tun.

6. Kapitel: Falllösungstechnik Zivilrecht

Mit der Machete durch den Dschungel?

Was heißt „Falllösungstechnik" – und wozu braucht man sie? Stellen Sie sich vor, Sie müssten einen dichten Dschungel durchqueren. Sie haben dazu zwei Möglichkeiten …

Variante eins: Sie nehmen eine Machete und schlagen sich Ihren Weg aufs Geratewohl quer durch das Dickicht. Das ist nicht nur anstrengend, sondern auch gefährlich. Sie könnten sich verletzen, sich verirren. Vielleicht gehen Sie lange Zeit im Kreis, während Ihre Vorräte schwinden und Sie immer müder und unsicherer werden: Wo ist die nächste Lodge? Wo kann man rasten? Wo die Proviant- und Wasserbestände auffüllen? Findet sich hier irgendwo in erreichbarer Nähe eine Rot-Kreuz-Station, falls Sie eine Giftschlange beißt oder Sie sich den Fuß verstauchen? Hat dieser Dschungel gar kein Ende? Wer weiß, vielleicht gelangen Sie nie ans Ziel …!

Variante zwei: Sie wählen vorgegebene Pfade durch den Dschungel. Die existieren, schließlich sind andere vor Ihnen diese Pfade bereits gegangen! In diesem Fall sind Sie über den Verlauf Ihres Wegs und über Ihre Umgebung orientiert. Sie können absehen, dass und wann Sie Ihr Ziel erreichen. Sie erkennen Wegmarken. Zwar ist es heiß und die Moskitos eine Plage, aber: Sie wissen stets, was Sie tun und gelangen Schritt für Schritt sicher voran.

Vernünftigerweise werden Sie Variante zwei wählen. Allerdings brauchen Sie dafür eine Landkarte, einen Plan, nach dem Sie vorgehen. Diesen Plan für die Durchquerung des „Dschungels Zivilrechtsfall" halten Sie mit diesem 6. Kapitel in den Händen.

Natürlich ist es für die Lösung jedes Rechtsfalls, egal aus welchem Fach, wesentlich, methodisch nach einem sachgerechten Schema vorzugehen. Im Zivilrecht ist es jedoch geradezu unabdingbare Voraussetzung, um Fälle richtig und vollständig lösen zu können. Umso mehr, wenn es sich um umfangreiche, ineinander verflochtene Sachverhalte mit zahlreichen Anspruchsberechtigten handelt und Sie aufgefordert werden, die Rechtslage umfassend zu prüfen. Ohne strukturierten Zugang werden Sie hier mit großer Wahrscheinlichkeit scheitern. Die erforderliche Struktur entsteht durch die Gliederung des zivilrechtlichen Falls nach Ansprüchen.

In diesem 6. Kapitel erfahren Sie Wissenswertes zum Umgang mit dem Sachverhalt und zur Falllösungstechnik. Sie erhalten je eine Checkliste der wichtigsten und häufigsten Ansprüche und Einwendungen[1]. Sie lernen, wie Sie mit Auslandsbezügen umgehen und wie Sie strittige Rechtsfragen behandeln. Zum besseren Verständnis der zahlreichen Beispiele wird jeweils auf die entsprechenden Fundstellen in *Koziol/Welser*, Bürgerliches Recht I[13] und II[13] und den Lehrbüchern der „Springer-Reihe" (mittlerweile Verlag Österreich) verwiesen.

---

[1] Man kann zwischen „Einrede" und „Einwendung" begrifflich unterscheiden, wenn man will: „Einrede" muss vom Beklagten geltend gemacht werden und hindert die Durchsetzung eines Anspruchs: „Einwendung" hingegen ist von Amts wegen aufzugreifen und

Machen Sie sich mit der Falllösungstechnik vertraut, wenden Sie sie konsequent an. Erarbeiten Sie Ihre Übungsfälle selbständig, ohne zu „schwindeln" und simultan in die Musterlösung zu schielen. Und bedenken Sie vor allem, dass hier wie überall ein wichtiger Grundsatz gilt, nämlich:

MERKE: Übung macht den Meister!

I. Grundlegendes zur Arbeitsmethode

Beim Falllösen trennen Sie bitte streng zwischen der (langen) Entwurfsphase und der (kurzen) Ergebnisphase. Dazu lesen Sie ausführlich im 5. Kapitel dieses Buches nach[2]): Was dort steht, gilt nicht nur für zivilrechtliche Fälle, sondern allgemein für die Lösung jedes Rechtsfalls.

In die Entwurfsphase, in der Sie ausschließlich auf Schmierzetteln arbeiten, fallen:
→ das erste Überfliegen
→ die erste detaillierte Lesung
→ ein allfälliges Brainstorming[3])
→ eine allfällige Skizze
→ die allfällige Grobgliederung des Falles in große Einzelblöcke („Teil I Auto; Teil II Hund; Teil III Scheidung")
→ die Feingliederung in Ansprüche und Einwendungen
→ die Prüfung der Ansprüche und Einwendungen im Einzelnen
→ laufend wiederholte weitere Lesungen, um im Sachverhalt nichts zu übersehen.

Die Ergebnisphase umfasst nur die Verfassung der Reinschrift Ihrer Arbeit, also des Textes, den Sie bei einer Prüfung zur Korrektur abliefern.

Gewöhnen Sie sich an, den Hauptaufwand an Energie und Zeit in die Entwurfsphase zu investieren. Erst wenn Ihre Lösung (möglicherweise nach einigen Irrungen und Wirrungen) „steht", folgt die Ergebnisphase.

Überprüfen Sie schon im Lern- und Übungsstadium regelmäßig, wie lange Sie zur Lösung brauchen. Arbeiten Sie grundsätzlich nach der Uhr, die ja auch bei

---

betrifft das Nichtentstehen oder Erlöschen des Anspruchs. Oft wird beides aber sprachlich gleichgesetzt (so zum Beispiel in *Welser*, Fachwörterbuch unter dem Suchbegriff „Einrede"). Im zivilrechtlichen Zusammenhang halte ich diese Vereinfachung für zulässig (anders als im Prozessrecht). Auch ich setze daher hier und im folgenden Text „Einwendung" und „Einrede" gleich und verstehe beides als Sammelbegriff für alles, worauf sich die Rechtsansicht des Beklagten gründet und was zu seiner „Verteidigung" gegen den Anspruch eingesetzt werden kann.

[2]) IV.3.a.
[3]) Brainstorming, das rasche, ungeordnete, nicht bewertende Sammeln allererster Ideen und Eindrücke (auf Ihrem Schmierzettel!) weckt Kreativität und nimmt Nervosität. Der Vorgang wird im 5. Kapitel IV.3.a. näher beschrieben, experimentieren Sie damit schon in der Lern- und Übungsphase!

der Prüfung unaufhaltsam tickt. Sie werden Ihre Geschwindigkeit beim Falllösen durch Übung sicher steigern. Notieren Sie Ihre Fortschritte: Wie zäh lief es anfangs, wie schnell kommen Sie nun nach der Bearbeitung von soundsovielen Fällen voran? Wo und wie vergeuden Sie möglicherweise Zeit, und was unternehmen Sie dagegen? Schlagen Sie dazu auch nach im 3. Kapitel V.3.a.bb. und im 5. Kapitel II.1.b.

II. Richtiger Umgang mit dem Sachverhalt

1. Alles, was dasteht, ist wichtig!

Sie haben als Studierender gegenüber dem Praktiker im „wirklichen Juristenleben" einen Riesenvorteil: Was im Sachverhalt steht, ist jedenfalls wichtig. Überflüssiges werden Sie darin nicht finden. Jeder Richter, jeder Rechtsanwalt muss hingegen aus den oft weitschweifigen, vielleicht auch emotionalen Ausführungen der Partei, des Klienten und des Zeugen erst das herausfiltern, worauf es unter juristischen Gesichtspunkten ankommt. Und wissen, nach welchen juristisch erheblichen Ergänzungen des Sachverhalts zu fragen ist. Diese Arbeit, die erhebliche Zeit verschlingt, fragetechnisches Geschick und manchmal großes psychologisches Einfühlungsvermögen des Juristen in der Praxis erfordert, bleibt Ihnen erspart. Sie brauchen nicht die Spreu vom Weizen zu trennen, „Ihr" Sachverhalt ist bereits entrümpelt. Verlassen Sie sich darauf: Einzelheiten der Geschichte, die Sie zu beurteilen haben, entspringen grundsätzlich nicht der Freude des Fallfabrikanten am Fabulieren und Kolorieren, sondern sind für Ihre Lösung ausschlaggebend. Der Fall ist „tellerfertig".

Konsequenz: Tauchen Sachverhaltsmerkmale in Ihrer Lösung nicht auf, dann ist Ihre Lösung sehr wahrscheinlich unvollständig oder schlicht falsch.

Für Sie ganz persönlich!

Sie stoßen in Ihrem Text, in dem es um einen Autounfall geht, auf folgende Angaben: *„Dunkelgrauer Pkw; unterwegs in der Wiener Innenstadt, 60 km/h schnell, 18.30 Uhr, Ende November, Regenwetter."* Bitte erst nach eigenständiger Beantwortung in die Fußnoten sehen!

Wozu erzählt man Ihnen das wohl[4])?

....

....

---

[4]) Angesichts der herrschenden Verhältnisse war das Unfallfahrzeug offenbar schwer sichtbar, außerdem war der Fahrer zu schnell unterwegs.

Welche Fragen werden Sie in Ihrer Lösung daher jedenfalls zu prüfen haben[5])?

....

....

2. Alles, was wichtig ist, steht da!

Betrachten Sie den Sachverhalt als vollständig und „rund". Er wird in aller Regel keine Fragen und keinen Raum für Spekulationen offenlassen[6]). Sie müssen ihn daher so nehmen, wie er ist. Das bedeutet:

→ Sie dürfen den Sachverhalt nicht in eine Richtung biegen, die Sie freuen würde, weil Sie dazu die passende Lösung wüssten.

→ Sie gehen mangels besonderer Fallindizien für Spezialitäten stets vom unproblematischen Normalfall aus. Steht in der Angabe, dass V und K einen Kaufvertrag abschließen, dessen Erfüllung sich über den vereinbarten Fälligkeitstermin hinaus verzögert, weil V infolge seiner chaotischen Büroorganisation auf seine Lieferpflichten schlicht vergisst, so haben Sie es mit der Problematik des Schuldnerverzugs und dessen Rechtsfolgen zu tun. Und nur damit. Erwägungen über die wirksame Willenseinigung der Parteien, die Gültigkeit der Fälligkeitsvereinbarung und die ganz grundsätzliche Frage der Geschäftsfähigkeit beider sind müßig. Der Sachverhalt wirft sie nicht auf.

→ Sie müssen sich in Ihrer Lösung festlegen, Sie müssen werten, Sie müssen entscheiden. Sie sind der Richter! Falllösungstechnisch fehlerhaft wäre es etwa, zum eben genannten Beispiel die Rechtsfolgen des objektiven und des subjektiven Schuldnerverzugs aufzuzählen und die richtige Einstufung im konkreten Fall dem Prüfer zu übertragen: „*K kann jedenfalls entweder auf Erfüllung des Vertrages beharren oder nach Setzung angemessener Nachfrist vom Vertrag zurücktreten; überdies stehen ihm Verzugszinsen zu. Falls V ein Verschulden treffen sollte, begehrt K ferner Schadenersatz für allfällige Verspätungs- oder Nichterfüllungsschäden.*" Damit wird das Problem unvollständig behandelt: Wenn V ohne triftige Entschuldigung Liefertermine übersieht,

---

[5]) Diese Sachverhaltsmerkmale könnten für die Verschuldensfrage, insbesondere für die Beurteilung des Verschuldensgrads von Bedeutung sein. Das wiederum spielt einerseits eine Rolle für die Höhe von Schadenersatzansprüchen nach dem ABGB (*Apathy/Riedler*, Schuldrecht Besonderer Teil[4] Rz 13/49 ff, 14/46; *Koziol/Welser*, Bürgerliches Recht II[13] 323 ff, 375 f), andererseits aber auch für Rückgriffs- und Ausgleichsansprüche sowie für ein allfälliges Mitverschulden des Geschädigten nach EKHG (§ 11, § 7 EKHG, *Apathy/Riedler*, Schuldrecht Besonderer Teil[4] Rz 14/43; *Koziol/Welser*, Bürgerliches Recht II[13] 374 f).
[6]) Außer natürlich *rechtliche* Fragen, um deren Prüfung es ja geht …!

handelt er fahrlässig, also schuldhaft. Es fehlt die Anwendung auf den Fall, die Subsumtion. Die Lösung ist daher nicht korrekt.

→ Die Entscheidung jeglicher Wertungsfrage (im Beispielsfall zum EKHG, FN 4, 5 und Kästchen oben: Abgrenzung zwischen leichter und grober Fahrlässigkeit des V) ist allein Ihre Sache. Bekennen Sie Farbe – Sie dürfen den Prüfer nicht Ihre Arbeit machen lassen.

→ Genau dasselbe gilt schließlich auch für die Behandlung strittiger Rechtsfragen, auch hier entscheiden Sie[7])!

→ Mitunter wirkt ein Sachverhalt auf den ersten Blick unvollständig, ist es aber auf den zweiten nicht. Im ABGB finden sich sogenannte rechtliche Vermutungen, das heißt, es gelten bestimmte Umstände als gegeben. Konsequenz: Wer das Gegenteil behauptet, muss dieses Gegenteil beweisen. Nach § 328 ABGB wird zum Beispiel die Redlichkeit des Besitzes vermutet. Es hat also nicht Besitzer B darzutun, dass er redlich besitzt. Vielmehr hat B's Gegner die Unredlichkeit des B zu beweisen[8]). Enthält der Sachverhalt keine Hinweise auf B's Redlichkeit oder Unredlichkeit, so will der Fallersteller[9]) prüfen, ob Sie § 328 kennen und anwenden können. Der Sachverhalt ist also nur scheinbar lückenhaft.

→ Sollte sich ein Sachverhalt aber wider Erwarten tatsächlich[10]) als unklar oder unvollständig erweisen, sprechen Sie das an und lösen in beide möglichen Richtungen: *„Der Sachverhalt lässt zwei Deutungsvarianten offen, die sich allein aus dem Text nicht eindeutig klären lassen, weil … Falls Variante eins vorliegen sollte, dann ergibt sich als Rechtsfolge x. Bei Variante zwei wäre die Rechtsfolge y".* Mögliches Motiv des Fallerstellers, Sie mit einem unvollständigen oder mehrdeutigen Sachverhalt zu konfrontieren: Er legt Wert darauf, Ihre Aufmerksamkeit für Fehlendes, aber Benötigtes zu schärfen. Er will also eine Fähigkeit schulen, die Sie in Ihrer späteren Berufspraxis dringend brauchen[11]). Der unklare Sachverhalt ist allerdings seltene Ausnahme. In aller Regel gilt eben: „Alles, was wichtig ist, steht da".

---

[7]) Zum Umgang mit strittigen Rechtsmeinungen ausführlich in diesem Kapitel unter VII.

[8]) *Iro*, Sachenrecht[4] Rz 2/25; *Koziol/Welser*, Bürgerliches Recht I[13] 262 ff.

[9]) Merke: Nicht notwendigerweise „Fallensteller".

[10]) Worüber freilich immer sorgfältig nachzudenken ist, siehe oben … nicht vorschnell Verantwortung für die Lösung abgeben!

[11]) Der Wahrheit die Ehre: Es könnte natürlich auch sein, dass bei der Fallerstellung Fehler unterlaufen sind. Das geschieht, wenn sich der Fallfabrikant beim Entwerfen des Falles nicht in jedem Stadium und in jeder Einzelheit auch die dazupassende Musterlösung vor Augen gehalten hat … Sachverhalt und Lösung gehören zusammen wie Topf und Deckel. Springt man beim Fallentwerfen nicht ständig zwischen Sachverhalt und Lösung hin und her, hat man daher gute Chancen, etwas zu übersehen. Keine Sorge, bei „großen" schriftlichen Prüfungen wird das nicht passieren: Die Fälle sind in diesem Fall nicht nur alle wohlüberlegt und vielfach hin und her gewendet, sondern auch meist nach dem „Vier-" oder gar „Sechs-Augen-Prinzip" durch Mitprüfer auf Missverständliches und Lücken im Sachverhalt abgeklopft.

3. Keine leeren Kilometer!

Verzichten Sie auf alles, was wertvolle Prüfungszeit verschlingt und nichts Substanzielles zur Lösung beiträgt.

→ Dazu zählen die hartnäckig beliebten Nacherzählungen des Sachverhalts in der Lösung. Das freut den Prüfer nicht (er kennt den Text schon zur Genüge) und macht ihn sogar richtig sauer, wenn die Nacherzählung nicht bloß überflüssig, sondern obendrein unzutreffend ist (*„liest nicht einmal den Sachverhalt exakt!!"*).

→ Dazu zählt die schriftliche Darlegung überflüssiger Selbstverständlichkeiten. Macht der Fall offensichtlich, dass *nur* ein Verzugsproblem vorliegt, sind Ausführungen über das Zustandekommen des Vertrags vertane Liebesmüh (siehe oben II.2. zweiter Aufzählungspunkt).

→ Dazu zählen ferner taktisch ungeschickte Fleißaufgaben. Haben Sie in Ihrem Fall zum Beispiel einen Gutglaubenserwerb nach § 367 ABGB zu prüfen, und ist offensichtlich, dass es an der Redlichkeit des Erwerbers fehlt, so können Sie sich eine breite, ausführliche Erörterung der restlichen zahlreichen Tatbestandsmerkmale sparen und rasch zum zentralen Punkt vorstoßen.

→ Dazu zählt auch das Nachdenken über Beweisfragen, genauer gesagt, über die Frage, *wie* das von den Parteien Vorgebrachte bewiesen werden kann: Durch Urkunden, Zeugen, Parteiaussagen … Die Frage der Beweisbarkeit behaupteter Ansprüche und Einwendungen kann in der Praxis tatsächlich zwischen Wohl und Wehe, zwischen Prozessgewinn und -verlust entscheiden. In der „Laborsituation" an der Universität spielt sie hingegen keine Rolle. Anders ausgedrückt: Das „Wie Beweisen" ist Tatsachenfrage, nicht Rechtsfrage – und nur Rechtsfragen interessieren Sie vorerst, solange Sie sich auf akademischem Boden bewegen. Sehr wohl Rechtsfrage ist hingegen das „Wer beweist was". Die Grundregel der Beweislastverteilung besagt, dass jeder das Vorliegen der Sachverhaltsmerkmale zu beweisen hat, die seine Rechtsauffassung stützen. Dazu gibt es aber zahlreiche Spezialnormen. Einige besonders prominente Beispiele: Beweislastumkehr in Bezug auf das Zurechnungskriterium „Verschulden" im Falle bereits bestehender schuldrechtlicher Sonderbeziehung, insbesondere bei Verträgen und culpa in contrahendo: Der Schädiger muss nach § 1298 ABGB sein mangelndes Verschulden beweisen, im Gegensatz zu § 1296 ABGB (bei Deliktshaftung beweist der Geschädigte das Verschulden des Schädigers)[12]. Beweislastumkehr in Bezug auf den Verschuldensgrad „grobe Fahrlässigkeit": Sofern die Haftung für leichte Fahrlässigkeit vertraglich ausgeschlossen wurde (Freizeichnungsklausel), hat der Schädiger zu beweisen, dass ihm lediglich leichte Fahrlässigkeit vorzuwerfen sei (in allen übrigen Fällen trifft die Beweislast für das Vorliegen grober Fahrlässigkeit den Geschädigten, § 1298 ABGB[13])).

---

[12]) *Apathy/Riedler*, Schuldrecht Besonderer Teil[4] Rz 13/37; *Koziol/Welser*, Bürgerliches Recht II[13] 320 f. Beachten Sie, dass sich die Beweislastumkehrregel § 1298 ABGB nur auf das Verschulden bezieht (strittig: auf Rechtswidrigkeit), nicht jedoch auf die weiteren Schadenszurechnungskriterien.

[13]) *Apathy/Riedler*, Schuldrecht Besonderer Teil[4] Rz 13/37; *Koziol/Welser*, Bürgerliches Recht II[13] 321.

Oder: Vermutung der Redlichkeit des Besitzes – der Nichtbesitzende muss die Unredlichkeit des Gegners beweisen, § 328 Satz 2 ABGB[14]). Oder: Beweislastumkehr im Rahmen der Haftung nach ABGB für gefährliche Sachen, § 1319, § 1320[15]).

4. Sachverhalt genau und immer wieder durchlesen

Lesen Sie den Sachverhalt nicht nur einmal, sondern immer wieder durch. Auch (und ganz besonders!) in dem Stadium, in dem Sie meinen, ihn bereits auswendig zu kennen. Man wird im Lauf der Bearbeitung leicht betriebsblind und sieht auf den dritten Blick auch manchmal Interessantes, das einem auf den ersten und zweiten Blick verborgen geblieben ist.

Lesen Sie den Sachverhalt genau und achten Sie auf die Formulierungen. Manchmal steht da ganz klein und unauffällig zum Beispiel: *„G wirft aus Unachtsamkeit die wertvolle Vase des E auf den Boden".* „Unachtsam" heißt offenkundig „fahrlässig", das Verschulden als ein wesentliches Zurechnungskriterium für einen Schadenersatzanspruch des Vaseneigentümers können Sie damit ohne langes Grübeln abhaken[16]).

Mitunter taufen Fallfabrikanten die Protagonisten des Falls auf sprechende Namen und verpacken so kleine, für Sie nützliche Hinweise in den Text. Die schädigende *„Jeannine Schüssler"* heißt möglicherweise nicht ganz grundlos so. Oder: Eine *„Berta"* (oder kurz: *„B"*) ist vielleicht „Botin", während *„Stefanie"* (oder kurz: *„St"*) als Stellvertreterin auftritt ... Aber bitte Vorsicht: Schnappen Sie nicht blind nach dem (vermeintlichen?!) Korn, sondern überprüfen Sie jedenfalls Ihren Verdacht auf Stichhaltigkeit – und verschwenden Sie unter keinen Umständen viel wertvolle Zeit mit ausführlichen Grübeleien darüber, warum „S" gerade „S" heißt (und nicht „A" oder „T" oder „X" oder „G").

III. Wie funktioniert das Lösen zivilrechtlicher Fälle?

1. Grundsätzliches

Sie gliedern und lösen zivilrechtliche Fälle „nach Ansprüchen". Was versteht man unter einem Anspruch?

---

[14]) *Iro,* Sachenrecht[4] Rz 2/25; *Koziol/Welser,* Bürgerliches Recht I[13] 262 ff; siehe zu § 328 schon oben II.2.

[15]) *Apathy/Riedler,* Schuldrecht Besonderer Teil[4] Rz 14/34 f; *Koziol/Welser,* Bürgerliches Recht II[13] 366 ff, 370. Achtung, was muss da jeweils genau bewiesen werden ...?

[16]) Was Sie nicht der Aufgabe enthebt, in Ihrer Lösung kurz anzusprechen, dass neben Schaden, Kausalität und so weiter auch das erforderliche Verschuldensmerkmal vorliegt (*„im Text steht: Unachtsamkeit, also ..."*).

MERKE: Ein Anspruch ist die rechtlich durchsetzbare Befugnis des Klägers, von einem anderen, dem Beklagten, ein bestimmtes Verhalten zu verlangen: Ein Tun oder ein Unterlassen (= ein „Nichttun").

Für Sie ganz persönlich!

Finden Sie fünf Beispiele für Ansprüche! In der Fußnote einige Vorschläge, zunächst aber bitte wie immer selbst nachdenken.[17])

....

....

Überprüfen Sie jetzt bitte noch einmal, ob Sie tatsächlich nur Ansprüche aufgezählt haben – also das Begehren eines Tuns oder Unterlassens. Vielleicht ist in Ihre Liste ein „Anspruch auf Irrtumsanfechtung" hineingerutscht, oder ein „Anspruch auf Wandlung"? Das sind allerdings keine Ansprüche. Warum nicht? Weil es sich hierbei um Gestaltungsrechte handelt. Gestaltungsrechte sind Rechte, die es einer Partei gestatten, die bestehende Rechtslage einseitig, ohne Zutun der an-

---

[17]) Einige Beispiele: Anspruch des V gegen den K auf Zahlung des Kaufpreises gem § 1062 ABGB. Oder: Anspruch des K gegen den V auf Übereignung der Kaufsache gem § 1061 ABGB (bitte auf die Formulierung achten: Der Anspruch des Verkäufers geht korrekt ausgedrückt auf Übereignung, und nicht auf „Lieferung", „Herausgabe" oder ähnliches ... warum nicht?), *Apathy/Riedler*, Schuldrecht Besonderer Teil[4] Rz 1/7; *Koziol/Welser*, Bürgerliches Recht II[13] 168 f. Oder: Anspruch des nicht besitzenden Eigentümers gegen den besitzenden Nichteigentümer auf Herausgabe gem § 366 ABGB, *Iro*, Sachenrecht[4] Rz 7/1 ff; *Koziol/Welser*, Bürgerliches Recht I[13] 345 ff. Oder: Anspruch des Wegeservitutsberechtigten gegen den Eigentümer des dienenden Grundstücks auf Dulden der Ausübung des Wegerechts, auf Abwehr von Behinderungen, Wiederherstellung des Vorzustands, Unterlassung künftiger Störungen gem § 523 ABGB, *Iro*, Sachenrecht[4] Rz 7/12 ff; *Koziol/Welser*, Bürgerliches Recht I[13] 430. Oder: Anspruch des durch unzulässige Immissionen Gestörten auf Unterlassung und Beseitigung gegen den Nachbarn gem § 364 ABGB, *Iro*, Sachenrecht[4] Rz 4/5 ff; *Koziol/Welser*, Bürgerliches Recht I[13] 283 ff. Oder: Anspruch des G gegen den S auf Schadenersatz für die erlittene Körperverletzung gem § 1293 ff, § 1325 ABGB, *Apathy/Riedler*, Schuldrecht Besonderer Teil[4] Rz 14/6 ff; *Koziol/Welser*, Bürgerliches Recht II[13] 339 f. Oder: Anspruch des K gegen V auf Unterhaltsleistung gem § 140 ABGB, *Kerschner*, Familienrecht[4] Rz 2/73; *Koziol/Welser*, Bürgerliches Recht I[13] 531 ff. Oder: Regressanspruch des Bürgen gegen den Schuldner gem § 1358 ABGB, *Dullinger*, Schuldrecht Allgemeiner Teil[4] Rz 6/34; *Koziol/Welser*, Bürgerliches Recht II[13] 150 f. Oder: Erbschaftsklage des ein besseres Recht behauptenden Klägers gegen den eingewiesenen Erben, § 823 ABGB, *Eccher*, Erbrecht[4] Rz 6/24 ff; *Koziol/Welser*, Bürgerliches Recht II[13] 582 ff.

deren Partei, zu gestalten[18]) (daher der Name „Gestaltungs"recht). Sie wirken von selbst mit Zugang an den Gestaltungsrechtsgegner, der sie lediglich zur Kenntnis zu nehmen hat. Sie sind also gerade *nicht* auf ein Verhalten gerichtet – weder soll, noch kann der Gegner etwas „tun" oder „nicht tun". Er ist dem Gestaltungsrecht einfach ausgeliefert.

Für Sie ganz persönlich!

Wenn Gestaltungsrechte also keine Ansprüche sind: Wo finden sie dann wohl ihren Platz in der Falllösung? Bitte wie üblich erst nachdenken und dann erst in die Fußnote sehen …

1. ....

2. .... [19])

Und noch etwas zum Nachdenken. Was halten Sie von der Formulierung folgender Überschrift: „*Anspruch des K gegen den V auf Gewährleistung*"?

....

.... [20])

Welche Gruppen von Ansprüchen Ihnen bei der Falllösung in der Regel begegnen werden und in welcher Reihenfolge Sie die Ansprüche am besten prüfen, erfahren Sie unten IV.

---

[18]) *P. Bydlinski,* Allgemeiner Teil[5] Rz 3/10 ff; *Koziol/Welser,* Bürgerliches Recht I[13] 47.
[19]) Gestaltungsrechte können einerseits den Weg zu Ansprüchen ebnen: „Käufer K gegen Verkäufer V auf Rückzahlung des Kaufpreises gemäß § 877 iVm § 871 ABGB". Haben K und V einen Kaufvertrag geschlossen und ihre Vertragspflichten erfüllt, wobei sich später herausstellt, dass der Vertrag mit einem beachtlichen, wesentlichen Irrtum des K behaftet war, dann muss K den Vertrag zunächst im Wege der Irrtumsanfechtung beseitigen, um hernach zwecks Rückabwicklung seinen Bereicherungsanspruch (condictio sine causa, § 877, *Apathy/Riedler,* Schuldrecht Besonderer Teil[4] Rz 15/4 ff; *Koziol/Welser,* Bürgerliches Recht II[13] 277 ff) geltend machen zu können. Gestaltungsrechte dienen andererseits aber auch als Einwendungen gegen Erfüllungsansprüche. Klagt im Beispiel der V den K auf Kaufpreiszahlung gem § 1062 ABGB, so wird sich dieser auf seinen beachtlichen, wesentlichen Irrtum berufen, den Vertrag anfechten und damit den Anspruch aushebeln. Zu den Einwendungen siehe auch die Checkliste unten V.
[20]) Nicht alle Gewährleistungsbehelfe führen zu Ansprüchen. Austausch und Verbesserung schon, das sind modifizierte Erfüllungsansprüche. Preisminderung und Wandlung hingegen nicht, dabei handelt es sich um Gestaltungsrechte, vgl *Dullinger,* Schuldrecht Allgemeiner Teil[4] Rz 3/86 ff; *Koziol/Welser,* Bürgerliches Recht II[13] 71 ff. Also Achtung auf die Exaktheit in der Überschrift (und damit zusammenhängend: auf die Exaktheit Ihres Denkens im Falllösungsschema).

→ Sie wissen nun, was ein Anspruch ist. Im Zuge Ihrer Falllösung bearbeiten Sie die Rechtsansprüche des Klägers und die dagegen allenfalls erhobenen Einwendungen des Beklagten. Und zwar in einer Art Rollenspiel, in dem Sie sich abwechselnd zum Anwalt zuerst der klagenden und dann der beklagten Partei machen, und wenn nötig, dann wiederum zum Anwalt der klagenden, und dann neuerlich zu jenem der beklagten Partei. Und allenfalls wieder zurück – bis die Berechtigung oder Nichtberechtigung des Anspruchs endgültig feststeht. Manchmal ist diese Aufgabe in einem einzigen Arbeitsgang erledigt. Oft bedarf es eines Hin und Retour (Anspruch erkannt und begründet, Einwendung erkannt und verworfen, Ergebnis). Manchmal bedarf es mehrfachen Pendelns zwischen den Standpunkten der Parteien. Das Lösungskarussell dreht sich dann eben öfter.

→ Woher wissen Sie, wer in Ihrem Fall potentieller Kläger ist und welche Ansprüche er gegen welchen Gegner erhebt? Haben Sie Glück, steht es im Fall: *„V begehrt von K Zahlung des Kaufpreises"*. Oder deutlich als Fallfrage formuliert: *„Begehrt V zu Recht von K Zahlung des Kaufpreises in Höhe von € 376,20?"* Ansonsten müssen Sie die „falllösungstechnische Gretchenfrage" stellen: „Wer will was von wem – und auf welcher Rechtsgrundlage?" Diese Frage zeigt Ihnen mögliche Kläger, mögliche Beklagte, mögliche Ansprüche und deren denkbare rechtliche Basis. Die Wünsche der Beteiligten sind leicht zu erraten. Steigen Sie in deren Schuhe und fragen Sie sich mit Hausverstand: Was würde ich wollen, wenn ich an Stelle des X wäre? Und an Stelle des Y? Die Checkliste unten IV. hilft Ihnen dabei zusätzlich.

→ Jeder Anspruch wird durch eine eigene Überschrift markiert, die die Elemente „Kläger, Beklagter, Anspruch worauf und Anspruchsgrundlage" enthält. Bitte denken Sie auch daran, in der Überschrift konkrete Zahlen anzuführen, sofern der Sachverhalt dazu Angaben enthält (*„V gegen K auf Zahlung des Kaufpreises von € 2.670,00 gem § 1062 ABGB"*).

→ Rechtlich durchsetzbar ist die Befugnis des Klägers selbstverständlich nur dann, wenn sie auf einer rechtlichen Anspruchsgrundlage beruht – alles andere fällt in die Kategorie „frommer Wunsch". Die Anspruchsgrundlage ist der Paragraph, der genau jene Rechtsfolge normiert, die sich der Kläger wünscht. Um die passende Anspruchsgrundlage zu finden, zäumen Sie also das Pferd von hinten auf: Sie schauen auf die in § xy festgelegte Rechtsfolge und prüfen dann, ob der Tatbestandsteil dieser Norm und Ihr zu beurteilender Sachverhalt übereinstimmen. Diesen Vorgang nennt man subsumieren.

→ Die Subsumtion kann schlicht sein oder herausfordernd. Herausfordernd und mit beträchtlichem juristischen Arbeitsaufwand verbunden ist sie etwa dann, wenn Sie die Norm erst ausführlich interpretieren müssen, um festzustellen, ob Ihr Sachverhalt darunter fällt.

→ Natürlich gibt es eine große Menge möglicher Anspruchsgrundlagen, doch werden Ihnen im Verlauf Ihrer Falllösungskarriere immer wieder die gleichen „üblichen Verdächtigen" begegnen. Also keine Sorge: Wenn Sie das Gelernte bei der Falllösung anwenden und üben, bekommen Sie rasch einen Blick dafür. Überdies bietet Ihnen die Checkliste der Anspruchsgruppen unten IV. eine Stütze.

→ Gelegentlich ist eine Anspruchsgrundlage mehrgliedrig, siehe das Beispiel aus FN 17 „Anspruch des G gegen den S auf Schadenersatz wegen der erlittenen Körperverletzung gem §§ 1293 ff, § 1325 ABGB." §§ 1293 ff beziehen sich auf den „allgemeinen Teil" des Schadenersatzrechts, der die grundsätzlichen Zurechnungskriterien regelt, § 1325 ist der spezielle Körperverletzungstatbestand. Wie ausführlich Sie die Anspruchsgrundlage anführen, bleibt grundsätzlich Ihnen überlassen. In jedem Fall muss aber der zentrale Sitz der Materie, also *die* maßgebliche Norm auf dem Papier stehen. Das ist in diesem Schadenersatzbeispiel § 1325 ABGB. Bei „Anspruch K gegen V auf Rückzahlung des Kaufpreises gem § 877 iVm § 871 ABGB"[21]) ist § 877 als Basis des Bereicherungsanspruchs jedenfalls maßgeblich. § 871 ist in § 877 eigentlich bereits implizit enthalten: Ohne das Gestaltungsrecht Irrtumsanfechtung, das den Titel beseitigt, kein Bereicherungsanspruch. Nennen Sie § 871 ausdrücklich in der Überschrift[22]), so wird dies einfach deutlicher. Für den Prüfer und für Sie selbst.

→ Stützen Sie einen Anspruch zum Beispiel auf culpa in contrahendo, so reicht es, als Grundlage in der Überschrift „cic" anzuführen. Diese Anspruchsgrundlage steht nicht „glatt" im Gesetz, sie ist vielmehr Ergebnis einer von Lehre und Judikatur entwickelten Rechtsanalogie[23]). Da alle Merkmale dieses Rechtsinstituts von dem Fachkürzel erfasst werden, versteht man ohne weiteres, worauf Sie hinauswollen, wenn Sie als Anspruchsgrundlage „cic" nennen. Einzelne Paragraphen, aus denen sich die cic ableitet, sind nicht anzuführen.

→ Haben Sie den Anspruch auf seine passende Anspruchsgrundlage gestellt, so wechseln Sie die Seite und gehen nun in Bezug auf den Beklagten nach demselben Muster vor. Was will der Beklagte? Typischerweise etwas anderes als der Kläger, ansonsten wäre die Sache nicht strittig ... Welche Einwände erhebt der Beklagte also gegen den Anspruch seines Gegners? Vielleicht steht es im Sachverhalt. Vielleicht müssen Sie sich auch wieder in die Schuhe der Partei, diesmal des Beklagten, begeben und sich fragen, was Sie an seiner Stelle vorbrächten. Unten V. stoßen Sie auf eine Checkliste möglicher Einwendungsgruppen, die Ihnen Anhaltspunkte bietet.

→ Auch die Einwendungen müssen selbstverständlich mehr sein als fromme Wünsche. Daher benötigen auch sie eine rechtliche Basis, eine „Einwendungsgrundlage[24])". Wie Sie es bereits bei der Prüfung des Anspruchs getan haben, suchen Sie auch hier die passende Norm. Sie interpretieren und subsumieren. Sie helfen sich selbst (und Ihrem Prüfer), dem roten Faden zu folgen, wenn Sie die Einwendungen mit Zwischenüberschriften versehen: *„Einwendung a. ...; Einwendung b. ..."* usw.

---

[21]) Vgl oben FN 19.

[22]) Dass § 871 in Ihrer *Lösung* umfassend „abgearbeitet" werden muss, versteht sich freilich von selbst!

[23]) *P. Bydlinski,* Allgemeiner Teil[5] Rz 6/35 ff; *Koziol/Welser,* Bürgerliches Recht II[13] 16 ff.

[24]) Im Gegensatz zum Begriff Anspruchsgrundlage ist dieser Begriff merkwürdigerweise nicht gängig, daher die Anführungszeichen.

→ Nach dem ersten Arbeitsgang (Anspruch und allenfalls Einwendung) gelangen Sie zu einem Zwischenergebnis. Halten Sie dieses Zwischenergebnis in Ihrer Lösung fest, Sie (und Ihr Prüfer) behalten damit leichter den Überblick.

→ Ist die Sache damit erledigt oder kann der Kläger die Einwendungen des Beklagten durch Gegeneinwände entkräften? Und lässt sich auf Seiten des Beklagten abermals etwas finden, das hiergegen ins Feld geführt werden kann?

→ Ist ein Anspruch letztlich endgültig abgehandelt, halten Sie das Endergebnis ausdrücklich fest: *„Der Anspruch des V gegen den K auf Zahlung des Kaufpreises in Höhe von … nach § 1062 ABGB ist berechtigt.“*

2. Speziell zu beachten

→ Sofern die Parteien in Ihrem Sachverhalt Rechtsansichten äußern (*„K lehnt die Zahlung des Kaufpreises ab, weil er meint, er sei mangels gültigen Zustandekommens des Vertrags nicht zur Zahlung verpflichtet“*), müssen Sie in Ihrer Lösung darauf eingehen.

→ Die Gliederung Ihrer Falllösung in Ansprüche erfolgt durchgängig: in der Überschrift der jeweils geprüfte Anspruch (wer gegen wen, worauf, Anspruchsgrundlage), darunter die Lösung. Gehen Sie streng nach diesem Schema vor, nur so behalten Sie den Überblick (und Ihr Prüfer ebenfalls). „Freie Elemente“, die irgendwo zwischen den Ansprüchen herumschwirren, sind ungünstig – und zeigen dem Prüfer, dass Sie diese Elemente nicht zuordnen können (zu wenig geübt? Den Stoff zu wenig integriert? Zusammenhänge nicht gesehen …?)! Das gilt insbesondere für das Basteln der hartnäckig beliebten sogenannten „Vorfragen“: Will der V den K erfolgreich auf Kaufpreiszahlung klagen, so setzt das voraus, dass die beiden einen wirksamen Kaufvertrag abgeschlossen haben. Diese Überlegung ist aber nicht unter der Bezeichnung „Vorfrage“ vor die „Anspruchsüberschrift“ zu setzen, sondern nach und unter dieser Überschrift zu lösen. Sie tun dabei korrekterweise nichts anderes, als zu subsumieren: § 1062 ABGB als Anspruchsgrundlage verlangt im Tatbestand einen gültigen Vertragsabschluss. Jedes Herausheben als „Vorfrage“ verrät fachlich und falltechnisch unsauberes Denken.

 MERKE: Ihre Falllösung ist von Anfang bis Ende durchkomponiert!

→ „Bündeln“ Sie die Ansprüche nicht. Eine Überschrift: *„Ansprüche des A gegen den B, Doppelpunkt …“* und hernach folgt bunt durcheinander alles, was Ihnen irgendwie dazu einfällt, ist keine ordnungsgemäße Gliederung nach Anspruchsgrundlagen. Sondern schlecht getarntes Chaos.

MERKE: Jeder Anspruch verdient seine eigene exklusive Überschrift!

→ Nummerieren Sie die Ansprüche durch.

→ Erleichtern Sie es sich selbst (und Ihrem Prüfer), den Überblick zu behalten. Wenn Sie zu Beginn Ihrer Arbeit die *„Ansprüche und Anspruchsgrundlagen Nummer 1.-8."* aufzählen und umreißen, im Text dann aber immer nur auf *„ad 1.", „ad 2."* und so weiter verweisen, ist das zwar falllösungstechnisch nicht unkorrekt. Aber mühsam zu bearbeiten, weil man immer wieder zurückblättern muss (auch Sie!).

MERKE: *Über*schriften heißen so, weil sie unmittelbar *über* dem dazugehörigen Text geschrieben sind!

→ Helfen Sie sich immer dann mit Verweisungen, wenn nach dem Sachverhalt der Anspruch des Klägers K gegen den Beklagten B 1 und seine Ansprüche gegen den Beklagten B 2 (und den Beklagten B 3 ...) rechtliche Gemeinsamkeiten aufweisen. Beispiel: B 1, B 2 (und B 3 ...) haben auf K geschossen, wenigstens ein Schütze hat auch getroffen. Wer es war, ist aber nicht feststellbar. In diesem Fall alternativer Kausalität haften sämtliche potentiellen Schädiger solidarisch[25]). Wenn Sie dies zu B 1 erörtert haben, können und sollen Sie sich auf Überschriften und Verweise zu „K gegen B 2 ..." (und „K gegen B 3 ...") beschränken. Bitte verweisen Sie erstens konkret auf die betreffende Stelle und zweitens möglichst nur auf bereits Dargelegtes, nicht auf erst Folgendes (daher nicht: *„Dazu auch weiter unten",* sondern: *„Dazu schon oben bei Anspruch Nummer 3.b.").*

→ Es wird gelegentlich vorkommen, dass einer Ihrer Kläger gegen denselben Beklagten mehrere Ansprüche geltend machen kann. Wird dem Eigentümer E vom Dieb D eine Sache gestohlen, die der Dieb in der Folge auch noch schuldhaft beschädigt hat, so begehrt E erstens Herausgabe der Sache gem § 366 ABGB (oder § 372 ABGB) und zweitens Schadenersatz. Das sind zwei getrennte Ansprüche auf zwei unterschiedlichen Anspruchsgrundlagen, und daher zwei getrennte Überschriften und Lösungsstränge. Und nicht etwa *„Ansprüche des E gegen den D wegen des Diebstahls",* gefolgt von wildem Kuddelmuddel.

→ Gelegentlich macht ein Beklagter gegen den Kläger einen oder mehrere Gegenansprüche geltend. Beispiel: Kläger A erhebt Anspruch auf die Durchführung des an B erteilten Auftrags, Herausgabe des erzielten Vorteils gem § 1009

---

[25]) Sofern sie alle rechtswidrig, schuldhaft und konkret gefährlich gehandelt haben, *Apathy/Riedler,* Schuldrecht Besonderer Teil[4] Rz 13/58 ff; *Koziol/Welser,* Bürgerliches Recht II[13] 334 f.

ABGB und Rechnungslegung gem § 1012 ABGB. Beklagter B richtet seinerseits gegen Kläger A einen Anspruch auf Belohnung, § 1004 ABGB; ferner (zweiter Gegenanspruch) auf Ersatz getätigter Aufwendungen, § 1014 ABGB; und schließlich (dritter Gegenanspruch) auf Ersatz seines ex causa mandati entstandenen Schadens, § 1014 ABGB[26]). Trennen Sie auch die Gegenansprüche säuberlich und bearbeiten Sie sie unter den korrekten Überschriften.

→ Ein besonders wichtiges Thema sind Anspruchsgrundlagenkonkurrenzen[27]), auf die Sie häufig stoßen werden. Der Name verrät bereits, worum es geht. Der Kläger hat ein Ziel. Mag sein, dass nur ein einziger Weg zu diesem Ziel führt. Mag aber auch sein, dass es mehrere Wege zum selben Ziel gibt – also mehrere mögliche Anspruchsgrundlagen, deren Rechtsfolgen das Begehren des Klägers decken. In diesem Fall spricht man von Anspruchsgrundlagenkonkurrenz. Bekannte Beispiele dafür:

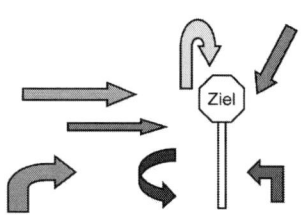

– Gewährleistung konkurriert mit Schadenersatz für Mangelschäden[28]).
– Neben § 366 ABGB, der rei vindicatio, kann sich der Eigentümer als jedenfalls relativ besserer Besitzer auch auf § 372, die actio publiciana, berufen, die beiden Ansprüche konkurrieren[29]). Auch eine Besitzentziehungsklage gem § 339 ABGB[30]) kann passen, eine weitere Konkurrenz.
– Ereignet sich ein Unfall bei Betrieb eines Kraftfahrzeugs, so steht es dem Geschädigten frei, seine Schadenersatzansprüche auf das anwendbare EKHG oder, sofern die Voraussetzungen der Schadenszurechnung nach ABGB vorliegen, auf ABGB zu stützen, § 19 Abs 1 EKHG[31]).
– Entfällt der Vertrag nach Irrtumsanfechtung, begehrt der Kläger die Herausgabe der geleisteten Sache wahlweise unter Berufung auf sein Eigentumsrecht gem § 366 ABGB (bzw § 372, siehe gerade oben) oder mit Hilfe der condictio sine causa gem § 877 ABGB[32]).

→ Bei manchen dieser Konkurrenzen erscheint die eine Wahl für den Anspruchsberechtigten attraktiver als die andere. Ist das EKHG auf den Kfz-Unfall anwendbar, erspart sich der Kläger etwa den Rechtswidrigkeits- und Verschuldensbeweis[33]). Liegt der Schaden innerhalb der EKHG-Haftungsgrenzen, ist der Anspruch also leichter durchsetzbar als sein Pendant nach

[26]) *Apathy/Riedler*, Schuldrecht Besonderer Teil[4] Rz 5/11; *Koziol/Welser*, Bürgerliches Recht II[13] 211 ff.
[27]) Auch „Anspruchskonkurrenzen" oder „Anspruchsnormenkonkurrenzen" genannt, die Terminologie ist nicht einheitlich.
[28]) *Dullinger*, Schuldrecht Allgemeiner Teil[4] Rz 3/148 ff; *Koziol/Welser*, Bürgerliches Recht II[13] 88 ff.
[29]) *Iro*, Sachenrecht[4] Rz 2/68 ff; *Koziol/Welser*, Bürgerliches Recht I[13] 278 ff.
[30]) *Iro*, Sachenrecht[4] Rz 2/55 ff; *Koziol/Welser*, Bürgerliches Recht I[13] 274 ff.
[31]) *Apathy/Riedler*, Schuldrecht Besonderer Teil[4] Rz 14/36; *Koziol/Welser*, Bürgerliches Recht II[13] 375.
[32]) *P. Bydlinski*, Allgemeiner Teil[5] Rz 8/24; *Koziol/Welser*, Bürgerliches Recht I[13] 158.
[33]) *Apathy/Riedler*, Schuldrecht Besonderer Teil[4] Rz 13/38; *Koziol/Welser*, Bürgerliches Recht II[13] 371.

ABGB. Oder: § 372 ABGB erspart dem Eigentümer die probatio diabolica, den teuflischen Eigentumsnachweis[34]).

→ Ganz unabhängig vom jeweiligen „Attraktivitätsfaktor" müssen Sie bei Vorliegen einer Anspruchsgrundlagenkonkurrenz stets alle zur Verfügung stehenden Möglichkeiten einzeln prüfen. Und zwar auch dann, wenn Sie befriedigt feststellen, dass bereits der erste von Ihnen eingeschlagene Weg zum Erfolg führt. Das ist keine Fleißaufgabe! Es geht dabei nicht nur darum, Ihr Wissen flächendeckend abzufragen, sondern auch um die lebensnahe Vorbereitung auf die spätere Praxis: Man kann nie genug Asse im Ärmel haben! Es ist ja weder garantiert, dass man den behaupteten Sachverhalt beweisen kann, noch, dass man den mit der causa befassten Richter in jeder Argumentationslinie überzeugt.

→ Trennen Sie die konkurrierenden einzelnen Ansprüche und Anspruchsgrundlagen deutlich voneinander. Versehen Sie jeden einzelnen Weg zum Ziel mit einer eigenen Überschrift. Nummerieren Sie. Und folgen Sie streng dem einschlägigen „Kochrezept"! Zum 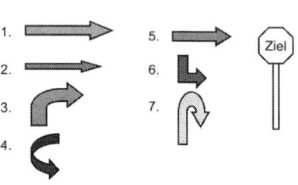 Beispiel: Zwar lässt sich nach dem „Rezept für Gewährleistung" im Ergebnis dasselbe erzielen wie nach dem „Rezept für Schadenersatz" – aber die Zutaten sind andere. Gewährleistung ist verschuldensunabhängig (ein Vorteil für den Kläger), aber bei Mobilien an eine zweijährige Verjährungsfrist gebunden, die (bei Sachmängeln) unabhängig von der Kenntnis des Gewährleistungsberechtigten vom Mangel ab Annahme als Erfüllung zu laufen beginnt (Nachteile für den Kläger). Schadenersatz hingegen setzt Verschulden voraus (Nachteil für den Kläger, wenn auch Beweislastumkehr gem § 1298 ABGB). Allerdings verjährt der Schadenersatzanspruch erst nach drei Jahren ab Kenntnis von Schaden und Schädiger, § 1489 ABGB[35]) (Vorteil für den Kläger). Sollte ein Teil der Zutaten zum einen Rezept mit dem anderen Rezept übereinstimmen, so brauchen Sie sich darüber natürlich nicht zweimal ausführlich zu äußern. Sprechen Sie diese Zutaten einfach unter Verweis auf das bereits zur anderen Anspruchsgrundlage Angeführte kurz an: *„Schaden und Kausalität wie oben Anspruch Nr xy."*

 MERKE: Rezepturen nicht vermischen und zu jedem Rezept die passenden Zutaten.

→ Achtung, nicht alle Ansprüche stehen zueinander in Konkurrenz. Oft gibt es kein „Sowohl – als auch", sondern nur ein „Entweder-Oder" (Gesetzeskonkurrenz). Denken Sie etwa an die Abgrenzung des Schuldnerverzugs (vor

---

[34]) *Iro,* Sachenrecht[4] Rz 2/68, 7/12; *Koziol/Welser,* Bürgerliches Recht I[13] 278, 345.
[35]) *Dullinger,* Schuldrecht Allgemeiner Teil[4] Rz 3/66 ff, 3/117 ff, 3/145, 3/148 ff; *Koziol/Welser,* Bürgerliches Recht II[13] 65, 79 f, 88 ff.

Annahme als Erfüllung nur Verzugsfolgen, daher Anspruch auf Erfüllung des Vertrags, § 918 Abs 1) von der Gewährleistung (nach Annahme als Erfüllung nur Gewährleistung, außer bei Aliud-Leistung. Daher Anspruch auf Austausch oder Verbesserung, § 932[36]). Wo Konkurrenzen bestehen und wo nicht, sagt Ihnen Ihr Lehrbuch!

→ Oft stehen gegen einen Anspruch auch mehrere Einwendungen zu. Manche davon führen vielleicht zu unterschiedlichen Ergebnissen. Kann aber auch sein, dass der Beklagte mehrere Wege zum selben Ziel wählen kann und er mehrere Einwendungen auf unterschiedlicher Rechtsgrundlage erhebt. Die Einwendungen konkurrieren also – das Gegenstück auf Beklagtenseite zur Anspruchsgrundlagenkonkurrenz. Wie bei Anspruchsgrundlagenkonkurrenz ist auch bei Konkurrenz von Einwendungen einiges zu beachten. Zunächst müssen Sie natürlich wissen, ob überhaupt Konkurrenz besteht. Keine Konkurrenz zum Beispiel zwischen Wandlung gem § 932 ABGB und Rücktritt wegen Schuldnerverzugs gem § 918 ABGB, da Verzug und Gewährleistung einander ausschließen[37]). Lediglich teilweise Konkurrenz zum Beispiel bei Irrtumsanfechtung und Wandlung – nämlich nur bei species-Schulden und nur, wenn der Mangel bereits bei Vertragsabschluss vorgelegen hat und damit zugleich einen Eigenschaftsirrtum begründet[38]). Diese Dinge müssen Sie einfach lernen, um sie zu wissen! Arbeiten Sie – wie bei den Anspruchsgrundlagenkonkurrenzen – auch bei konkurrierenden Einwendungen sauber und konsequent nach dem jeweiligen „Kochrezept", mischen Sie die Rezepturen auch hier nicht durcheinander. Ordnen Sie die Tatbestandsmerkmale dort (und nur dort) zu, wo sie hingehören (und das vollzählig). Machen Sie das in der Gliederung Ihrer Lösung durch Zwischenüberschriften deutlich. Beispiel: „Einrede a), die Bürgschaft, auf die der Gläubiger seinen Anspruch stützt, ist mangels korrekter Form unwirksam, weil der Bürge nur mit seinen Initialen „unterschrieben" hat, was er sonst nicht zu tun pflegt, § 1346 Abs 2 iVm § 886 ABGB[39]). Einrede b), ferner ist die Bürgschaft aber auch inhaltlich sittenwidrig und damit unwirksam, § 879 Abs 1, Abs 2 Z 4"[40]). Beide Einreden richten sich auf den Entfall des Begehrens des Klägers auf Leistung des Bürgen. Aber sie setzen an anderen Grundlagen an.

---

[36]) *Dullinger*, Schuldrecht Allgemeiner Teil[4] Rz 3/145; *Koziol/Welser*, Bürgerliches Recht II[13] 65.

[37]) *Dullinger*, Schuldrecht Allgemeiner Teil[4] Rz 3/145; *Koziol/Welser*, Bürgerliches Recht II[13] 65.

[38]) *Dullinger*, Schuldrecht Allgemeiner Teil[4] Rz 3/146; *P. Bydlinski*, Allgemeiner Teil[5] Rz 1/33.

[39]) *Dullinger*, Schuldrecht Allgemeiner Teil[4] Rz 6/21 ff; *Koziol/Welser*, Bürgerliches Recht II[13] 146 ff; *P. Bydlinski*, Allgemeiner Teil[5] Rz 7/22; *Koziol/Welser*, Bürgerliches Recht I[13] 186.

[40]) *Dullinger*, Schuldrecht Allgemeiner Teil[4] Rz 6/16; *Koziol/Welser*, Bürgerliches Recht II[13] 156 ff.

IV. Checkliste: Ansprüche finden, gliedern, reihen

Gehen Sie noch einmal zurück an den Beginn von Abschnitt III 1. erstes Kästchen und den von Ihnen gefundenen Beispielen für Ansprüche. Vermutlich haben Sie Ansprüche unterschiedlicher Natur aufgelistet: Ansprüche auf Vertragserfüllung, auf Schadenersatz, sachenrechtliche Ansprüche und andere.

 Die einzelnen Ansprüche lassen sich nach ihrem Ursprung verschiedenen Gruppen zuordnen. Bildlich gesprochen: Es ist wie bei einem Schubladenkästchen, wo jede Lade eine bestimmte Gruppe von Ansprüchen enthält. Die wichtigsten davon sind: Vertragliche Ansprüche. Ansprüche aus cic. Ansprüche aus Geschäftsführung ohne Auftrag. Sachenrechtliche Ansprüche. Bereicherungsansprüche. Schadenersatzansprüche aus Delikt. Daneben werden Sie bei der Falllösung gelegentlich auf Regressansprüche sowie auf erb- und familienrechtliche Ansprüche und Fragestellungen stoßen.

Für Sie ganz persönlich!

In welche Gruppen fallen die Ansprüche, die Sie in Ihrer Liste oben zu III.1. aufgezählt haben?[41])

....

....

Im Abschnitt IV. „Checkliste: Ansprüche finden, gliedern, reihen" finden Sie Näheres zu den Anspruchsgruppen und einige weiterführende Hinweise zur Bearbeitung der Ansprüche. Sie erfahren auch, in welcher Reihenfolge Sie diese Ansprüche prüfen sollten. So erhalten Sie eine Art Gerüst, an dem Sie auf- und abklettern können und erleichtern sich damit die „Erschließung", Gliederung und Lösung des Falles.

---

[41]) Vielleicht haben Sie den Anspruch des Verkäufers V gegen den Käufer K auf Kaufpreiszahlung nach § 1062 ABGB genannt (also vertraglicher Anspruch auf Erfüllung), oder einen Herausgabeanspruch des Eigentümers E gegen den Dieb D nach § 366 ABGB (also sachenrechtlicher Anspruch) ... Zu Ihrer besseren Orientierung beim Einstufen der von Ihnen aufgezählten Ansprüche vgl oben FN 17.

1. Erstens, zweitens, drittens …: Warum?

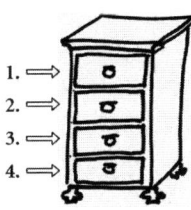

1. ⟹
2. ⟹
3. ⟹
4. ⟹

Sie wollen ökonomisch arbeiten? Gut so! Daraus ergibt sich bei den meisten Anspruchsgruppen ein Vorgehen in bestimmter Reihenfolge. Wiederum bildlich gesprochen, ziehen Sie also die einzelnen Laden des Kästchens nacheinander auf, von oben nach unten. Näheres über den Sinn dieser arbeitstechnischen Rangordnung lesen Sie jeweils zu den einzelnen Anspruchsgruppen – hier vorweg nur einige Beispiele, um grundsätzlich verständlich zu machen, worum es geht.

→ Es ist sinnvoll, vertragliche Ansprüche vor bereicherungsrechtlichen zu prüfen. Der Grund dafür liegt auf der Hand: So lang ein Vertrag besteht, besteht auch eine causa, ein Titel. Bereicherungsrechtliche Ansprüche setzen aber gerade eine ungerechtfertigte, also titellose Vermögensverschiebung voraus.

→ Oder: Vertragliche Ansprüche gehen möglicherweise auch sachenrechtlichen Ansprüchen vor. Der Eigentümer E einer Sache dringt mit der rei vindicatio nach § 366 ABGB nicht gegen seinen Mieter M durch, solange das Bestandverhältnis aufrecht ist. Der Mieter genießt ein Recht zur Innehabung, das im Moment stärker ist als selbst das Eigentumsrecht des E[42]). Daher ist zunächst das Vorliegen eines gültigen und aufrechten Mietvertrags zu untersuchen und die sich allenfalls daraus ergebenden Ansprüche.

→ Oder: Regressansprüche werden Sie erst prüfen, wenn Sie wissen, ob überhaupt ein Regressrecht besteht. Daher werden Sie etwa zunächst überlegen, ob Gläubiger G mit dem Bürgen B überhaupt einen wirksamen Bürgschaftsvertrag abgeschlossen hat, der G berechtigt, von B Zahlung zu fordern. Erst dann stellt sich die Frage nach dem Rückgriffsanspruch des Bürgen gegen den Schuldner gem § 1358[43]). Und Sie werden zum Beispiel auch zunächst beurteilen, ob Schädiger S 1 und Schädiger S 2 dem Geschädigten tatsächlich gem § 1302 solidarisch haften, bevor Sie über Ausgleichsansprüche zwischen S 1 und S 2 im Innenverhältnis gem § 896 ABGB nachdenken.

Der Ablauf Ihrer Bearbeitung des Falles nach Anspruchsgruppen folgt also offenkundig Zweckmäßigkeitserwägungen. Halten Sie sich bitte daran. Ohne arbeitsökonomischen Schaden austauschbar sind lediglich die Positionen von Bereicherungsrecht (unten e.) und deliktischen Schadenersatzansprüchen (unten f.) *untereinander* (nur untereinander!): Ob Sie daher zuerst Bereicherung prüfen und dann deliktische Ansprüche oder umgekehrt, bleibt Ihnen überlassen.

Eine Sonderstellung nehmen ferner familien- und erbrechtliche Fragen ein, die – wie Sie unten h. sehen werden – Eigenheiten aufweisen. Wegen dieser Eigenheiten kann Familienrechtliches meist nach freier Wahl entweder gleich zu Beginn oder am Ende der Fallprüfung untersucht werden. Bei Erbrechtlichem entscheiden die weiteren im Sachverhalt begründeten Ansprüche über den Arbeitsablauf, dazu unten h.

---

[42]) *Iro*, Sachenrecht[4] Rz 7/3; *Koziol/Welser*, Bürgerliches Recht I[13] 346.
[43]) *Dullinger*, Schuldrecht Allgemeiner Teil[4] Rz 6/34; *Koziol/Welser*, Bürgerliches Recht II[13] 150.

Manchmal sind Sie frei in Bezug auf die Reihenfolge, in der Sie die Tatbestandsmerkmale einer anzuwendenden Norm prüfen und darlegen. Gelegentlich aber ist auch hier auf eine logische Abfolge zu achten: So prüfen Sie etwa bei einem Irrtum zunächst dessen Beachtlichkeit (Geschäftsirrtum? Eine der drei Varianten des § 871 ABGB?) und stufen ihn erst danach als wesentlich oder unwesentlich ein (was ja nur für die *konkrete Folge* des Aufgreifens eines Irrtums von Belang ist: Anfechtung oder Anpassung). Auch bei Schadenersatzansprüchen empfiehlt sich ein bestimmter Ablauf bei der Bearbeitung der Zurechnungskriterien, dazu gleich 2.a. und 2.f. Hat S den Schaden nicht adäquat verursacht oder nicht rechtswidrig gehandelt, interessiert sein Verschulden nicht. Der Schaden wird ihm ohnehin nicht zugerechnet.

2. Die wichtigsten Anspruchsgruppen

a. Vertragliche Ansprüche

Diese Ansprüche beruhen auf einem wirksam abgeschlossenen Vertrag. Sie sind entweder auf Vertragserfüllung gerichtet (bzw „modifizierte" Vertragserfüllung, zum Beispiel zweite Chance des gewährleistungspflichtigen Übergebers durch Verbesserungsanspruch des gewährleistungsberechtigten Übernehmers, § 932 Abs 1 ABGB). Oder sie richten sich auf Schadenersatz aus Vertrag, falls eine Partei ihre Leistung rechtswidrig und schuldhaft nicht bzw schlecht erbracht hat.

Ansprüche auf Vertragserfüllung (auch Ansprüche auf Leistung, Ansprüche auf Zuhaltung des Vertrags oder primäre Ansprüche genannt) sind zum Beispiel: Anspruch des Verkäufers V gegen Käufer K auf Zahlung des Kaufpreises nach § 1062 ABGB. Anspruch des Käufers K gegen Verkäufer V auf Übereignung der Kaufsache gem § 1061 ABGB. Käufer K gegen Verkäufer V auf Verbesserung oder Austausch der mangelhaft geleisteten Kaufsache, §§ 922 ff, § 932 ABGB[44]). Mieter M gegen Vermieter VM auf Instandhaltung des Mietgegenstandes, § 1096 ABGB. Werkunternehmer WU gegen Werkbesteller WB auf Zahlung des Werklohns gem § 1170 ABGB. Anspruch des Gläubigers G gegen Bürgen B auf Zahlung nach Vorausmahnung gem §§ 1346 ff, § 1355 ABGB.

Schadenersatzansprüche aus Vertrag (auch als sekundäre Ansprüche bezeichnet) sind zum Beispiel: Anspruch des Käufers K gegen Verkäufer V wegen eines Mangelfolgeschadens, §§ 1293 ff iVm §§ 1053 ff ABGB (positive Vertragsverletzung[45])). Oder: Anspruch des Werkbestellers WB gegen Werkunternehmer WU nach Vertragsrücktritt auf das Erfüllungsinteresse (= den Nichterfüllungsschaden) wegen subjektiven Schuldnerverzugs des WU, §§ 918, 920, 921, 1165 ff[46]).

---

[44]) Zur Erinnerung, vgl oben FN 20: Nicht jeder Gewährleistungsbehelf begründet Ansprüche! Die sekundären Behelfe Preisminderung und Wandlung zählen zu den Gestaltungsrechten.

[45]) *Dullinger*, Schuldrecht Allgemeiner Teil[4] Rz 3/148 ff; *Koziol/Welser*, Bürgerliches Recht II[13] 87 f.

[46]) Vgl dazu *Dullinger*, Schuldrecht Allgemeiner Teil[4] Rz 3/7 ff; *Koziol/Welser*, Bürgerliches Recht II[13] 52 ff. An dieser Stelle drei Testfragen zur Überprüfung Ihres Verständ-

Sie müssen zur Prüfung der Berechtigung primärer wie sekundärer Ansprüche zunächst natürlich herausfinden, ob überhaupt ein gültiger Vertrag besteht. Damit geht es vor allem um folgende potentielle Problemkreise:

a) Angebot von wem und auf welche Weise (§ 863 ABGB)[47])?

b) Angebot ernstlich, bestimmt, verständlich (§ 869 ABGB)[48])?

c) Inhalt des Angebots (Auslegung nach § 914, § 915 ABGB)[49])?

d) Zugang des Angebots (§§ 862 f)[50]), allenfalls wann und wie?

e) Annahme? Wie, wodurch? (§ 863, § 864 Abs 1 ABGB)[51])?

f) Inhalt der Annahme (Auslegung nach §§ 914 f ABGB)[52])?

g) Zugang der Annahme? (Erforderlich für Vertragsabschluss, § 864 Abs 1 ABGB[53])? Rechtzeitig innerhalb Bindungsfrist, § 862, § 862a ABGB[54])?)

h) Konsens[55])?

i) Allfällige Wurzelmängel mit Nichtigkeitsfolge[56])?

j) Zeitpunkt des Vertragsabschlusses[57])?

k) Bei Vertragsabschluss unter Allgemeinen Geschäftsbedingungen: AGB Vertragsinhalt? Transparenz einzelner Klauseln, § 869 ABGB, § 6 Abs 3 KSchG? Geltungskontrolle, § 864a ABGB? Inhaltskontrolle, § 879 Abs 3 ABGB, § 6 Abs 1, Abs 2 KSchG[58])?

---

nisses nach dem bisher Dargelegten: Erstens, wie nötig ist es, § 918 hier eigens in der Überschrift anzuführen? Zweitens, darf denn § 918, der doch vom Rücktritt, also einem Gestaltungsrecht spricht, so wie in der im Text formulierten Überschrift vorkommen? Drittens, was halten Sie von der Formulierung „*WB gegen WU auf Vertragsrücktritt nach § 918 und Schadenersatz gem §§ 920, 921*"?

[47]) *P. Bydlinski*, Allgemeiner Teil[5] Rz 4/4 ff, 6/1 ff, 6/6 ff; *Koziol/Welser*, Bürgerliches Recht I[13] 101 ff, 121 ff, 124 ff.

[48]) *P. Bydlinski*, Allgemeiner Teil[5] Rz 6/6 ff; *Koziol/Welser*, Bürgerliches Recht I[13] 121 ff.

[49]) *P. Bydlinski*, Allgemeiner Teil[5] Rz 6/40; *Koziol/Welser*, Bürgerliches Recht I[13] 106 ff.

[50]) *P. Bydlinski*, Allgemeiner Teil[5] Rz 6/9 f; *Koziol/Welser*, Bürgerliches Recht I[13] 111 f.

[51]) *P. Bydlinski*, Allgemeiner Teil[5] Rz 6/14 ff, 6/18 ff; *Koziol/Welser*, Bürgerliches Recht I[13] 101 ff, 123 ff.

[52]) *P. Bydlinski*, Allgemeiner Teil[5] Rz 6/40; *Koziol/Welser*, Bürgerliches Recht I[13] 106 ff.

[53]) *P. Bydlinski*, Allgemeiner Teil[5] Rz 6/9 f, 6/16 f; *Koziol/Welser*, Bürgerliches Recht I[13] 123 ff.

[54]) *P. Bydlinski*, Allgemeiner Teil[5] Rz 6/9 f, 6/10 ff; *Koziol/Welser*, Bürgerliches Recht I[13] 124 ff.

[55]) *P. Bydlinski*, Allgemeiner Teil[5] Rz 6/14 ff; *Koziol/Welser*, Bürgerliches Recht I[13] 126 ff.

[56]) Geschäftsunfähigkeit, Dissens, Scheingeschäft, Formmangel, anfängliche Unmöglichkeit nach § 878, Sittenwidrigkeit, Gesetzwidrigkeit; vgl dazu zu den Einreden V.1.

[57]) *P. Bydlinski*, Allgemeiner Teil[5] Rz 6/1 ff; *Koziol/Welser*, Bürgerliches Recht I[13] 123 ff, 125.

[58]) Dazu *P. Bydlinski*, Allgemeiner Teil[5] Rz 6/46 ff; *Koziol/Welser*, Bürgerliches Recht I[13] 129 ff.

Gehen Sie diese Liste rasch und grundsätzlich vorerst nur in Gedanken durch: Sie legen selbstverständlich nicht jedes einzelne Ergebnis Ihrer Überlegungen in der Lösung dar, sofern es sich als sensationslos erweist („*a.-k. jeweils unproblematisch*"). Die Liste dient nur dem Aufspüren denkbarer „vergrabener Hunde"! Ausführlich und schriftlich befassen werden Sie sich nur dann mit einem oder mehreren der angeführten Punkte, wenn der Fall einschlägige Problemindizien aufweist (siehe oben II.2. „Alles, was wichtig ist, steht da." und II.3. „Keine leeren Kilometer.").

Zu den sekundären Vertragsansprüchen:
Wie bei allen Schadenersatzansprüchen sind die Zurechnungskriterien Schaden, Kausalität, Rechtswidrigkeit und Verschulden zu untersuchen. Beachten Sie dabei bitte zweierlei: Erstens, die Rechtswidrigkeit liegt im Verstoß gegen vertragliche Verhaltenspflichten, deren Prüfung in der Regel weniger Begründungsaufwand verlangt als die erforderliche Interessenabwägung bei Delikt[59]). Zweitens, meiner Erfahrung nach wird auf das Verschuldenselement bei diesen Ansprüchen besonders gern vergessen. Beurteilen und erwähnen Sie diesen Punkt jedenfalls ausdrücklich in der schriftlichen Ausführung Ihrer Arbeit – es geht um Schadenersatz und das dafür notwendige Verschulden ist keine Selbstverständlichkeit! Wer etwa dem Werkbesteller WB gegen den in Schuldnerverzug befindlichen Werkunternehmer WU ohne mit der Wimper zu zucken einen Anspruch auf Ersatz des Nichterfüllungsschadens zubilligt, und dabei nicht untersucht, ob denn auch tatsächlich subjektiver Verzug des WU vorliegt, begeht einen schweren sachlichen und falllösungstechnischen Fehler.

Schadenersatzansprüche aus Vertrag sind für den Geschädigten in mehrfacher Hinsicht angenehmer, weil leichter durchsetzbar als Schadenersatzansprüche aus Delikt. Die Vorteile der Vertragshaftung:
→ Weite Erfüllungsgehilfenhaftung (§ 1313a ABGB) statt enger Besorgungsgehilfenhaftung (§ 1315)[60])
→ Beweislastumkehr in Bezug auf das Verschulden (§ 1298 statt § 1296 ABGB)[61])
→ Ersatz reiner Vermögensschäden, die durch die schuldhafte Vertragsverletzung entstanden sind[62]).

---

[59]) Durchaus anspruchsvoll wird es allerdings auch bei der Rechtswidrigkeitsprüfung vertraglicher Schadenersatzansprüche, wenn Sie überlegen müssen, welche Nebenpflichten der geschlossene Vertrag eigentlich umfasst. Das ist auch eine Frage der Auslegung (§ 914 ABGB) und nicht immer einfach. Zum Beispiel: Haftet ein Arzt aus vertraglicher Nebenpflicht des Behandlungsvertrags auch für das Verschwinden des im Wartezimmer abgelegten Mantels seiner Patientin ...? Zur Rechtswidrigkeitsprüfung bei deliktischem Schadenersatzanspruch unten f.

[60]) *Apathy/Riedler*, Schuldrecht Besonderer Teil[4] Rz 13/44; *Koziol/Welser*, Bürgerliches Recht II[13] 355.

[61]) *Apathy/Riedler*, Schuldrecht Besonderer Teil[4] Rz 13/37 ff; *Koziol/Welser*, Bürgerliches Recht II[13] 320 ff.

[62]) *Apathy/Riedler*, Schuldrecht Besonderer Teil[4] Rz 13/18; *Koziol/Welser*, Bürgerliches Recht II[13] 314 f: Zum Beispiel Ersatz für die Kosten einer Ersatzmaschine, die der Gläubiger G wegen des schuldhaften Verzugs des Schuldners S vorübergehend bis zur verspäteten Erfüllung mieten musste.

Bedenken Sie schließlich, dass sich Vertragsvereinbarungen auf die Schadenersatzansprüche auswirken können, etwa wenn die Parteien eine Konventional-
strafe[63]) oder eine Haftungsfreizeichnungsklausel[64]) festgelegt haben.

b. Schadenersatzansprüche aus culpa in contrahendo

Diese Ansprüche ergeben sich aus dem mit Aufnahme des geschäftlichen
Kontakts entstehenden vorvertraglichen Schuldverhältnis. Beide Seiten treffen ex
lege Schutz- und Aufklärungspflichten[65]). Cic ist seiner Natur nach also Schadenersatz *aus Gesetz*. Behandelt wird dieser Ersatzanspruch jedoch nach dem Modell
vertraglicher Schadenersatzansprüche: Es gelten auch hier die unter a. erwähnten
Vorteile der Vertragshaftung (§ 1313a, § 1298, reine Vermögensschäden ersatzfä-
hig). Ob das Verhalten rechtswidrig ist, müssen Sie beurteilen: War unter den Umständen des konkreten Einzelfalls Aufklärung gewöhnlich, erwartungsgemäß und
zumutbar?).

Wegen der sachlichen Nähe zum vertraglichen Schadenersatz werden auf cic
gestützte Ansprüche gleich nach den Vertragsansprüchen unter die Lupe genommen.

c. Ansprüche aus Geschäftsführung ohne Auftrag

Warum folgt diese Anspruchsgruppe hier und jetzt? Einerseits: Bei „Geschäftsführung *mit* Auftrag" liegt ein Vertrag vor, also sind vertragliche Ansprüche
zu prüfen. Andererseits: Die GoA geht laut den gesetzlichen Bestimmungen den
Regeln über das Bereicherungsrecht vor. Demnach Prüfung der GoA vor Bereicherung.

Bei GoA prüfen Sie grundsätzlich zuerst die Geschäftsführungsabsicht als
entscheidendes Tatbestandsmerkmal[66]). Sodann stufen Sie die Geschäftsführung
in die Kategorien „notwendig, § 1036", „nützlich, § 1037" oder „unerlaubt, § 1040"
ein, woraus sich die möglichen Ansprüche ergeben: Hier Aufwandersatzansprü-
che des Geschäftsführers, da Schadenersatzansprüche des Zwangsbeglückten gegen den Geschäftsführer bei unerlaubter Geschäftsführung.

Vorsicht: Auf GoA stoßen Sie bei den gängigen Übungs- und Prüfungsfällen
eher selten, daher neigt man auch leicht dazu, sie zu übersehen ...

d. Sachenrechtliche Ansprüche

Sachenrechtliche Ansprüche beruhen auf dinglichen Rechten. Sie können
auf Herausgabe, Unterlassung von Störungen (= Dulden), Beseitigung (= Wieder-

---

[63]) *Apathy/Riedler*, Schuldrecht Besonderer Teil[4] Rz 15/14; *Koziol/Welser*, Bürgerliches Recht II[13] 22 ff.

[64]) *Apathy/Riedler*, Schuldrecht Besonderer Teil[4] Rz 13/5, 14/41 f, 14/57; *Koziol/
Welser*, Bürgerliches Recht II[13] 385, 417 f, 420 f.

[65]) *Dullinger*, Schuldrecht Allgemeiner Teil[4] Rz 1/18 ff; *Koziol/Welser*, Bürgerliches
Recht II[13] 16 ff.

[66]) *Apathy/Riedler*, Schuldrecht Besonderer Teil[4] Rz 16/1 ff, 16/4; *Koziol/Welser*, Bürgerliches Recht II[13] 392; zur angewandten Geschäftsführung 395.

herstellung des vorigen Zustands) gerichtet sein. Beispiele: Eigentümer E gegen Dieb D auf Herausgabe der gestohlenen Sache, § 366 ABGB[67])(oder: § 372 ABGB). Servitutsberechtigter S gegen Eigentümer des dienenden Grundstücks EG auf Unterlassung von Störungen bei Ausübung seines Wegerechts, § 523, allenfalls iVm § 372 ABGB[68]). Mieter M gegen Nachbarn N auf Beseitigung unzulässiger Immissionen, § 364, § 372 ABGB. Unterlassungsanspruch des in seinem ruhigen Besitz gestörten Besitzers B gegen den Störer gem §§ 454 ff ZPO (Besitzstörungsklage)[69]). Anspruch des Liegenschaftspfandgläubigers LP gegen den Pfandschuldner PS auf Unterlassung wertmindernder Einwirkungen auf das Pfandrecht, § 458 (Devastationsklage[70])).

Weshalb die Positionierung der sachenrechtlichen Ansprüche an dieser Stelle des Falllösungsschemas? Sachenrechtliche Ansprüche *zwischen denselben Streitparteien* Kläger K und Beklagter B prüfen Sie besser erst *nach* den vertraglichen Ansprüchen zwischen K und B. Unter anderem, weil der aufrechte Vertrag die Ausübung zum Beispiel des Eigentumsrechts blockieren kann[71]). Und weiters, weil die wirksame Übertragung eines dinglichen Rechts einen Titel voraussetzt, also einen gültigen Vertrag. Dessen Vorliegen müssen Sie zunächst untersuchen, weitere sachenrechtliche Konsequenzen ergeben sich daraus. Sie prüfen sachenrechtliche Ansprüche andererseits aber *vor* der Gruppe Schadenersatz aus Delikt (unten f): Die Aktivlegitimation zur Erhebung von Schadenersatzansprüchen kann zum Beispiel davon abhängen, dass der Kläger Eigentümer der beschädigten oder zerstörten Sache ist. Aus ähnlichen Gründen kommen sachenrechtliche Ansprüche wiederum *vor* der Gruppe Bereicherungsrecht: Wer etwa einen Verwendungsanspruch nach § 1041 ABGB geltend machen will, muss in der Regel Eigentümer sein.

Sachenrechtliche Ansprüche werden von dinglich Berechtigten erhoben. Beachten Sie dabei, dass derivativer Erwerb dinglicher Rechte neben dem gültigen Titel auch die Setzung des vorgeschriebenen Modus und das Recht des Vormannes verlangt[72]). Fehlt es an diesem Recht, ist originärer Erwerb zu untersuchen, wobei besonders die verschiedenen Arten des gutgläubigen Erwerbs vom Nichtberechtigten häufig Prüfungsthema sind[73]).

Um herauszufinden, wer im Beurteilungszeitpunkt Eigentümer der Sache ist, können Sie gut mit der Skizze einer Zeitleiste arbeiten, an der Sie sich ausgehend vom frühesten Zeitpunkt, in dem die Rechtslage feststand, in chronologischer Abfolge weiter entlangtasten. Etwa so:

---

[67]) Achtung: Geht es um eine unbewegliche Sache, so lautet das Klagebegehren nicht auf „Herausgabe", sondern: „Anspruch auf Räumung", dazu noch „Löschung der Einverleibung, §§ 61 ff GBG". Warum auch letzteres …?

[68]) *Iro,* Sachenrecht[4] Rz 15/42 f; *Koziol/Welser,* Bürgerliches Recht I[13] 430 f.

[69]) *Iro,* Sachenrecht[4] Rz 2/55 ff; *Koziol/Welser,* Bürgerliches Recht I[13] 274 f.

[70]) *Iro,* Sachenrecht[4] Rz 11/3 f; *Koziol/Welser,* Bürgerliches Recht I[13] 390 f.

[71]) Vgl oben IV.1.

[72]) *Iro,* Sachenrecht[4] Rz 6/1, 6/36 ff; *Koziol/Welser,* Bürgerliches Recht I[13] 310, 325 ff.

[73]) *Iro,* Sachenrecht[4] Rz 6/2, 6/45 ff; *Koziol/Welser,* Bürgerliches Recht I[13] 311, 330 ff.

e. Bereicherungsrechtliche Ansprüche

Aus dem gesetzlichen Schuldverhältnis „Bereicherung" ergeben sich Ansprüche auf Rückabwicklung, das heißt auf Rückzahlung oder Herausgabe des rechtsgrundlos Geleisteten oder sonstwie an den Bereicherten Gelangten. Die Leistungskondiktionen (Bereicherung entstanden durch eine rechtsgrundlose Leistung, also Zuwendung des Ent- an den Bereicherten, insbesondere § 877, § 921, § 1174, § 1431, § 1435 ABGB; § 4 KSchG) genießen Vorrang[75]). Erst nach deren Prüfung folgen die laut Gesetz subsidiären Ansprüche, die auf anderem Wege als durch Leistung entstandene rechtsgrundlose Bereicherung rückgängig machen: Verwendungsanspruch § 1041 ABGB; Aufwandersatzanspruch § 1042 ABGB; Aufopferungsanspruch § 1043 ABGB[76]).

Leistungskondiktionen konkurrieren oft mit sachenrechtlichen Herausgabeansprüchen (Anspruchsgrundlagenkonkurrenz). Kam der Vertrag, der der Übereignung zugrunde liegen sollte, von vornherein nicht zustande (absolute Unwirksamkeit, zB bei Geschäftsfähigkeitsmangel), so kann sich der Herausgabeberechtigte wahlweise auf § 366, § 372 stützen oder auf § 1431. Entfällt der Vertrag wegen eines beachtlichen Willensmangels mit sachenrechtlicher ex tunc-Wirkung

---

[74]) Zum hier angesprochenen Problemkreis Eigentum und Verarbeitung *Iro*, Sachenrecht[4] Rz 6/17 ff; *Koziol/Welser*, Bürgerliches Recht I[13] 318 ff, 332 ff, 337 ff.

[75]) *Apathy/Riedler*, Schuldrecht Besonderer Teil[4] Rz 15/1 ff, 15/4 ff; *Koziol/Welser*, Bürgerliches Recht II[13] 272 ff, 274 ff.

[76]) *Apathy/Riedler*, Schuldrecht Besonderer Teil[4] Rz 15/17 ff, 15/22 ff, 15/26; *Koziol/Welser*, Bürgerliches Recht II[13] 285 ff.

(§§ 870 ff), so gilt dasselbe: Der Anspruchsberechtigte kann wahlweise bereiche-rungsrechtlich vorgehen, § 877, oder aber sich auf sein aufrechtes Eigentumsrecht berufen. Ihren vollen Charme entfaltet diese Anspruchsgrundlagenkonkurrenz bei Insolvenz des Leistungspflichtigen – Aussonderungsanspruch des Eigentü-mers[77])).

Warum die „Anspruchsgruppe Bereichung" in der Abfolge gerade hier im Schema steht, wissen Sie schon, und Sie wissen ebenfalls, dass es keine logisch zwingende Reihenfolge im Verhältnis zwischen Bereicherungsansprüchen und den nun unter f. folgenden deliktischen Schadenersatzansprüchen gibt. Sie kön-nen also die Untersuchung von Ansprüchen aus diesen beiden Gruppen unterei-nander reihen, wie Sie möchten (vgl oben IV.1.).

f. Schadenersatzansprüche aus Delikt

Diese Gruppe folgt zweckmäßigerweise jedenfalls den Ansprüchen aus Gruppe a-d, zwischen deliktischen Schadenersatzansprüchen und bereicherungs-rechtlichen Ansprüchen (Gruppe e) können Sie beginnen, womit Sie wollen. Al-lerdings sollten Sie bei der Prüfung der einzelnen Schadenszurechnungskriterien eine arbeitstechnisch gebotene Abfolge einhalten, dazu gleich unten.

Schadenersatzansprüche aus Delikt sind nicht mit den bereits besprochenen Schadenersatzansprüchen aus Vertrag (Gruppe a), und den mit den sekundären Vertragsansprüchen gleichgestellten Ansprüchen aus cic, (Gruppe b) zu verwech-seln: Hier wurde weder ein Vertrag abgeschlossen, noch besteht ein vorvertragli-ches Schuldverhältnis. Von den Nachteilen der Delikts- gegenüber der Vertrags-haftung war bereits oben unter IV.2. a. und b. die Rede (Besorgungsgehilfenhaf-tung § 1315 statt Erfüllungsgehilfenhaftung § 1313a; Verschuldensbeweis obliegt dem Geschädigten, § 1296; Ersatz reiner Vermögensschäden nur bei Verletzung eines Schutzgesetzes, das das reine Vermögen schützt bzw wenn der Schaden als Folge des zurechenbaren Eingriffs in ein absolut geschütztes Rechtsgut entstanden ist oder als Folge vorsätzlicher sittenwidriger Schädigung[78])).

Wenn Sie einen deliktischen Schadenersatzanspruch nach ABGB bearbeiten, gehen Sie Punkt für Punkt (vorerst in Gedanken[79])) die Schadenszurechnungs-kriterien durch, und zwar in genau dieser Reihenfolge:

- Ersatzfähiger Schaden[80])?

- Kausalität (Äquivalenz und Adäquanz)[81])?

---

[77]) *Iro*, Sachenrecht[4] Rz 2/71; *Koziol/Welser*, Bürgerliches Recht I[13] 351.
[78]) *Apathy/Riedler*, Schuldrecht Besonderer Teil[4] Rz 14/18; *Koziol/Welser*, Bürgerli-ches Recht II[13] 314 f.
[79]) In der Lösung wird wie stets nur das ausführlich schriftlich dargelegt, was tatsäch-lich erwähnenswert erscheint, vgl oben II.3. und IV.2.a.
[80]) *Apathy/Riedler*, Schuldrecht Besonderer Teil[4] Rz 13/6 ff; *Koziol/Welser*, Bürgerli-ches Recht II[13] 303 ff.
[81]) *Apathy/Riedler*, Schuldrecht Besonderer Teil[4] Rz 13/10 ff; *Koziol/Welser*, Bürger-liches Recht II[13] 309 ff.

- Rechtswidrigkeit[82])? Rechtswidrigkeitszusammenhang (Schutzbereich und -zweck der Norm)[83])?
- Verschulden[84])?

Das ergibt sich aus der Arbeitsökonomie: Wozu etwa über Rechtswidrigkeit oder Verschulden nachdenken, wenn gar kein ersatzfähiger Schaden vorliegt?

Drei häufige Fehlerquellen bei der Prüfung deliktischer Schadenersatzansprüche: Erstens, hüten Sie sich vor dem vorschnellen Urteil, *„Rechtswidrigkeit liegt vor, da in ein absolut geschütztes Rechtsgut eingegriffen wurde"*. Der Kenner der Materie weiß, dass die Verletzung des absolut geschützten Rechtsguts die Rechtswidrigkeit bloß „indiziert". Der durch das Indiz genährte Verdacht muss erst durch eine umfassende Interessenabwägung zur Gewissheit erhärtet werden[85]). Zweitens, unterscheiden Sie gedanklich sauber zwischen Rechtswidrigkeit (objektiv pflichtwidrigem Verhalten) und Verschulden (subjektive Vorwerfbarkeit gegenüber einem verschuldensfähigen Schädiger). Und drittens, bewerten Sie den Verschuldensgrad des Schädigers! Sie müssen sich im Ergebnis festlegen. Es geht hier nämlich um Rechtsfragen – zum Beispiel richtet sich der Umfang des Ersatzes bei Vermögensschäden und die Schadensberechnungsmethode nach dem Verschuldensgrad[86]) (vgl bereits oben II.2.).

Sind alle Schadenszurechnungskriterien erfüllt, so steht der Schadenersatzanspruch dem Grunde nach fest. Markieren Sie das als Zwischenergebnis in Ihrer Lösung. Wobei zu beachten ist, dass ein und dieselbe Anspruchsgrundlage auch mehrere Ansprüche gewähren kann (zum Beispiel § 1325 ABGB: Heilungskosten, Verdienstentgang, angemessenes Schmerzengeld).

In Bezug auf die Höhe des Anspruchs wird der Beklagte vielleicht Einwendungen erheben, zu diesen unten V.

Noch ein Hinweis: Bei Schadenersatz aus Delikt stößt man häufig auf Anspruchsgrundlagenkonkurrenzen. Denken Sie etwa an den Klassiker „ABGB als Verschuldens- und EKHG als Gefährdungshaftungstatbestand" (dazu schon oben IV.2.). Es können aber auch Delikts- und Vertragshaftung (sekundäre Vertragsansprüche aus positiver Vertragsverletzung) konkurrieren, zum Beispiel: Unfall eines Motorradfahrers bei einem Motorrad-Weitsprung-Wettbewerb, weil die aus Verschulden mangelhaft errichtete Schanze unter ihm zusammenbricht. Der Geschädigte G kann seinen Schadenersatzanspruch gegen den Veranstalter und Schanzenbetreiber V erstens auf den mit V abgeschlossenen Vertrag und V's

---

[82]) *Apathy/Riedler*, Schuldrecht Besonderer Teil⁴ Rz 13/14 ff; *Koziol/Welser*, Bürgerliches Recht II¹³ 312 ff.

[83]) *Apathy/Riedler*, Schuldrecht Besonderer Teil⁴ Rz 13/25 ff; *Koziol/Welser*, Bürgerliches Recht II¹³ 316 ff.

[84]) *Apathy/Riedler*, Schuldrecht Besonderer Teil⁴ Rz 13/31 ff; *Koziol/Welser*, Bürgerliches Recht II¹³ 318 ff.

[85]) Deren Kriterien vom berechtigten Interesse an der eigenen Entfaltung, der Gefährlichkeit des Handelns, dem Eröffnen und mangelnden Beherrschen von Gefahrenquellen, vom Wert des verletzten Rechtsguts, von der Vermeidbarkeit der Gefährdung bis zur Zumutbarkeit von Schutzmaßnahmen reichen. Zur Rechtswidrigkeit von Vertragsverstößen oben IV.2.a. und b.

[86]) *Apathy/Riedler*, Schuldrecht Besonderer Teil⁴ Rz 13/35, Rz 13/52 ff; *Koziol/Welser*, Bürgerliches Recht II¹³ 323 ff;

Eigenverschulden stützen (§§ 1293 ff, § 1325). Zweitens allenfalls auf den Vertrag und V's Haftung für Fremdverschulden (Erfüllungsgehilfenhaftung, §§ 1293 ff, § 1313a, § 1325). Und drittens auch noch deliktisch auf § 1319 ABGB (Schanze als Werk)[87]). Bleiben Sie wie bei jeder Konkurrenz bitte konsequent im passenden „Kochrezept" und machen Sie das auch durch die passenden Überschriften deutlich (vgl oben II.2.).

g. Regressansprüche

Gelegentlich werden Sie in Rechtsfällen auf Regressansprüche stoßen, die Sie aus den unter IV.1. dargelegten Gründen an die Position g. im Falllösungsschema setzen. Beispiele: Bürge gegen Schuldner auf Rückersatz des vom Bürgen an den Gläubiger Geleisteten gem § 1358 ABGB. Oder: Solidarschuldner S 1 gegen Solidarschuldner S 2 auf Ausgleich gem § 1302, § 896[88]). Oder: Geschäftsherr GH gegen Erfüllungsgehilfen EG auf Rückersatz des an den Geschädigten Geleisteten gem § 1313 ABGB bzw § 4 DHG[89]). Versicherer, der an den Geschädigten geleistet hat, gegen den Schädiger gem § 67 VersVG bzw § 332 ASVG[90]).

h. Familien- und Erbrecht

Aus dem Familienrecht folgen Ansprüche: Anspruch des Kindes auf Unterhalt gegen den unterhaltspflichtigen Elternteil, § 140 ABGB; oder Unterhaltsanspruch des schuldlos geschiedenen gegen den schuldig geschiedenen Ehegatten, § 66 EheG[91]); oder Anspruch eines Gatten gegen den anderen auf Abgeltung der Mitwirkung im Erwerb, § 98 ABGB[92]). Familienrechtliche Rechtsbehelfe bezwecken jedoch häufig nicht nur die Durchsetzung von Ansprüchen, sondern auch die Feststellung der Rechtslage (zB Feststellung der Nichtabstammung vom Ehemann der Mutter auf Antrag des Mannes oder des Kindes, § 156 ABGB[93])) oder sie wirken rechtsgestaltend, wie die Scheidungsklage[94]). Sie sehen, dass sich das Familienrecht wegen seiner speziellen Natur nicht ganz reibungslos in das Falllösungsschema nach Anspruchgrundlagen, wie Sie es bisher kennengelernt haben, einfügt.

Ähnliches gilt auch für das Erbrecht. Auch dort stoßen Sie auf Ansprüche. Zum Beispiel: Pflichtteilsberechtigter Noterbe gegen ruhenden Nachlass bzw ein-

---

[87]) Vgl den Sachverhalt zu OGH ZVR 1985/104. Zu § 1319 *Apathy/Riedler*, Schuldrecht Besonderer Teil[4] Rz 14/34; *Koziol/Welser*, Bürgerliches Recht II[13] 366 f.

[88]) *Apathy/Riedler*, Schuldrecht Besonderer Teil[4] Rz 13/58 ff; *Koziol/Welser*, Bürgerliches Recht II[13] 326.

[89]) *Apathy/Riedler*, Schuldrecht Besonderer Teil[4] Rz 13/48; *Koziol/Welser*, Bürgerliches Recht II[13] 360 ff.

[90]) *Apathy/Riedler*, Schuldrecht Besonderer Teil[4] Rz 14/28 ff; *Koziol/Welser*, Bürgerliches Recht II[13] 133, 331.

[91]) *Kerschner*, Familienrecht[4] Rz 2/131 ff; *Koziol/Welser*, Bürgerliches Recht I[13] 497 ff, 531 ff.

[92]) *Kerschner*, Familienrecht[4] Rz 2/48; *Koziol/Welser*, Bürgerliches Recht I[13] 469 ff.

[93]) *Kerschner*, Familienrecht[4] Rz 4/3c, 4/3d; *Koziol/Welser*, Bürgerliches Recht I[13] 523.

[94]) *Kerschner*, Familienrecht[4] Rz 2/106 ff; *Koziol/Welser*, Bürgerliches Recht I[13] 484 ff.

geantworteten Erben auf Erfüllung seiner Pflichtteilsansprüche, §§ 762 f, 774[95]);
Legatar gegen ruhenden Nachlass bzw eingeantworteten Erben auf Leistung, § 684
Satz 2[96]). Neben diesen Ansprüchen – die dem Ihnen bereits bekannten „Schema
F" entsprechen – gibt es auf das Wesen des Erbrechts abgestimmte „spezielle" Klagen wie die Erbschaftsklage[97]).

Familienrechtliche Fragen „reiben" sich in aller Regel nicht mit den bisher
besprochenen Anspruchsgruppen. Sie können Familienrechtliches daher entweder zu Beginn Ihrer Falllösung behandeln oder als Schlusslicht, vgl oben IV.1.
Beim Erbrecht hängt die Arbeitsabfolge vom restlichen Sachverhalt ab. Die zentrale Frage, um die das Erbrecht kreist, lautet: Wer ist Erbe? Steht in Ihrem Sachverhalt zum Beispiel ausschließlich die Durchsetzung eines Pflichtteilsanspruchs
gegen den Erben zur Debatte, so werden Sie klären, ob der Kläger wirklich Noterbe
ist und ob die Einantwortung des Nachlasses an den tatsächlich erbberechtigten
Beklagten rechtskräftig erfolgt ist. Ob Sie diesen Anspruch zu Beginn oder am
Ende Ihrer Ausführungen prüfen, bleibt Ihnen überlassen. Anders aber, wenn ein
Erbe E als Rechtsnachfolger des Erblassers Leistungsansprüche aus Vertrag gegen
den X (der ursprünglich Vertragspartner des Erblassers war) erhebt. Anders auch,
wenn der X seinerseits aus eben diesem auf den Erben E übergegangenen Vertrag
den E auf Erfüllung klagt. In diesen Fällen ist die Prüfung, ob E in der Tat berechtigter Erbe ist, Voraussetzung für die vertraglichen Ansprüche. Mit anderen Worten: Zunächst muss die Aktiv- oder Passivlegitimation des E festgestellt werden.
Erst wenn Sie wissen, ob E der „richtige Kläger" bzw der „richtige Beklagte" ist,
können Sie die Vertragsansprüche klären.

Ein weiterer Bearbeitungstipp für erbrechtliche Fragen: Wie im Sachenrecht
spielt die Chronologie der Ereignisse oft eine ausschlaggebende Rolle. Müssen Sie
herausfinden, wer Erbe ist, eignet sich die Skizze einer Zeitleiste (oben d. zu sachenrechtlichen Ansprüchen). Auf dieser „Timeline" tragen Sie ausgehend vom
frühesten Zeitpunkt, in dem die Rechtslage feststand, alle weiteren Entwicklungen
Schritt für Schritt ein.

Sorgen Sie in jedem Fall auch im Bereich des Familien- und Erbrechts für
Klarheit Ihrer Lösung. Gliedern Sie in Fragenkreise. Verdeutlichen Sie durch
Überschriften, was Sie in der Folge bearbeiten – auch wenn diese Überschriften
hier oft eben keine „Ansprüche", wie Sie sie bisher kennengelernt haben, enthalten
werden.

---

[95]) *Eccher,* Erbrecht[4] Rz 12/12 ff; *Koziol/Welser,* Bürgerliches Recht II[13] 549 ff.
[96]) *Eccher,* Erbrecht[4] Rz 10/1 ff; *Koziol/Welser,* Bürgerliches Recht II[13] 533 f.
[97]) Die gegen den eingeantworteten Erben gerichtete Erbschaftsklage des besser
berechtigten Erben gem § 823 ABGB ist eine „Universalklage", mit der dieser sein Erbrecht
durchsetzt. Zu diesem Begriff und den strittigen Wirkungen der Erbschaftsklage *Eccher,*
Erbrecht[4] Rz 6/24 ff; *Koziol/Welser,* Bürgerliches Recht II[13] 582 ff.

V. Checkliste: Einwendungen

Die häufigsten Einwendungen lassen sich ebenfalls in Gruppen gliedern. Auch hier finden Sie also wieder das „Schubladenprinzip". Es gibt:

→ Einwendungen, mit deren Hilfe der Beklagte sinngemäß vorbringt: *„Lieber Kläger, du hast keinen Anspruch und hattest niemals einen"* (rechtshindernde Einwendungen).

→ Einwendungen, mit deren Hilfe der Beklagte sinngemäß vorbringt: *„Lieber Kläger, du hattest zwar einen Anspruch, aber der besteht nicht mehr"* (rechtsvernichtende Einwendungen).

→ Einwendungen, mit deren Hilfe der Beklagte sinngemäß vorbringt: *„Lieber Kläger, ich nehme dir deinen Anspruch, indem ich ihn dir durch ein Gestaltungsrecht aus der Hand schlage"* (rechtsgestaltende Einwendungen).

→ Einwendungen, mit deren Hilfe der Beklagte sinngemäß vorbringt: *„Lieber Kläger, du hast zwar einen Anspruch – aber du kannst ihn derzeit nicht geltend machen"* (rechtshemmende Einwendungen).

→ Einwendungen, mit deren Hilfe der Beklagte sinngemäß vorbringt: *„Lieber Kläger, dein Anspruch ist dem Grunde nach berechtigt – aber nicht der Höhe nach"* (gegen die Anspruchshöhe gerichtete Einwendungen).

Die „richtige" Einwendung folgt aus den untersuchten Ansprüchen: Sie ist einfach die passende, den Zielen des Beklagten entsprechende Antwort auf den gegen ihn erhobenen Anspruch.

Eine gewisse logische Reihenfolge gibt es auch hier. In der Regel wird es dem Beklagten lieber sein, den Anspruch dem Grunde nach abzuwehren. Ist das nicht möglich, wird er es wenigstens der Höhe nach versuchen. Oder er wird sich bemühen, zumindest die Fälligkeit des gegen ihn gerichteten Anspruchs hinauszuschieben. Und: Soweit es um die Abwehr vertraglicher Erfüllungsansprüche (oben IV.2.a.) geht, beginnt man zweckmäßigerweise damit, die Wirksamkeit des Vertrags zu bestreiten (sofern der Sachverhalt das nahelegt, vgl oben II.2.). Man sucht also nach Einwendungen, die sich auf das Nichtzustandekommen des Vertrags beziehen, wie zB mangelnde Geschäftsfähigkeit, Dissens oder Sittenwidrigkeit (rechtshindernde Einwendungen, unten V.1.). Erst danach spielt man rechtsgestaltende Einwendungen aus (unten V.3.), wie etwa Wandlung oder Irrtumsanfechtung. Klar – einen Vertrag, den es von vornherein nicht gibt, braucht man nicht zu vernichten.

1. Rechtshindernde Einwendungen

Diese Einwendungen wirken deklarativ. Das heißt, mit ihrer Hilfe macht der Beklagte nur bereits bestehende Umstände geltend, er gestaltet nicht. Hierunter fallen vor allem die Nichtigkeitsgründe bei Verträgen:

→ Mangelnde oder beschränkte Geschäftsfähigkeit (§ 865 ABGB)[98],

→ Dissens (§ 869 ABGB, in allen seinen Erscheinungsformen; auch: „Rechtsgeschäft oder Gefälligkeitszusage?")[99])

→ Formmangel (§ 883 ABGB, beachten Sie die Heilungsmöglichkeit nach § 1432 ABGB)[100])

→ Anfängliche Unmöglichkeit im Sinne des § 878 ABGB („geradezu Unmögliches")[101])

→ Ausfall aufschiebender Bedingung (§§ 696, 704 ABGB)[102])

→ Sittenwidrigkeit (§ 879 ABGB)[103])

→ Gesetzwidrigkeit (§ 879 ABGB)[104])

→ Scheingeschäft (§ 916 ABGB)[105])

→ Handeln eines Vertreters ohne Vertretungsmacht[106]).

Das alles sind Wurzelmängel, weil sie bereits bei Abschluss des Vertrags vorliegen. Aber Achtung! Nicht alle Wurzelmängel geben die Grundlage für Einwendungen der ersten Gruppe. Die Willensmängel Irrtum, List und Drohung sind zwar sehr wohl Wurzelmängel, führen jedoch nicht zur absoluten Unwirksamkeit des Rechtsgeschäfts, sondern (allenfalls) zur Vertragsanfechtung bzw -anpassung. Sie gehören daher zu Gruppe 3 der Einwendungen (Gestaltungsrechte). Ähnliches gilt für gesetzwidrige Absprachen der Parteien: Über die Frage der Nichtigkeit, Anfechtbarkeit oder Gültigkeit des gesetzwidrigen Geschäfts entscheidet der Verbotszweck[107]). Zu Gruppe 1 der Einwendungen zählen nur die Fälle absoluter Nichtigkeit. Anfechtbarkeit (relative Nichtigkeit) gehört zu den rechtsgestaltenden Einwendungen, Gruppe 3.

Rechtshindernde Einwendungen richten sich natürlich nicht nur gegen Ansprüche auf Erfüllung von Verträgen. In diese 1. Gruppe passt zum Beispiel auch die gegen den sachenrechtlichen Anspruch nach § 366 ABGB, gegen Schadenersatzansprüche oder Bereicherungsansprüche gerichtete Einrede des Beklagten, der Kläger sei nicht Eigentümer und daher nicht aktiv legitimiert. Auch die Einrede, das Pfandrecht, auf das sich der Kläger stützt, sei mangels Einhaltung des

---

[98]) P. Bydlinski, Allgemeiner Teil⁵ Rz 2/15 ff, 2/19 ff; Koziol/Welser, Bürgerliches Recht I¹³ 54 ff.

[99]) P. Bydlinski, Allgemeiner Teil⁵ Rz 6/14 f; Koziol/Welser, Bürgerliches Recht I¹³ 126 ff.

[100]) P. Bydlinski, Allgemeiner Teil⁵ Rz 7/18 ff; Koziol/Welser, Bürgerliches Recht I¹³ 184 ff.

[101]) P. Bydlinski, Allgemeiner Teil⁵ Rz 7/14 ff; Koziol/Welser, Bürgerliches Recht I¹³ 171.

[102]) P. Bydlinski, Allgemeiner Teil⁵ Rz 10/14; Koziol/Welser, Bürgerliches Recht I¹³ 193 ff.

[103]) P. Bydlinski, Allgemeiner Teil⁵ Rz 7/35 ff; Koziol/Welser, Bürgerliches Recht I¹³ 174 ff.

[104]) P. Bydlinski, Allgemeiner Teil⁵ Rz 7/35 ff; Koziol/Welser, Bürgerliches Recht I¹³ 174 ff.

[105]) P. Bydlinski, Allgemeiner Teil⁵ Rz 7/12 f; Koziol/Welser, Bürgerliches Recht I¹³ 146 f.

[106]) P. Bydlinski, Allgemeiner Teil⁵ Rz 9/68 ff; Koziol/Welser, Bürgerliches Recht I¹³ 212 ff.

[107]) P. Bydlinski, Allgemeiner Teil⁵ Rz 7/36; Koziol/Welser, Bürgerliches Recht I¹³ 174 ff.

vorgeschriebenen modus nicht wirksam zustandegekommen, wendet sich rechtshindernd gegen einen sachenrechtlichen Anspruch. Gegen einen vom Kläger erhobenen Schadenersatzanspruch besteht die zu Gruppe 1 zählende Einrede, dass mangels Verschuldensfähigkeit des Beklagten keine Haftung bestehe, § 1309 f ABGB[108]).

2. Rechtsvernichtende Einwendungen

Auch sie wirken deklarativ, halten also etwas fest, was sich bereits ergeben hat: Der ursprünglich bestehende Anspruch ist erloschen. In diese Gruppe fallen vor allem folgende Tatbestände:

→ Erfüllung (§ 1412 ABGB)[109])

→ Hinterlegung (§ 1425 ABGB)[110])

→ Erlass, Verzicht (§ 1444 ABGB)[111])

→ Leistung an Zahlungs statt (§ 1414 ABGB)[112])

→ Zufälliger Untergang (§ 1447 ABGB)[113])

→ Zeitablauf (insb bei Dauerschuldverhältnissen)[114])

→ Eintritt auflösender Bedingung (§§ 696, 704 ABGB)[115])

→ Unterlassung der Mängelrüge (§ 377 UGB)[116])

→ Zession (§§ 1392 ff ABGB)[117])

→ Privative Schuldübernahme (§ 1405 ABGB)[118])

→ Novation (§ 1376 ABGB)[119])

---

[108]) *P. Bydlinski,* Allgemeiner Teil[5] Rz 2/37 ff; *Koziol/Welser,* Bürgerliches Recht I[13] 64 ff.

[109]) *Dullinger,* Schuldrecht Allgemeiner Teil[4] Rz 4/1 ff; *Koziol/Welser,* Bürgerliches Recht II[13] 95 f.

[110]) *Dullinger,* Schuldrecht Allgemeiner Teil[4] Rz 4/15 ff; *Koziol/Welser,* Bürgerliches Recht II[13] 98 f.

[111]) *Dullinger,* Schuldrecht Allgemeiner Teil[4] Rz 4/48 ff; *Koziol/Welser,* Bürgerliches Recht II[13] 108.

[112]) *Dullinger,* Schuldrecht Allgemeiner Teil[4] Rz 4/19 ff; *Koziol/Welser,* Bürgerliches Recht II[13] 99 ff.

[113]) *Dullinger,* Schuldrecht Allgemeiner Teil[4] Rz 3/51 ff; *Koziol/Welser,* Bürgerliches Recht II[13] 48 ff.

[114]) *Dullinger,* Schuldrecht Allgemeiner Teil[4] Rz 4/53 ff; *Koziol/Welser,* Bürgerliches Recht II[13] 109.

[115]) *P. Bydlinski,* Allgemeiner Teil[5] Rz 10/13 ff; *Koziol/Welser,* Bürgerliches Recht I[13] 193 ff.

[116]) *P. Bydlinski,* Allgemeiner Teil[5] Rz 4/14 f; *Koziol/Welser,* Bürgerliches Recht II[13] 81 f, zu § 377 UGB *Schauer,* Handelsrechtsreform: Die Neuerungen im Vierten und Fünften Buch, ÖJZ 2006, 64 (78); *Dehn,* Das UGB: Die wichtigsten Neuerungen, ecolex 2006, 274.

[117]) *Dullinger,* Schuldrecht Allgemeiner Teil[4] Rz 5/16 ff; *Koziol/Welser,* Bürgerliches Recht II[13] 116 ff.

[118]) *Dullinger,* Schuldrecht Allgemeiner Teil[4] Rz 5/80 ff; *Koziol/Welser,* Bürgerliches Recht II[13] 110 ff.

[119]) Zu diesem und den folgenden Tatbeständen *Dullinger,* Schuldrecht Allgemeiner Teil[4] Rz 5/1 ff; *Koziol/Welser,* Bürgerliches Recht II[13] 110 ff.

→ Modifikation (= Schuldänderung, § 1379 ABGB)

→ Vergleich (§ 1380 ABGB)

→ Anerkenntnis (§ 1380 ABGB p.a.)

→ Verjährung (§§ 1451 ff, § 933 ABGB).

Die Absätze zwischen den einzelnen Untergruppen dieser Aufstellung wurden mit gutem Grund gesetzt. Zession und privative Schuldübernahme weisen als Einreden insofern Besonderheiten auf, als Ansprüche durchaus weiter bestehen, aber die Personen wechseln: Statt des Zedenten erhebt der Zessionar den Anspruch aus der abgetretenen Forderung gegen den Schuldner; statt gegen den Altschuldner richtet der Gläubiger seinen Anspruch gegen den Neuschuldner. Diese Einreden wirken also, wenn man das so nennen will, relativ anspruchsvernichtend – relativ, weil nur zwischen den ursprünglichen Parteien des Schuldverhältnisses. Novation, Modifikation, Vergleich und Anerkenntnis wiederum lassen die Parteirollen unverändert. Sie gestalten aber den Inhalt des Rechtsgeschäfts um: Was ursprünglich bestanden hat, wirkt nicht mehr, an seine Stelle tritt das Neue. Ein verjährter Anspruch schließlich ist nicht gerichtlich durchsetzbar, er begründet aber eine Naturalobligation und kann daher jederzeit freiwillig erfüllt werden; bereicherungsrechtliche Rückforderung des Geleisteten ist ausgeschlossen, § 1432 ABGB[120]).

Auch rechtsvernichtende Einwendungen beschränken sich natürlich nicht auf die Abwehr vertraglicher Erfüllungsansprüche. Die zu Gruppe 2 zählenden Einreden „Pfandrecht kraft Akzessorietät erloschen, weil gesicherte Schuld beglichen" oder „Kläger hat Eigentumsrecht eingebüßt, weil Gutglaubenserwerb des Beklagten nach § 367 ABGB" richten sich zum Beispiel gegen sachenrechtliche Ansprüche.

3. Rechtsgestaltende Einwendungen

Sie wirken konstitutiv: Der gestaltungsberechtigte Beklagte formt durch Erhebung der Einwendung die Rechtslage einseitig und aktiv neu. Hiezu zählen vor allem:

→ Anfechtung wegen Willensmangels (§§ 870 ff ABGB)[121])

→ Wegfall der Geschäftsgrundlage[122])

→ Vertragsrücktritt (§§ 918–921 ABGB; §§ 3, §§ 5a ff KSchG ua)[123])

→ Wandlung (§ 932 ABGB)[124])

→ Kündigung (ordentliche; außerordentliche)[125]

---

[120]) *P. Bydlinski,* Allgemeiner Teil[5] Rz 3/28 ff; *Koziol/Welser,* Bürgerliches Recht I[13] 224 ff.

[121]) *P. Bydlinski,* Allgemeiner Teil[5] Rz 8/1 ff; *Koziol/Welser,* Bürgerliches Recht I[13] 147.

[122]) *P. Bydlinski,* Allgemeiner Teil[5] Rz 8/40 ff; *Koziol/Welser,* Bürgerliches Recht I[13] 161 ff.

[123]) *Dullinger,* Schuldrecht Allgemeiner Teil[4] Rz 3/7 ff, 3/13; *P. Bydlinski,* Allgemeiner Teil[5] Rz 10/9; *Koziol/Welser,* Bürgerliches Recht II[13] 52 ff, 412 f.

[124]) *Dullinger,* Schuldrecht Allgemeiner Teil[4] Rz 3/97 ff; *Koziol/Welser,* Bürgerliches Recht II[13] 75.

→ Aufrechnung (§§ 1438 ff; Achtung, führt möglicherweise nur zu teilweisem Erlöschen des Anspruchs)[126])

→ Verkürzung über die Hälfte (§ 934 f ABGB; Achtung, facultas alternativa des Gegners zur Abwehr)[127])

→ Schenkungswiderruf (§§ 947 ff)[128]).

Diese Einreden richten sich, wie Sie sehen, gegen vertragliche Erfüllungsansprüche[129]).

4. Rechtshemmende Einwendungen

Sie lassen den Anspruch aufrecht, hindern jedoch seine Durchsetzung – wenn auch in der Regel nur vorübergehend:

→ Einrede des nichterfüllten Vertrags (§ 1052 Satz 1 ABGB)[130])

→ Einrede des nicht gehörig erfüllten Vertrags (§ 1052 Satz 1 ABGB p.a.)[131])

→ Unsicherheitseinrede (§ 1052 Satz 2 ABGB)[132])

→ Zurückbehaltungsrecht (§ 471 ABGB)[133])

→ Stundung (bzw: mangelnde Fälligkeit).

Auch mit diesen Einreden verteidigt sich der Beklagte gegen vertragliche Leistungsansprüche des Klägers. § 471 richtet sich gegen Herausgabeansprüche.

5. Gegen die Anspruchshöhe gerichtete Einwendungen

Hier gesteht der Beklagte zu, dass der erhobene Anspruch dem Grunde nach berechtigt ist, beansprucht aber die Höhe des eingeklagten Betrags. Zum Beispiel:

→ Vertragsauslegung ergibt, dass tatsächlich niedrigeres Entgelt vertraglich vereinbart (objektiver Erklärungswert, §§ 914, 915 ABGB[134])

→ Vereinbarter garantierter Kostenvoranschlag überschritten (§ 1170a ABGB, § 5 KSchG)[135])

---

[125]) *P. Bydlinski,* Allgemeiner Teil[5] Rz 10/2; *Dullinger,* Schuldrecht Allgemeiner Teil[4] Rz 4/54, 3/158; *Koziol/Welser,* Bürgerliches Recht II[13] 9, 109.

[126]) *Dullinger,* Schuldrecht Allgemeiner Teil[4] Rz 4/23 ff; *P. Bydlinski,* Allgemeiner Teil[5] Rz 10/4 ff; *Koziol/Welser,* Bürgerliches Recht II[13] 101 ff.

[127]) *P. Bydlinski,* Allgemeiner Teil[5] Rz 8/43 ff; *Koziol/Welser,* Bürgerliches Recht II[13] 93 ff.

[128]) *Apathy/Riedler,* Schuldrecht Besonderer Teil[4] Rz 2/8 ff; *Koziol/Welser,* Bürgerliches Recht II[13] 193 ff.

[129]) Zur Rolle von Gestaltungsrechten im Falllösungsschema vgl FN 19.

[130]) *Dullinger,* Schuldrecht Allgemeiner Teil[4] Rz 2/43 ff; *Koziol/Welser,* Bürgerliches Recht II[13] 41 ff.

[131]) *Dullinger,* Schuldrecht Allgemeiner Teil[4] Rz 2/43 ff; *Koziol/Welser,* Bürgerliches Recht II[13] 41 ff.

[132]) *Dullinger,* Schuldrecht Allgemeiner Teil[4] Rz 2/47 f; *Koziol/Welser,* Bürgerliches Recht II[13] 43.

[133]) *Dullinger,* Schuldrecht Allgemeiner Teil[4] Rz 2/49 ff; *Koziol/Welser,* Bürgerliches Recht II[13] 44.

[134]) *P. Bydlinski,* Allgemeiner Teil[5] Rz 6/40 ff; *Koziol/Welser,* Bürgerliches Recht I[13] 105 ff

[135]) *Apathy/Riedler,* Schuldrecht Besonderer Teil[4] Rz 3/11 ff; *Koziol/Welser,* Bürgerliches Recht II[13] 258.

→ Haftungsbetragsbeschränkung, zB Haftung des Unternehmenserwerbers nach § 1409 ABGB nur für Schulden, die er kannte oder kennen musste bis zur Höhe der übernommenen Aktiva[136])

→ Vertrauensschaden begrenzt durch hypothetisches Erfüllungsinteresse[137])

→ Mitverschulden (§ 1304 ABGB)[138])

→ Schadensminderungspflicht, (§ 1304 ABGB p.a.)[139])

→ Mäßigung nach DHG (§ 2, § 4 Abs 2)[140]).

Wie die Beispiele zeigen, ist das Anwendungsfeld dieser Gruppe von Einreden weit. Der Beklagte setzt sich damit gegen Ansprüche aller Art zur Wehr.

VI. Auslandsbezug

Weist Ihr Fall Auslandsbezüge auf, so überlegen Sie als erstes:

→ Kaufvertrag?

→ Über Waren, also bewegliche (körperliche?) Sachen?

→ Ware nicht für den persönlichen Gebrauch bestimmt?

→ Niederlassung der Parteien in verschiedenen Vertragsstaaten des UN-Kaufrechtsübereinkommens oder Verweis des Internationalen Privatrechts (IPR) auf das Recht eines UNK-Vertragsstaats?[141])

Falls Ihr Sachverhalt diese Tatbestandsmerkmale erfüllt und die Parteien die Anwendung des dispositiven UN-Kaufrechts nicht abbedungen haben[142]), gelten für den Abschluss des Vertrags und die wechselseitigen Rechte und Pflichten der Parteien die Regeln des UNK. Sie gehen jenen des ABGB vor. Also wenden Sie jedenfalls österreichisches Recht an, nämlich die Sonderregeln des UNK für diesen Sondertypus Kaufvertrag. Eine Anknüpfung an die österreichische Rechtsordnung nach IPR erübrigt sich.

Ansonsten ziehen Sie IPR heran und ermitteln anhand der zahlreichen, verstreuten Kollisionsnormen die auf den jeweils untersuchten Anspruch mit Auslandsberührung anzuwendende Rechtsordnung. Da die Qualität des Anspruchs über die Anknüpfung entscheidet, werden Sie den zum schuldrechtlichen, sachenrechtlichen, erbrechtlichen, bereicherungsrechtlichen, schadenersatzrechtlichen und so weiter Anspruch passenden Anknüpfungstatbestand im EVÜ (für Schuld-

---

[136]) *Dullinger,* Schuldrecht Allgemeiner Teil[4] Rz 5/87 ff; *Koziol/Welser,* Bürgerliches Recht II[13] 131 ff.

[137]) *P. Bydlinski,* Allgemeiner Teil[5] Rz 6/39; *Koziol/Welser,* Bürgerliches Recht II[13] 309 ff.

[138]) *Apathy/Riedler,* Schuldrecht Besonderer Teil[4] Rz 13/64 ff; *Koziol/Welser,* Bürgerliches Recht II[13] 327 ff.

[139]) *Apathy/Riedler,* Schuldrecht Besonderer Teil[4] Rz 13/68; *Koziol/Welser,* Bürgerliches Recht II[13] 329.

[140]) *Apathy/Riedler,* Schuldrecht Besonderer Teil[4] Rz 14/25 ff; *Koziol/Welser,* Bürgerliches Recht II[13] 361 ff.

[141]) *Posch,* Internationales Privatrecht[5] Rz 19/1 ff; *Koziol/Welser,* Bürgerliches Recht II[13] 182 f.

[142]) *Posch,* Internationales Privatrecht[5] Rz 19/9; *Koziol/Welser,* Bürgerliches Recht II[13] 182.

verträge), IPRG und den anderen einschlägigen IPR-Normen suchen. Die Grundlage der Anknüpfung bauen Sie in die Überschrift des Anspruchs ein: *„Anspruch des G gegen den S auf Schadenersatz aus Delikt, § 48 Abs 1 IPRG iVm §§ 1293 ff, § 1325 ABGB.“* In der dazugehörigen Lösung wird dann stehen: *„Anzuwenden ist österreichisches Recht. Die Anknüpfung erfolgt nach § 48 IPRG, weil ein deliktischer Schadenersatzanspruch geltend gemacht wird, der nicht unter die Rom II – Verordnung fällt, keine anderslautende Rechtswahl der Parteien vorliegt, das schadensverursachende Verhalten in Österreich gesetzt wurde und keine stärkere Beziehung der Beteiligten zum Recht ein- und desselben anderen Staates besteht.“*

VII. Behandlung strittiger Rechtsfragen

Nicht immer sind sich Rechtsprechung und Lehre zu einem Thema einig. Oft bestehen auch unterschiedliche Auffassungen innerhalb der Literatur. Und selten, aber doch, sehen sogar zwei Senate des OGH dasselbe Thema nicht auf dieselbe Weise. Solche Rechtsfragen sind also strittig. Spielt Ihr Fall im Revier eines Meinungsstreits, so verfahren Sie nach der AZE-Regel.

→ **A**nsprechen: Sie markieren den Meinungsstreit. *„Zur Frage, ob der Gewährleistungsberechtigte mit der Einrede des nicht gehörig erfüllten Vertrags (§ 1052 ABGB) den gesamten geschuldeten Werklohn zurückbehalten darf oder nur einen Teil davon, werden unterschiedliche Ansichten vertreten[143].“*

→ **Z**eigen: Sie erläutern die unterschiedlichen Ansichten. *„Während ein Großteil der Literatur und auch der OGH meinen, dass nur die Zurückbehaltung des gesamten Werklohns den Verbesserungswillen des Schuldners genügend „fördert“, wollen andere Vertreter der Lehre dem Gläubiger nur erlauben, einen der Mangelhaftigkeit entsprechenden Teil des Werklohns bis zur Verbesserung zurückzubehalten, sofern die Leistung auch vor Verbesserung prinzipiell brauchbar erscheint.“*

→ **E**ntscheiden: Sie folgen mit Begründung einer Ansicht und lösen auf deren Basis die konkrete Fallfrage. *„Ich schließe mich der Ansicht des OGH an. Je stärker der wirtschaftliche Druck auf den Schuldner, desto motivierter wird er sein, Mängel seiner Werkleistung zu verbessern. Also ist im vorliegenden Fall die Zurückbehaltung von € xy berechtigt.“*

Das Entscheiden ist wesentlich. Sie müssen jedenfalls Farbe bekennen und dürfen nicht dem Prüfer die Wahl über- und den Fall damit ungelöst lassen (siehe oben II.2.). Welche der Meinungen Sie wählen „sollen“? Die, die Ihnen am ehesten einleuchtet und die Sie daher am besten begründen können! Oft, aber nicht immer wird der Prüfer den Fall auf Basis der herrschenden Meinung entworfen haben. Damit fahren Sie also meist gut.

Beachten Sie aber bitte, dass die Ansicht, der Sie sich anschließen, unter Umständen in eine falllösungstechnische Sackgasse führt. Nämlich dann, wenn Ihre

---

[143]) *Dullinger*, Schuldrecht Allgemeiner Teil[4] Rz 2/44, 3/116; *Koziol/Welser*, Bürgerliches Recht II[13] 41 ff.

fachlich grundsätzlich akzeptable Entscheidung bewirkt, dass sich wichtige Teile des Falles quasi von selbst erledigen, weil sich gewisse offensichtlich prüfungsrelevante Fragen von vornherein nicht stellen[144]). In solchen Fällen können Sie ruhig Ihren Sympathien für Lösung Nummer eins Ausdruck geben – legen aber danach offen, dass Sie die „falltötende" Wirkung von Lösung eins erkannt haben und gehen in der Folge nach Lösung Nummer zwei vor. Bei „großen" schriftlichen Prüfungen bauen die Fallfabrikanten freundlicherweise manchmal „Umkehrschleifen" ein, die auch jene verirrten Schäfchen, die sich der falllösungstechnisch ungünstigen Lösung angeschlossen haben, wieder auf den „richtigen", vorteilhafteren Weg zurückführen.

Welcher strittigen Ansicht auch immer Sie sich anschließen: Bleiben Sie stets konsequent dabei und springen Sie nicht zwischendurch auf die andere Seite der „Front".

---

[144]) Vgl 5. Kapitel IV.3.b.ee.

7. Kapitel: Bevor Sie Ihr Gerät zum Service schicken …

Ein kleiner Wegweiser bei Funktionsstörungen

In der Gebrauchsanweisung Ihrer neuen Waschmaschine finden Sie sicher einen Abschnitt, dessen Überschrift „*Wenn etwas nicht funktioniert …*" oder so ähnlich lautet. Dort könnte zum Beispiel stehen: „*Wenn die gelbe Betriebsanzeige nicht leuchtet, überprüfen Sie bitte, ob das Gerät an den Stromkreis angeschlossen ist*". Ähnliche Funktion hat die folgende Liste häufiger Lern- und Prüfungsspannen und diverser Vorschläge zu deren Behebung, natürlich mit Verweisen auf die vorangegangenen Kapitel dieses Buchs. Analysieren Sie bitte bei Störfällen aller Art immer zunächst anhand eines Lernprotokolls[1]) die Lage (Symptom, mögliche Ursachen), sodann suchen Sie nach Lösungen.

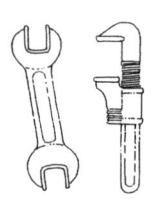

Das Symptom	**Lösungsvorschläge**
Sie kommen nicht voran, die Zeit zerrinnt Ihnen zwischen den Fingern.	→ *Erstellen Sie einen Zeit- und Lernplan!*[2])
	→ *Ist Ihr Zeit- und Lernplan übersichtlich?*[3])
	→ *Ist Ihr Zeit- und Lernplan realistisch?*[4])
	→ *Kontrollieren Sie Ihren Zeit- und Lernplan!*[5])
	→ *Können Sie Ihre Lernzeiten im Tagesverlauf besser einteilen?*[6])
	→ *Verbessern Sie Ihren Lernplatz!*[7])
	→ *Heilen Sie Ihre „Aufschieberitis"!*[8])
	→ *Heilen Sie Ihre „Ausweicheritis"!*[9])
	→ *Vermeiden Sie Zeitfresser!*[10])
	→ *Fragen Sie sich, ob Ihr Einsatz und Ihr Ergebnis dem Pareto-Prinzip entsprechen!*[11])

---

[1]) 2. Kapitel I.6.a.; 4. Kapitel II.2.
[2]) 2. Kapitel I.
[3]) 2. Kapitel I.2.
[4]) 2. Kapitel I.4.
[5]) 2. Kapitel I.5.; 4. Kapitel I.1.d., I.5.
[6]) 2. Kapitel I.4.e., III.
[7]) 3. Kapitel VII.
[8]) 2. Kapitel II.4.; 4. Kapitel II.2.
[9]) 2. Kapitel II.4.; 4. Kapitel II.2.
[10]) 2. Kapitel II.2., II.3., II.4.
[11]) 2. Kapitel II.3.

Sie lernen freudlos, sind müde, ausgelaugt, unkonzentriert.

→ *Wiederholen Sie ausreichend: Nicht zu wenig, aber auch nicht zu viel!*[12])

→ *Setzen Sie Ihre Prioritäten nach dem Kriterium „wichtig" statt „dringend"!*[13])

→ *Lernen Sie konzentriert!*[14])

→ *Legen Sie genügend Pausen ein, schlafen Sie ausreichend!*[15])

→ *Können Sie Ihre Lernzeiten im Tagesverlauf besser einteilen?*[16])

→ *Verbessern Sie Ihren Lernplatz!*[17])

→ *Unterbinden Sie Störungen!*[18])

→ *Bewegen Sie sich ausreichend, ernähren Sie sich gesund und leicht, trinken Sie genügend!*[19])

→ *Schätzen Sie Ihren Lerntyp richtig ein!*[20])

→ *Nutzen Sie Lernmethoden, die sich für Sie bereits bewährt haben!*[21])

→ *Erarbeiten Sie den Stoff aktiv statt nur passiv zu lesen!*[22])

→ *Erweitern Sie Ihr Repertoire an Lerntechniken, versuchen Sie Neues!*[23])

→ *Wenden Sie Motivationsmethoden an!*[24])

→ *Kontrollieren Sie, wo Sie stehen, wie viel Sie schon können!*[25])

→ *Legen Sie Ziele fest (Großes Ziel, Etappenziele)!*[26])

→ *Definieren Sie Erfolgserlebnisse, ermöglichen Sie Erfolge!*

→ *Machen Sie Erfolge sichtbar!*[27])

---

[12]) 2. Kapitel I.4.; 3. Kapitel II.2.; 4. Kapitel II.2.
[13]) 2. Kapitel II.2.; 4. Kapitel I.1., I.2.
[14]) 3. Kapitel II.1., II.3., II.5., II.6., IV., V. und VI.
[15]) 3. Kapitel II.1.
[16]) 2. Kapitel I.4.e., III.
[17]) 3. Kapitel VII.
[18]) 2. Kapitel II.4.; 4. Kapitel II.2.
[19]) 2. Kapitel I.4.e.; 3. Kapitel II.1.
[20]) 3. Kapitel III., IV.
[21]) 3. Kapitel III., IV.
[22]) 3. Kapitel II.3., II.4., IV., V., VI.
[23]) 3. Kapitel III., IV.; 4. Kapitel I.3.
[24]) 4. Kapitel I.
[25]) 2. Kapitel I.5.; 4. Kapitel I.1., I.2., I.5.
[26]) 4. Kapitel I.1.
[27]) 4. Kapitel I.2.

→ *Wie könnten Sie den Stoff aufbereiten, damit er Sie interessiert?*[28])

→ *Nehmen Sie sich nicht zu viel vor, überfordern Sie sich nicht!*[29])

→ *Nehmen Sie sich nicht zu wenig vor, unterfordern Sie sich nicht!*[30])

→ *Haben Sie Lern- und Freizeitblöcke ausreichend klar voneinander abgegrenzt?*[31])

→ *Haben Sie sich heute schon ausreichend selbst gelobt?*[32])

Sie zweifeln an sich, sind unsicher, sind angstvoll blockiert, daher will nichts „hängen bleiben".

→ *Gehen Sie „gesund" mit Fehlern und Rückschlägen um?*[33])

→ *Verwandeln Sie Ihre negative Erwartungshaltung ins Positive!*[34])

→ *Äußern Sie sich grundsätzlich positiv und konkret!*[35])

→ *Mildern Sie Ihre Prüfungsangst!*[36])

→ *Was konkret fürchten Sie? Fassen Sie den Feind und bekämpfen Sie ihn!*[37])

→ *Desensibilisieren Sie sich!*[38])

→ *Wenden Sie Mentaltechniken an!*[39])

→ *Kontrollieren Sie, wo Sie stehen, wie viel Sie schon können!*[40])

→ *Holen Sie Feedback ein!*[41])

→ *Sprechen Sie mit dem Prüfer!*[42])

→ *Besuchen Sie Lehrveranstaltungen, nützen Sie sie effizient!*[43])

---

[28]) 3. Kapitel II.10.; 4. Kapitel I.3., 4.
[29]) 2. Kapitel I.4., I.6.; 4. Kapitel I.1.
[30]) 2. Kapitel I.4., I.6.; 4. Kapitel I.1.
[31]) 3. Kapitel II.1.; 4. Kapitel I.5., II.2.
[32]) 4. Kapitel I.5.c.
[33]) 4. Kapitel II.1.
[34]) 4. Kapitel I.4., II.1.c.; 5. Kapitel II.2.a.dd.
[35]) 4. Kapitel I.4.d., II.1.c.
[36]) 4. Kapitel I.4., III.; 5. Kapitel II.2., III.5., IV.4.
[37]) 4. Kapitel III.2.a.
[38]) 4. Kapitel III.2.b.
[39]) 4. Kapitel III.2.c.
[40]) 2. Kapitel I.5.; 3. Kapitel II.2.; 4. Kapitel I.1., I.2., I.5.c.
[41]) 3. Kapitel VIII., IX.; 4. Kapitel I.5.b., c.
[42]) 5. Kapitel II.1., III.6., IV.5.
[43]) 3. Kapitel IX.; 4. Kapitel II.1.

| | → *Entwickeln Sie Strategien gegen die Nervosität in der „Akutsituation" Prüfung!*[44] |

→ *Loben Sie sich regelmäßig selbst für das Erreichte!*[45]

Sie merken sich das Gelernte schwer. → *Wiederholen Sie effizient und ausreichend, im richtigen Zeitabstand!*[46]

→ *Wiederholen Sie im Team!*[47]

→ *Achten Sie auf ausreichende, richtig genutzte Pausen!*[48]

→ *Teilen Sie den Lernstoff auf!*[49]

→ *Verwandeln Sie Ihre negative Erwartungshaltung ins Positive!*[50]

→ *Fragen Sie sich, ob Ihr Einsatz und Ihr Ergebnis dem Pareto-Prinzip entsprechen!*[51]

→ *Erarbeiten Sie den Stoff aktiv statt nur passiv zu lesen!*[52]

→ *Erweitern Sie Ihr Repertoire an Lernstrategien, versuchen Sie Neues!*[53]

→ *Bewahren Sie den Überblick, auch wenn Sie Details lernen!*[54]

Sie schlagen sich bei der Prüfung unter Ihrem Wert. → *Beugen Sie Nervositätsblockaden vor!*[55]

→ *Befassen Sie sich mit Taktik für die Lösung schriftlicher Klausuren!*[56]

→ *Lernen Sie Falllösungstechnik!*[57]

→ *Üben Sie schriftliche Probeklausuren in „Echtzeit" mit dem Wecker!*[58]

---

[44] 5. Kapitel II., III.5., IV.4.
[45] 4. Kapitel I.5.c.
[46] 3. Kapitel II.2.
[47] 3. Kapitel II.2., VIII.
[48] 3. Kapitel II.1.
[49] 2. Kapitel I.4.d.; 3. Kapitel II.8.
[50] 4. Kapitel I.4., II.1.c; 5. Kapitel II.2.
[51] 2. Kapitel II.3.
[52] 3. Kapitel II.3., II.4., IV., V., VI.
[53] 3. Kapitel III., IV., V., VI.
[54] 3. Kapitel V., VI.
[55] 4. Kapitel III.; 5. Kapitel II.2., III.5., IV.4.
[56] 5. Kapitel IV.1., IV.2., IV.3.
[57] 5. Kapitel IV.1., IV.2., IV.3.; 6. Kapitel zur Falllösung nach Anspruchsgrundlagen bei Zivilrechts-Fällen.
[58] 3. Kapitel V.3.a.bb.; 5. Kapitel II.1.b.; 6. Kapitel I.

→ *Achten Sie auf richtige Atmung, Körperhaltung und überzeugende Rhetorik bei mündlichen Prüfungen!*[59]

→ *Hören Sie sich mündliche Prüfungen an, besuchen Sie allenfalls auch Lehrveranstaltungen Ihres Prüfers!*[60]

→ *Melden Sie sich in Lehrveranstaltungen zu Wort.*[61]

→ *Legen Sie sich vorher und rechtzeitig Taktiken gegen Pannen bei schriftlicher und mündlicher Prüfung zurecht!*[62]

---

[59] 5. Kapitel III.2.
[60] 5. Kapitel II.1.
[61] 3. Kapitel IX.; 4. Kapitel III.2.c.
[62] 5. Kapitel III.3., III.4., IV.2.c., IV.3.b.